Lynn Margulis & Dorion Sagan GEHEIMNIS UND RITUAL

Geheimnis & Ritual

DIE EVOLUTION DER MENSCHLICHEN SEXUALITÄT

Lynn Margulis & Dorion Sagan

Aus dem Amerikanischen von Margit Bergner und Monika Noll

BYBLOS VERLAG

BERLIN

Die Originalausgabe erschien 1991
unter dem Titel *Mystery Dance. On the
Evolution of Human Sexuality* bei
SUMMIT BOOKS, New York

Deutsche Erstausgabe
Byblos Verlag GmbH Berlin
Copyright © 1991 by Lynn Margulis
and Dorion Sagan
© der deutschsprachigen Ausgabe:
1993 Deutscher Taschenbuch Verlag
GmbH & Co. KG, München
Gesamtgestaltung: Gijs Sierman
Satz und Druck: Drukkerij Tulp BV,
Zwolle
ISBN 3-929029-17-0

Inhalt

[9]   DANKSAGUNG

[11] EINLEITUNG:
      STRIPTEASE DER EVOLUTION

[11] Entkleidungsprobe
[13] Scham und Schande
[20] Sein und Bedeutung
[22] Der Stripper
[35] Zeit

[37] 1: SPERMIENWETTSTREIT

[39] Der genitale Rekord
[42] Spermienkonkurrenz
[52] Der Coolidge-Effekt
[54] Wie man den Spermienwettstreit umgeht
[57] Promiskuitive Schimpansen
[61] Ehe und Monogamie

[71] 2: ORGASMUS-EBENBÜRTIGKEIT

[72] Männliche und weibliche Lust
[73] Vaginaler Orgasmus

[86]	Die Klitoris in der Kultur
[88]	Darwins Kuriositäten
[90]	Entgegengesetzte oder „benachbarte" Geschlechter?
[91]	Sporadische Belohnungen
[98]	Der Saugeffekt
[101]	Sexualmetaphysik
[106]	Maschinengenitalien

[113]	3: ELEKTRISCHER LEIB
[114]	Körperspiele
[119]	Schwanzfedern und genitale Gesichter
[124]	Schwellende Brüste
[132]	Bettgeflüster
[135]	Erste Eindrücke
[137]	Leder, Spitzen und andere Körperfetische
[143]	Das Hymen
[146]	Neon-Dschungel

[149]	4: EIDECHSENTÄNZE
[149]	Eidechsenliebe
[154]	Urflügel
[157]	Schlangenaugen
[160]	Der Spiegel des Pinseläffchens
[162]	Der Drache in uns
[164]	Schlangenmythen
[168]	Synapsiden-Bewußtsein
[173]	Sprung in die Zeit
[178]	Hieroglyphenträume
[179]	Un-Sinn
[182]	Robofrauen

[187]   5: PHALLISCHE PSYCHE

[188]   Psychoanalyse
[190]   Der Phallus im magischen Denken
[193]   (Vor)Spiegelungen
[196]   Symbole
[199]   Phallische Vielfalt
[205]   Längerer Penis und verklebender Samen
[210]   Merkwürdige Bettgenossen
[212]   Hartnäckiger Phalluskult
[213]   Die Sonne

[217]   6: MIKRO-ÜBERLEBENDE

[218]   Alternativen zur Sexualität
[221]   Die sonderbaren Protisten
[227]   Clevelands Garten
[233]   Orgien und Androgyne
[238]   Warum immer noch Sexualität?
[246]   Das Sexualleben der Bakterien
[250]   Nacktheit

[255]   Anmerkungen

[266]   Personenregister

Danksagung

Ein Buch wie dieses hätte weder Freude gemacht, noch wäre es überhaupt möglich gewesen ohne die Vorleistungen zahlreicher Forscher, Philosophen und Gelehrter. Von Aristoteles und Platon samt Vorläufern über Samuel Butler und Charles Darwin bis hin zur unablässig wachsenden Zahl der Sexualtheoretiker in unserem Jahrhundert erstreckt sich die Reihe derer, denen wir zutiefst verpflichtet sind. Die Teilnehmer des Symposiums in New Orleans (American Association for the Advancement of Science) zum Thema: „Der Wettstreit zwischen Sperma und Pollen: Die Bedeutung des Haploiden" (Geoff Parker, Steven Austad, Jonathan Waage, David Mulcahy und Robert L. Smith) haben uns noch kurz vor Toresschluß wichtige Anregungen vermittelt und uns den letzten Schliff des Manuskripts ermöglicht. Wir danken Robert L. Smith, dessen tiefgreifende Überlegungen zur Evolution der menschlichen Sexualität einige schmerzliche Lücken in unserer Darstellung füllen halfen. Für die soziokulturelle Kritik an der Evolutionslehre sind wir Donna Haraway verbunden, die im Sommersemester 1990 ein Seminar über Primatenzoologen am Marine Biological Laboratory in Woods Hole abhielt und eine sehr umsichtige Kritik am Darwinismus, an der Theorie der sexuellen Selektion und der männerorientierten Soziobiologie anbrachte.

Ganz besonders dankbar sind wir Karen Nelson für die fachkundige Fertigstellung des Manuskripts und Dominick Anfuso, unserem Verlagslektor bei Summit Books, für seine harte, aber letztlich konstruktive Kritik. Außerdem danken wir unseren Agenten Katinka Matson und John Brockman für ihre Ermutigung und Hilfe in allen Entstehungsphasen des Manuskripts. David Abram, Peter Allport, J. Steven Alexander, Emil Ansarov, Charles Carroll, Eileen Crist, René Fester, Greg Hinkle, Jennifer Klenz, Tom Lang, Mark McMenamin, Lorraine Olendzenski, Simon Robson, Robert und Stephanie Seber, Madeline Sunley und Lynne Toland gehörten zu den vielen Freunden, die uns intellektuellen Ansporn gaben und bei der umfänglichen Kleinarbeit unterstützten, die erforderlich war, um das Manuskript abzuschließen. Die Schwestern Kristin und Kelly McKinney halfen uns durch Überlassung eines Zettelkastens sowie durch die sorgfältige und enthusiastische Lektüre einiger unserer chaotischen Frühentwürfe. Finanzielle Unterstützung für das Projekt kam, obwohl gar nicht eingeplant, von der Richard Lounsbery Foundation (NYC), von NASA Life Sciences und dem Botanischen Institut der University of Massachusetts.

Wir möchten dieses Buch allen widmen, die im Beziehungsclinch stecken.

Einleitung: Striptease der Evolution

ENTKLEIDUNGSPROBE

Man stelle sich eine Zukunft vor, in der dreidimensionale, holographische Filme gezeigt werden, eine Zukunft, in der es möglich ist, DNS aus Fossilien zu gewinnen und sie zu klonen, so daß ausgestorbene Lebewesen wieder lebendig werden.

In einer solchen Zukunft könnte man live präsentieren, was in diesem Buch bloße Phantasie bleibt. Die Phantasie, um die es geht, ist die eines Striptease. Nicht eines beliebigen Striptease, sondern eines Striptease der Evolution, bei dem die Jetztzeit zurückgespult wird und unsere Körper holographisch entblättert werden, um die obszöne Geschichte ihrer sexuellen Ursprünge aufzudecken. Weil eine solche Zukunft Fiktion ist (und es dummerweise immer ein bißchen anders kommt, als man denkt), inszeniert dieses Buch eine Art holographisches Theater, das die Evolution im Rückwärtsgang vorführt – vom Menschen zum Affen, vom Affen zum Reptil und noch weiter zurück: Erforschen wollen wir die Entwicklungsgeschichte von Mann und Frau, von Sexualorganen und Geschlechterrollen, von vertrauensvollen Bindungen und erotischen Treulosigkeiten, von Liebe und Begierde.

Die jüngste biologische Forschung hat unser Wissen über Sexualität um einiges bereichert. Dieses Buch stützt sich sowohl auf einen riesigen Fundus naturwissenschaftlicher Erkenntnisse als auch auf die Philosophie und die Psychoanalyse, um eine recht eigenartige Geschichte der menschlichen Sexualität zu erzählen. Der magische Tanz, der sich auf und zwischen den folgenden Buchseiten abspielt, ist ein imaginärer Striptease, ein Gedankenexperiment. Im Scheinwerferlicht steht eine Phantasiegestalt, die wir als Stripper der Evolution bezeichnen – eine Art genetischer Luftgeist, dessen Entkleidungsnummer uns bis an die Anfänge der Entwicklungsgeschichte zurückführt. Der Striptease enthüllt das mutmaßliche Sexualleben und die Körperformen unserer menschlichen und vormenschlichen Ahnen. So streift der Tänzer zum Beispiel die äußere Hülle der zivilisierten Monogamie ab, um die schamlose Promiskuität des Homo erectus zu offenbaren, jener jagenden Vorfahren des Homo sapiens, auf die der Gebrauch des Feuers zurückgeht. Durch ihre Orgasmusfähigkeit haben Erectus-Frauen selektiv an der genetischen Struktur des heutigen Menschen mitgewirkt. Unterhalb dieser Hülle, noch früher also, stoßen wir auf die charakteristischen Geschlechtsmerkmale des Menschen. Die Rückwärtsschritte des magischen Tanzes führen vor, wie es entwicklungsgeschichtlich zu diesen Geschlechtsmerkmalen kam – zu gerundeten Brüsten etwa, zu großen Penissen und wuchtigen Hoden, zum Hymen und bei Frauen zum Wegfall der Brunst, des periodisch wiederkehrenden Geschlechtstriebs, der mit perinealer Schwellung und Schamverfärbung einhergeht.

Der tierische Körper evolviert nicht bloß unter dem äußeren Druck seiner Umgebung, sondern auch in Erwiderung der sexuellen Vorlieben des anderen Geschlechts und des Wettbewerbs seiner Geschlechtsgenossen. Der evolutionäre Striptease dieses Buches führt vor, wie die urzeitlichen Manieren, die Vorlieben und Abneigungen unserer sexuell erregbaren Ahnen, dem menschlichen Körper seine vom Affen vorgeprägte Gestalt verliehen haben. Außerdem enthüllt der Stripper die biologischen Grundlagen so mächtiger Gefühlszustände wie rasender sexueller Eifersucht und selbstzerstörerischer Begierde.

Physiologisch gesehen, wurden die wichtigsten Schritte unserer Sexualgeschichte bereits von sehr entfernten Vorfahren getan, lange bevor das Tier namens Mensch auf der Bildfläche erschien. Solche paläobiologischen Vorgänge sind selten beschrieben worden; hierher gehören die Ursprünge des Penis, des „hieroglyphischen" Reptilienhirns und der sexuell kannibalischen Einzeller. Die bakteriellen Bewohner der noch heißen Erde der Frühzeit sind unsere ältesten lebenden Vorfahren, aus denen alles weitere Leben entstanden ist. Sie sind nicht geschlechtslos: Lange bevor irgendwelche Pflanzen oder Tiere existierten, tauschten Bakterien bereits eifrig Gene aus und vollführten damit die ersten Sexualakte auf unserem Planeten. Die alte Fähigkeit der Bakterien, Partikel ihrer selbst als genetische Gaben bereitzustellen und zu empfangen und daraus neue Kreuzungen zu bilden, wird heute in den Laboratorien der Bio- und Gentechnologie ausgebeutet.

Der magische Tanz stellt nicht bloß jene Entschleierung dar, die wir als Striptease der Evolution bezeichnet haben, sondern auch den menschlichen Geschlechtsakt selbst. Von seinen dunklen mikrokosmischen Ursprüngen bis hin zur Entdeckung hormonaler Antibabypillen und der Industrieproduktion von Präservativen ist dieser magische Tanz unser Erbteil. Das vulgäre Wort für „Koitus" bezeichnet ein Zugleich von Liebes- und Aggressionsakt. Diese Dualität gehört zum Geheimnis des magischen Tanzes, der sich am Schnittpunkt des Alltäglichen und des Transzendentalen abspielt – auf jener Wegkreuzung, wo Profanes und Heiliges zusammentreffen und die Realität mit dem Traum gemeinsame Sache macht.

SCHAM UND SCHANDE

Im Jahre 1584 wurden Frauen, die man für Hexen hielt, auf dem Scheiterhaufen verbrannt, weil man sie der „blutschänderischen Unzucht mit Geistern" bezichtigte. Ein damals populäres Hexenjäger-Handbuch behauptete, daß der Teufel gerne in die Gestalt hübscher Frauenzimmer schlüpfe, um unbescholtene Männer zum Beischlaf zu verführen. Mit Hilfe des erbeuteten Samens würde sich der Teufel sodann in einen Inkubus, einen männlichen Sexualdämon, verwandeln und schlafende Frauen im Traume schwängern. Als Reginald Scot es wagte, all das Gerede über Menschen, die „ohne leiblichen Beischlaf" gezeugt worden seien, öffentlich für Unsinn zu erklären, da solches Geschwätz vornehmlich dazu diene, „die Schurkereien und Lüsternheiten eiteler Priester und unflätiger Mönche zu decken und die Schande ihrer Geliebten und Konkubinen zu verbergen", ließ der König James von England sämtliche Exemplare von Scots Buch verbrennen.[1]

Noch immer leben wir in einem sexuell unaufgeklärten Zeitalter, auch wenn die Hormonforschung, die weitverbreitete Verfügbarkeit von Kontrazeptiva gegen Schwangerschaft und Geschlechtskrankheiten sowie eine offenere, informationsorientierte Gesellschaft alles in allem das Gegenteil vermuten lassen. Doch die Voreingenommenheit gegenüber Homsosexuellen, die Querelen um Fragen der Sexualerziehung, Abtreibung und Pornographie, die Schwierigkeiten, gesunde Einstellungen von unterschwelligem Mißbrauch und sexueller Ausbeutung zu unterscheiden – all dies deutet darauf hin, daß Sexualaufklärung, sofern sie denn möglich ist, noch nicht gegriffen hat. Die AIDS-Epidemie hat faktisch zweierlei bewirkt: Einerseits hat sie das sexuelle Bewußtsein geschärft und längerfristigen Zweierbeziehungen den Weg geebnet, andererseits hat sie der Moralheuchelei Aufwind verschafft und dafür gesorgt, daß Schwule, Schwarze und Fixer verstärkt zu Sündenböcken gestempelt werden.

Menschliche Sexualität entzieht sich wissenschaftlicher Durchleuchtung aus diversen Gründen. Die Scheu und Verlegenheit, die dieses Thema umgibt, resultiert aus der Beziehung zwischen Sexualität und den Ausscheidungsorganen. „Inter urinas et faeces nascimur", schrieb Augustinus: „Zwischen Pisse und Scheiße sind wir geboren." (Die Vulgärübersetzung macht die Hemmung deutlich, die wir angesichts dieser Tatsache empfinden.) Kleinkinder werden dazu erzogen, Stuhlgang und Urin zu kontrollieren; das ist das erste, was sie auf den Weg bekommen. Folglich verabscheuen und verbergen sie ihre Exkremente, die sie, laut Psychoanalyse, mit den Genitalien des Erwachsenen und der Phantasie der Analgeburt assoziieren. Im Zuge seiner Sozialisierung lernt das Kind, daß Bad und Schlafzimmer sowie bestimmte Köperregionen Verschwiegenheit verlangen, daß sie geheimnisumwittert sind; die Schließmuskeln müssen verdeckt und kontrolliert werden. Umgeben von Heimlichtuerei, werden die Genitalien ins Lächerliche gezogen; Geburt, Körperentleerung und Geschlechtsverkehr geraten durcheinander. Die Mißverständnisse sind folgenreich.

Ein Teil unserer späteren Geschlechterprobleme beruht darauf, daß wir von Frauen nicht nur geboren, sondern meist auch großgezogen werden. Die zentrale Figur im frühkindlichen Leben von Mädchen und Jungen ist weiblich – eine Mutter, die geliebt und gehaßt wird, die Zuwendungen gibt und versagt, die das Baby hätschelt und vernachlässigt, bevor es in der Lage ist, seine fünf Sinne auseinanderzuhalten, zwischen innen und außen oder zwischen sich und anderen Lebewesen zu unterscheiden. Wie Dorothy Dinnerstein in ihrem Buch ‚The Mermaid and the Minotaur' (Die Meerjungfrau und der Minotaurus) zeigt, hat diese frühe intensive Begegnung mit dem weiblichen Teil der Menschheit in Gestalt der Mutter ganz gewaltige Folgen: In einem dunklen Eckchen unseres Verstandes halten die meisten von uns an der vorlogischen Perspektive des Kleinkindes fest und betrachten die Frau nicht als menschliche „Sie", sondern als irrationales „Es", als Abstraktion, die uns genauso gefährlich und unbezwingbar erscheint wie „die Natur" oder „der Leib". Aufgrund unserer frühkindlichen Erfahrungen bleibt der weibliche Körper etwas Magisches, wobei der Mann versucht, diesen Körper, der ihm doch nie ganz gehört hat, zu kontrollieren und sich zugänglich zu machen. Was männlich und menschlich ist, bestimmt sich aus dem Gegensatz zu dieser frühen gottgleichen Macht der Frau. Dinnerstein unterstellt, daß sowohl Männer als auch Frauen ein unterschwelliges Ressentiment gegen die Frau hegen, da mütterliche Macht sich unterschiedslos auf alle Kinder erstreckt.

Die einzige Möglichkeit, diese kulturell verfestigte Angst und Abneigung abzubauen, besteht für Dinnerstein darin, daß Männer sich gleichermaßen an der Kinderaufzucht beteiligen. Nach Meinung der Autorin liegen die Wurzeln sexueller Identität und Empfindung in einer Kindheit begraben, der wir zwar physisch entwachsen sind und die wir „vergessen" haben, die uns aber weiterhin verfolgt und sich bei Erwachsenen in negativen Einstellungen zu Frauen bekundet; abwechselnd erniedrigt und auf den Sockel gehoben, respektvoll gefürchtet und mißtrauisch kontrolliert, wird die Frau, wie die Meerjungfrau, eigentlich nie als völlig menschlich angesehen.[2]

Ein weiterer Grund für das Dunkel, das die Sexualität umgibt, mag ihre biologische „Unergründlichkeit" sein: Die sexuellen Anteile in uns sind so alt, so tief in unserer fortpflanzungsorientierten tierischen Körperlichkeit verwurzelt, daß unser Sexualverhalten über weite Strecken automatisch abläuft und beinahe so taub für unsere bewußten Wünsche ist wie das menschliche Herz, das uns mit seinen regelmäßigen, unwillkürlichen Schlägen am Leben erhält. So gesehen, ist Sexualität nicht deshalb unbewußt, weil wir ihre Unlustseite verdrängt haben, sondern weil das Bewußtsein sexueller Abläufe den alltäglichen biologischen Funktionen in die Quere kommen würde. Aber die Verschleierung der Sexualität hat auch noch einen geographischen Grund: Im Unterschied zu einigen Ländern der östlichen Hemisphäre fehlt dem Westen eine Tradition erotischer Spiritualität. Westliche Kulturen haben die Sexualität nicht integriert, sondern an den Rand gedrängt, ins Schlafzimmer verbannt, auf pornographische Zurschaustellung beschränkt oder zu Werbezwecken benutzt. Im Großen und Ganzen leben wir in einer Tradition, in der Sexualität zum Kinderkriegen da ist, wobei diskrete Prostitution und die Existenz einer verkappten Homosexualität als unvermeidliche Übel in Kauf genommen werden. Unsere westliche Tradition kennt kein Kamasutra, kein Tantra, keine sakrale Sexualität. Lesbische Liebe und Päderastie öffentlich zu feiern, ist uns fremd. Und selbst heute gilt Homosexualität oft noch als „Liebe, die sich verstecken muß", wie Oscar Wilde im letzten Jahrhundert schrieb.

Ungeachtet ihrer soziokulturellen Ausdrucksform reichen die Wurzeln menschlicher Sexualität weit zurück auf eine lange Reihe von Vorfahren, die noch älter sind als Affen, Reptilien, Amphibien, Fische und andere Wirbeltiere, und deren Paarungs- und Fortpflanzungsverhalten dem menschlichen nicht im geringsten ähnelt. Dies erklärt, warum Sexualität beim Menschen kein rein menschliches Phänomen ist. Tatsächlich gleichen wir darin den Nixen und Meerjungfrauen, daß wir immer an unser archaisches Selbst gebunden bleiben, als ein fleischgewordenes Plagiat, in dem nicht nur die Fische, sondern Tausende von Ahnen fortleben. Und so wie uns die Biologie lehrt, daß unser Körpergedächtnis seine eigene lange Vorgeschichte speichert, so lehrt uns auch die Psychoanalyse, daß sich das Leben des Erwachsenen niemals ganz von den Erfahrungen der Kindheit und Jugend löst. Heftige und verworrene sexuelle Leidenschaften führen eine Vergangenheit mit sich, der wir den Rücken kehren, der wir aber nicht entkommen können.

Wir fangen an, das Sexualleben des erwachsenen Menschen zu begreifen, wenn wir seine unvorstellbar weit zurückreichende Geschichte nachvollziehen. Weniger als eine Million Tage sind seit Christi Geburt vergangen; dieses Buch erzählt Geschichten von bakteriellen Lebewesen, die vor drei Milliarden Jahren gelebt haben. Genauso wie unsere engeren Verwandten haben die molekularen, interzellularen Aktivitäten dieser Lebewesen noch immer entscheidenden Einfluß auf unsere Sexualität. Fossilienfunde belegen, daß menschenähnliche Tiere erstmals vor vier Millionen Jahren aufgetreten sind. Etwa um diese Zeit hat ein gewaltiger Sprung nach vorne stattgefunden. Bei Hadar in Äthiopien ist man auf Knochen von Australopithecinen (Australopithecus afarensis) gestoßen. Die männlichen Exemplare dieser Vorfahren waren fast doppelt so groß wie die weiblichen: In unserem Evolutionsstammbaum sind männliche

Dominanz und weibliche Unterwerfung also offenbar ein recht altes Phänomen.

Es wäre töricht, menschliches Sexualverhalten allein der Biologie, den unveränderlichen Genen zuzuschreiben. Sozialdarwinisten, Politiker und sogar Akademiker haben die Vorstellung angeborener biologischer Unterschiede benutzt, um Sexismus und Rassismus zu rechtfertigen. Dies wiederum hat Feministinnen und Linke dazu gebracht, die Biologie als „deterministisch" abzutun. Die Biologie, so behaupten sie, sei „biologistisch"; sie erkläre ihr historisch und kulturell bedingtes Wissen zum Abbild unwandelbarer Naturtatsachen und schaffe so das perfekte Alibi für den Status quo einer repressiven Gesellschaft. Doch trotz der Gefahr akademischer Heuchelei, die uns sehr wohl bewußt ist, bekennen wir uns zur Evolutionsbiologie. Es ist abscheulich, Frauen als „minderwertig" und afrikanische Rassen als „unterentwickelt" zu diffamieren oder soziale Unterschiede süffisant als „naturgegeben" zu bezeichnen. Derartige Praktiken diffamieren nicht nur das Anliegen des einzelnen Wissenschaftlers, sondern das der Wissenschaft überhaupt. Genauso abwegig ist die Behauptung, daß Menschen genetisch „programmiert" seien und sich nicht über ihre „Instinkte" hinwegsetzen könnten. Deshalb jedoch die Evolutionsbiologie abzulehnen, weil einige ihrer Verfechter damit Schindluder treiben, wäre dasselbe, als würde man eine Austernperle wegwerfen, nur weil sie von einer stinkenden, algenbewachsenen Schale umschlossen ist.

Vieles spricht dafür, daß der Einfluß unserer Evolutionsgeschichte gewaltig ist. Alle Lebewesen, folglich auch die Menschen, haben ihr genetisches Entwicklungspotential ererbt. Viele Verhaltensformen sind eindeutig genetisch bestimmt. Alle Kinder schlafen zum Beispiel, sogar in der Gebärmutter. Intrauterine Untersuchungen belegen, daß Ungeborene den gleichen REM-Schlaf (Rapid Eye Movements) haben wie Träumende. Schlaf ist keine erworbene oder kulturelle, sondern eine genetische (vererbte) und angeborene Eigenschaft. Alle Babys schreien und greifen nach der Brust, um zu saugen. Verglichen mit Erwachsenen lernen Kinder im allgemeinen leichter neue Sprachen. Obgleich weder Englisch noch Chinesisch zu den genetischen „Bausteinen" gehören, kann man sagen, daß die Fähigkeit, zu brabbeln und dann zu sprechen, angeboren und biologisch so terminiert ist, daß Kinder lernen, sich als voll entwickelte sprachbegabte Menschen in ihre jeweilige Gemeinschaft zu integrieren.

Natur und Kultur sind keineswegs klar voneinander geschiedene, unabhängige Größen. Sie sind miteinander verquickt. So wie unsere Körper innerhalb und außerhalb der Gebärmutter unter der choreographischen Regie der Gene wachsen, ohne daß wir bewußt daran mitwirken, so wie wir von Geburt an atmen, ohne einen Arzt oder die „Kultur" um Rat zu fragen, so sind auch bestimmte Seiten unseres Sexualverhaltens nicht erlernt, sondern angeboren; sie liegen uns „im Blut". Diese Verhaltensweisen, die in uns stecken und unbewußt sind, haben enormen Einfluß auf unser Sexualleben. Wir können sie nicht als Gewohnheiten abtun, die gesellschaftlich erworben sind und die man daher auch wieder ablegen kann. Um solche Verhaltensweisen zu überwinden – falls das überhaupt möglich ist –, muß man sich erst einmal klarmachen, wie tief sie biologisch in unser Sein verwoben sind.

Wie weit wir die Macht der Vergangenheit bezwingen können, ist ein Problem für sich. Madeline Sunley, eine frühe Leserin dieses Buches, hat es eloquent formuliert: „Eins meiner Lieblingsprobleme, wenn ich über die Zukunft der Menschheit nachdenke, ist das des *entsetzten Zuschauers*. Können wir destruktive Verhaltensweisen wirklich korrigieren, wenn wir uns ihrer bewußt werden? Oder sind wir, zumindest in diesem Stadium der Menschheitsgeschichte, gefangen in einem Zustand wissentlichen Fehlverhaltens, das wir nicht hinnehmen, aber auch nicht ändern können? Das sind die Fragen, die im Zentrum dieses Buches stehen."

SEIN UND BEDEUTUNG

Aus klinischer Distanz – unter einem Deckmantel der Objektivität oder wissenschaftlicher Kompetenz – kann man leicht über menschliche Sexualität diskutieren. Vom Mysterium oder Sinn der Sexualität zu reden ist dagegen sehr viel riskanter. Leeraussagen, die an Unsinn grenzen, schaffen jedoch einen Raum, in dem Sexualität sich unverfälscht als das zu erkennen geben kann, was sie ist. Dieses Buch mit seinem Striptease möchte zum Voyeurismus verleiten. Bei der Untersuchung menschlichen Sexualerlebens gibt der Leser die Sicherheit „objektiver" Erkenntnis preis, um statt dessen mehr zu entdecken – und vielleicht zu fühlen –, als ihm lieb ist. Lesend schlüpft er zwischen die Buchdeckel wie unter eine Bettdecke und trifft auf tintenbesudelte Laken. Seine offenen Augen wandern hin und her – wie im REM-Schlaf. Im Grunde ist dieses Buch „Science faction", eine Tatsachen-Phantasie, ein öffentlicher Wachtraum.

Der französische Philosoph Jacques Derrida hat mit seinem Verfahren der „déconstruction" für intellektuelles Aufsehen gesorgt. Den Begriff zu definieren ist gefährlich, denn einerseits ist er inzwischen reichlich überfrachtet, andererseits zielt er im wesentlichen auf eine Unterminierung jener traditionellen metaphysischen Kategorien, die sich auf Definitionen stützen. Dekonstruktion ist eine Interpretationsmethode, die Texte (und damit letztlich die Vorstellung von Identität) destabilisiert: Texte werden wechselseitig aufeinander abgebildet und argumentatorische Brüche aufgedeckt, um zu zeigen, daß Autoren oftmals ihre eigenen Absichten unterlaufen. Doch Derrida hat sich die Tatsache zunutze gemacht, daß das französische Wort „lit" sowohl „Bett" als auch „lesen" (dritte Person Singular) bedeutet. Spielerisch verweist er auch in seinen ernstesten Texten auf diese permanente sexuelle Unterströmung. So hat das englische Verb „mean" (meinen) zum Beispiel dieselbe Wurzel wie „moan" (stöhnen), und wir alle wissen, wie schnell sich sexuelle Konnotationen einstellen, sobald wir uns einmal darauf kapriziert haben. Sogar Wörter aus der Bedeutungslehre selbst – wie

„Semantik" oder „Semiotik" – erinnern an das sexuelle Wort „semen" (Samen).³ Solche Zweideutigkeiten mögen dem Wissenschaftler abwegig erscheinen. Trotzdem sind sie unvermeidlich. Mehr noch: Sie weisen über die klinische Sexualforschung und die „Fakten" der Biologie hinaus und lassen es verlockend, ja notwendig erscheinen, daß die Abgründe der menschlichen Psyche in die Sexualforschung einbezogen werden.

Wenn Frauen im alten Griechenland zur Huldigung des Dionysos lebende Hühner zerrissen und verzehrten, so beschworen solche Kulthandlungen laut Friedrich Nietzsche „vor allem den Rausch der Geschlechtserregung, diese älteste und ursprünglichste Form des Rausches"⁴. Die dionysischen Festfreuden, die *Ekstase* (wörtlich: aus sich heraustreten), das Sprechen als Form des psychosexuellen Verkehrs, das Miteinanderverschmelzen oder Ineinanderverschwinden von Körpern, das Suchen der Todesnähe (ein französischer Ausdruck für Orgasmus ist „petit mort", zu deutsch „kleiner Tod") – dies alles sind eindeutige Sexualvorgänge, die jeder hochfahrend wissenschaftlichen Sexualforschung spotten. Wer die menschliche Sexualität ernsthaft untersucht, wird unweigerlich mit Problemen der Bedeutung und des Seins konfrontiert. Sie sind durchweg zentral und in gewisser Weise noch entscheidender als der entwicklungsgeschichtliche Aspekt der Sexualität. Für Martin Heidegger, den vielleicht einflußreichsten Philosophen unseres Jahrhunderts, sagen „Dasein" und „Sein" Fundamentaleres aus als irgendeine Wissenschaft wie die Psychologie oder Biologie. Die Philosophie des Seins heißt Ontologie. Manche Philosophen unterscheiden zwischen dem Ontischen, der Sphäre individueller Daseinsformen, und dem Ontologischen, dem Sein im allgemeinen. Für Heidegger haben Ontisches und Ontologisches Vorrang vor den „abgeleiteten" Einzelwissenschaften wie der Biologie, der Psychologie und im weiteren Sinn auch der „Technologie", die zwar keine Wissenschaft wie die anderen ist, aber laut Heidegger insofern besondere Bedeutung für die Philosophie hat, als sie den metaphysischen Charakter unseres Zeitalters bestimmt. Neben allen anderen Bestimmungen ist Sexualität ontisch, Teil unserer Existenz als Lebewesen. Und sie kann sogar ontologisch sein, Teil des Seins. Am Leben sein heißt fundamentale Einsamkeit erfahren, eine Einsamkeit, die durch den anderen, den Geliebten, lediglich gelindert, nicht aber aufgehoben werden kann. Diese grundlegende Isolation der Individuen im Universum bezeichnet Heidegger als „ontologische Differenz". Sexualität kommt ins Spiel, weil sie, wie unzulänglich auch immer, eine Möglichkeit bietet, diese Differenz zu überbrücken. In ähnlicher Weise suggerieren die mystischen Traditionen des Ostens, daß die individuelle Persönlichkeit nur Maske ist und daß Liebende in der sexuellen Vereinigung einen Ausnahmezustand heraufbeschwören, in dem das „Ich", das Selbst, als Illusion erkennbar wird.

DER STRIPPER

Der Stripper in diesem Buch ist androgyn. Wenn er/sie seine/ihre Kleider ablegt, bekommen wir unsere Vorfahren aus früheren Zeiten zu sehen. Auch der Stripper hat viele Identitäten. Manchmal erscheint er/sie als Einzelperson, als Mann oder Frau, manchmal als Paargemeinschaft, als Tier oder als Ansammlung von Mikroorganismen. Wie das Selbst in der östlichen Philosophie hat der Stripper kein isoliertes „Ich", sondern tritt in all diesen Masken in Erscheinung. Jede Gestalt repräsentiert einen entwicklungsgeschichtlichen Ahnen. Unsere Arbeitshypothese ist, daß praktisch sämtliche Vorfahren der Menschheit Spuren hinterlassen und die menschliche Physis und Natur in ihrer Vieldeutigkeit und Komplexität mitgeprägt haben. Die erste Hülle, die fällt, konfrontiert uns mit der frühmenschlichen Spezies, mit dem Homo erectus und den vormenschlichen Liebenden aus der Gattung Australopithecus (für den das berühmte „Lucy"-Skelett exemplarisch ist). Wir verfolgen die Wandlungen des Strippers, um herauszufinden, warum Körperbehaarung und Schamverfärbung des Primatenweibchens verschwunden sind und warum es permanent gerundete Brüste ausgebildet hat. Wir erfahren, daß der weibliche Körper selbst eine Form des praktischen Feminismus ist, indem er allzu zeugungswillige männliche Artgenossen hinters Licht führt. Und wir erkennen, daß der Übergang vom Affen zum Menschen den weiblichen Wesen größere Kontrolle über ihre Körper verliehen hat, um die physische Überlegenheit der männlichen Artgenossen durch Geschicklichkeit auszugleichen. Doch wie maßgeblich der Affe in uns auch sein mag – er ist nur eine der Hüllen oder Verkleidungen in dem Striptease, der uns bis zu unseren bakteriellen Ursprüngen zurückführt.

Wenn der Tänzer eine weitere Hülle fallen läßt, so zeigt er unter dem warmen Säugetierfell und der beruhigend vertrauten Säugetierpsyche eine kalte Zone des „Reptilischen", die das „Reptilien"-Hirn mit einschließt – einen archaischen Bestandteil der menschlichen Anatomie, den wir nicht nur bei Affen, sondern bei allen Säugetieren und Reptilien antreffen. Der R-Komplex, wie das reptilische Relikt des menschlichen Hirns manchmal genannt wird, ist noch heute vorhanden. Dieses sexualitätsorientierte Kontrollzentrum, das sich über rationales Bewußtsein hinwegsetzt, unterminiert augenscheinlich die friedfertige Gesinnung menschlicher Lebewesen und provoziert Reaktionen, die von blindwütiger Eifersucht bis zu heftiger Unbeherrschtheit und unberechenbarer Leidenschaft reichen. Heutige Reptilien haben kein gutes Gehör und keinen instruktiven Geruchssinn. Sie *sehen* eine strukturierte Umgebung, das heißt, sie verarbeiten visuelle Schlüsselreize hauptsächlich mit der Netzhaut und nicht mit der Großhirnrinde. So verständigen sie sich schnell, instinktiv und mit Mitteln, die weitgehend angeboren sind. Reptilien sind „stumm" und können nicht sprechen lernen. Ein Großteil dessen, was wir in uns für inhuman halten, basiert auf einem unterschwelligen reptilischen Empfindungsvermögen, einem archaischen Substrat, das unversehens und machtvoll an die Oberfläche dringen kann. Reptilien sind traum- und morallose Gleittiere, die jederzeit zu töten bereit sind, aber nur selten emotionale Bindungen entwickeln, auch nicht zu ihren eigenen eientsprungenen Abkömmlingen. Es hat sogar den Anschein, daß sich die Fähigkeit von

Säugetieren, Ereignisse in eine chronologische Ordnung zu bringen, erst während des Übergangs vom Reptilien- zum Säugetierhirn entwickelt hat. Der Zeitsinn selber muß also bei diesen unseren Vorfahren entstanden sein. Dinosaurier und Schlangen aber – und unsere reptilischen Ahnen überhaupt – können keine Abläufe erfassen. Sie scheinen in einer ewigen Gegenwart zu leben, die als Wachzustand das reptilische Äquivalent zu unserer nächtlichen Traumwelt bildet. Dennoch können sie durch Außenreize affiziert werden und reagieren blitzartig auf Signale, in denen sie Freunde oder Feinde ausmachen. Sowohl Säugetiere als auch Dinosaurier sind aus einer älteren Gruppe sogenannter Stammreptilien hervorgegangen. Rekonstruktionen fossiler Knochen belegen, daß es sich um ausgestorbene Vorfahren handelt, um eidechsenartige Wesen mit Hundezähnen, um reptilische „Wiesel". Fossilien solcher säugetierartigen Reptilien kommen massenhaft auf allen Kontinenten mit Ausnahme der Antarktis vor. Ein Paläontologe schätzte, daß es allein in den vegetationsarmen südafrikanischen Karru-Hochebenen achthundert Milliarden Skelette dieser archaischen Reptilienart gibt,[5] die vor etwa zweihundertfünfzig Millionen Jahren entstand und in unglaublicher Artenvielfalt während der Trias- und Permzeit existierte.

Die Fossilienfunde kann man so interpretieren, daß in der Periode der tückischen, flinken Thekodontier, die die Vorläufer der Riesendinosaurier waren, nur wenige säugetierartige Reptilien überlebten. Die frühesten Säugetiere oder Synapsiden konnten sich nicht gegen ihre Vettern, die immer muskulöser und wilder wurden, verteidigen. So suchten sie Schutz im Nachtleben, versteckten sich in Bäumen und siedelten in kühleren Zonen, wo sie vor Belästigung sicher waren. Diese weit entfernten Vorläufer des Menschen waren den Thekodontiern physisch unterlegen, und etliche fielen diesen wütenden Räubern zum Opfer. Die Überlebenden unserer reptilischen Ahnen aber bildeten differenziertere Wahrnehmungsmodi aus, besonders im Bereich des Gehörsinns. Rufe, Kratztöne, Schreie und Aufbruchsgeräusche alarmierten die scheuen Synapsiden rechtzeitig, wenn Angreifer sich näherten oder bedrohte Artgenossen auf dem Rückzug waren. Neben diesem gesteigerten Wahrnehmungsvermögen behielten unsere vierbeinigen Vorgänger jedoch die ursprünglich tödliche Fühllosigkeit ihrer reptilischen Ahnen bei und konzentrierten sich aufs nackte Überleben in den Tropen: Töten, nicht gefressen werden, kopulieren – dies waren die rudimentären Rücksichten, die stets ihre Fortpflanzung gesichert hatten. Der Ausflug in unsere reptilische Abstammung, in die seltsam vertraute psychische Organisation der Reptilien, bringt uns mit der Psychologie in Berührung. Und mit ihrem radikalsten Sprößling, der Psychoanalyse.

Freuds französischer Nachfolger Jacques Lacan hebt die absolut zentrale Bedeutung des Phallus als eines Symbols oder Signifikanten hervor, wobei weniger der Penis selbst als dessen Verlust angesprochen ist. Das Vorhandensein eines Mangels („manque-à-etre"), eine Kastration, bildet für Lacan den Kern jeder angestrebten Kommunikation. Der Phallus ist ein erotischer Pfeil: Er zielt auf den dunklen Kontinent der Psychoanalyse, der sich auftut, wenn wir die Grenzen der biologischen Evolutionslehre verlassen. Die Psychoanalyse führt uns von einer entwicklungsgeschichtlichen Erörterung des Penis wieder zurück auf das vertraute Gebiet der menschlichen Ursprünge. Obgleich wir von den Theorien des phallischen Signifikats, des Spiegelstadiums und der magischen Psyche des Säuglings keineswegs restlos überzeugt sind, wollen wir uns mit diesen Theorien hier nicht näher beschäftigen. Denn der Striptease geht weiter und führt uns tiefer in den Schoß der Zeit zurück.

Das durchschnittlich recht große Format des menschlichen Penis (zwölf bis fünfzehn Zentimeter) im Verhältnis zum Penis der Schimpansen (sieben bis acht Zentimeter) und Gorillas (vier Zentimeter) könnte, so spekulieren Evolutionstheoretiker, der Abschreckung männlicher Artgenossen gedient haben. Oder auch dazu, Weibchen anzulocken. Oder der Luststeigerung. Am meisten leuchtet vielleicht die Hypothese ein, daß ein längerer Penis das Sperma dichter an das Ei heranführt: Heutige Biologen behaupten, daß bei Weibchen mit mehreren

ERDZEITALTER UND SEXUELLE VORFAHREN

(Vereinfachte Darstellung)
in Millionen Jahren

0	Könozoikum 66 – 0	Quartär 26 – 0	
		Tertiär 66 – 26	
	Mesozoikum 245 – 66	Kreide 138 – 66	
		Jura 195 – 138	
		Trias 245 – 195	
	Paläozoikum 580 – 245	Perm 290 – 245	
		Karbon 345 – 290	
		Devon 400 – 345	
		Silur 440 – 400	
		Ordovizium 500 – 440	
600		Kambrium 600 – 500	
2500	Proterozoikum		
3900		Präkambrium	
4500	Archaikum		

Holozän 0,1 – 0 Pleistozän 2 – 0,1	Homo sapiens Homo erectus
Pliozän 7 – 2 Miozän 26 – 7	Australopithecus
Oligozän 38 – 26 Eozän 54 – 38 Paläozän 66 – 54	erste Primaten
	Vögel Säugetiere
	Thecodontier *(Dinosaurier- und Vogel-Vorfahren)* Synapsiden *(säugerartige Reptilien)* Amphibien Fische Kieferlose Wirbellose
	Einzeller
	symbiotische Bakterien

Geschlechtspartnern das Männchen mit dem längsten Penis sein Sperma am sichersten unterbrachte. Die ersten penisartigen Organe haben sich wahrscheinlich bei Fischen oder Amphibien herausgebildet, während ihre Vorfahren sich ausschließlich durch externe Befruchtung vermehrten und ihre Eier in warmen Binnengewässern oder in der Gischt des Ozeans ablegten. Wärme und Feuchtigkeit beim menschlichen Sexualakt erinnern an die Brutgegenden dieser Amphibien und Fische, die noch älter als die Reptilien sind. Unterdessen nimmt der Striptease seinen Lauf, und unsere eidechsenartigen Vorfahren geraten aus dem Blick. Diesen Spermaschleudern kam im Wettstreit um die Weibchen noch nicht einmal ein Penis zugute; sie schüttelten das schlammige Wasser von ihren glatten, glänzenden Körpern und schlichen sich davon.

Unter dem amphibischen Gewand der Stripperin kommen die Weichtiere zum Vorschein. Manchmal werden sie – nach ihrem ersten Fundort – als Ediacara-Fauna bezeichnet. Doch diese sonderbaren gallertartigen Lebewesen, die für unsere direkten Vorfahren wohl keine entscheidende Rolle gespielt haben, sind in der Fossiliengeschichte kaum nachweisbar. Wenn sich schon wabblige, quallenähnliche Wesen schwer auffinden lassen, so gilt das erst recht für deren Vorgänger, die in Kolonien lebenden Mikroorganismen.

Was feucht und glitschig ist wie die Sexualität selbst, versteinert nicht gut. Trilobiten vertrockneten an den Meeresküsten des Urzeit; Insekten verfingen sich in klebrigem Harz, das zu Bernstein wurde; Affenpärchen hinterließen auf ihren romantischen Spaziergängen Fußabdrücke im halbtrockenen Schlick. Von den geschlechtlichen Details aber sagt uns die Fossiliengeschichte kaum etwas. Man nimmt an, daß sich das erste Leben aus Molekülen in warmen, flachen Meeresprielen gebildet hat, aus einem Bakterienschlamm, einer Art salzhaltigem, farbenprächtigem Schleim, der sich zu glitschigen „Mikrobenteppichen" oder verkrusteten Wölbungen ausbreitete, die man Stromatolithen nennt. In entlegenen Gegenden, etwa in Westaustralien, wachsen sie noch heute unaufhaltsam der sonnenbeschienenen Brandung entgegen. Sowohl im physischen als auch im metaphyischen Sinn bringt menschliche Sexualtätigkeit den Körper zu seinen fließenden Meeresursprüngen zurück, zu einer Zeit, als das Leben sich noch nicht verfestigt, abgesichert und differenziert hatte, als es noch keine beständigen Substanzen wie Holzfasern, Schalen und Knochen kannte. Die angeschwollenen, feuchten und leicht salzigen Genitalien erzeugen die warme Umgebung der urzeitlichen Gene. Sie repräsentieren eine vergangene Gegenwart, in der einzellige Lebewesen existierten, die den Spermien und Eizellen sehr ähnlich sahen; menschliche Körper aber, die heutigen Produzenten dieser Zellen, gab es noch nicht. Unter diesen Einzellern, die so sehr den frei beweglichen Spermien und Eizellen gleichen, lassen sich einige unserer ältesten Vorfahren entdeken.

Das mysteriöse und komplizierte Sexualleben der Einzeller birgt Geheimnisse und Hinweise für ein umfassendes Verständnis der menschlichen Sexualität. Doch sogar noch vor den Einzellern bevölkerten die bakteriellen Urahnen allen Lebens die Erde. Die ältesten Erdgesteine belegen Bakterien im Zustand der Teilung. In Swasiland in Südostafrika gibt es Sedimentgesteine, die, in dünnen Streifen unters lichtstarke Mikroskop gelegt, eine versteinerte Teilung sichtbar machen, die älteste Fortpflanzungsart, die wir kennen. Solche Bakterienteilung aber ist eigentlich das Gegenteil von Sexualität, Befruchtung und Zellfusion: Sie ist ungeschlechtliche Vermehrung. Bisher hat man noch kein Fossil gefunden, das die Kernteilung von Einzellern belegt – jenen Vorgang, den man Mitose nennt und der zwei perfekte Kopien von der Mutterzelle macht. Erst recht ist in der Fossiliengeschichte noch nie eine Meiose entdeckt worden – eine wirkliche Teilung der Geschlechtszellen, bei der Spermien oder Eizellen entstehen, die nur über die Hälfte des elterlichen Chromosomensatzes verfügen. Doch fossile Pflanzenteile oder versteinerte Eierschalen beglaubigen das Alter der meiotischen Sexualität. Es liegt an diesem zweiten Zellteilungsvorgang, der Meiose, daß tierische Wesen wie wir zum jeweils anderen Geschlecht streben und sich mit ihm verbinden müssen, um eine neue vereinigte oder befruchtete Zelle zu bilden, eine Zelle, die eine Quadratur des Kreises vollbringt, indem sie aus der Hälfte wieder ein Ganzes macht. Lange Zeit war die Meiose ein unabdingbarer Zellprozeß: Denn ohne meiotische Produktion von Ei- und Samenzellen und ohne ihr Zusammentreffen im weiblichen Eileiter konnten Gene nicht an die nächste Generation weitergegeben werden.

Bei einigen Einzellern kommt meiotische Sexualität vor, bei anderen nicht, bei dritten stoßen wir auf eine gewisse Zwischenform. Insofern kann man davon ausgehen, daß diese Art der Sexualität und Zellfusion in den wäßrigen Einzellern begann, die mit bloßem Auge meist gar nicht zu sehen sind. Die Frage ist, wie diese Mikroben, die komplexer als Bakterien und einfacher als die ersten Tiere organisiert sind, jemals auf den Trick der Befruchtung verfielen und ihre Zellkerne, Chromosomen und Gene, einmal pro Generation zusammenlegten? Und was soll diese Verdopplung, wenn sich die verdoppelte Zelle doch bloß wieder durch Meiose teilt, um Sperma und Ei zu bilden? „Routinemäßig listet man die Schrecken der Sexualität auf – Figurprobleme, Geschlechtskrankheiten, Wesensänderungen – mit der unvermeidlichen Schlußpointe: ‚Und zur Belohnung für den ganzen Mist besitzen deine Kinder nur die Hälfte deiner Gene'", schreibt Robert Kretsinger, Biologe an der Universität von Virginia.[6] Obwohl Kretsinger behauptet, dieses Paradox werde hauptsächlich zur Aufmunterung mutloser Studenten im Examensstreß bemüht, haben Evolutionsbiologen tatsächlich lang und breit über diese Frage debattiert. Die möglichen Antworten sind kompliziert. Oft aber kreisen sie um die Vorstellung, daß meiotische Sexualität irgendeinen großen Vorteil bieten muß, daß sie etwa die Evolution irgendwie „beschleunigen" oder eine andere unverzichtbare Funktion erfüllen müsse. Zu einem Konsens ist die Wissenschaft nicht gelangt. Die Vorgänge beim Evolutionsstriptease unterstreichen dagegen unseren Gedanken, daß meiotische Sexualität vielleicht gar kein klares Evolutionsmotiv oder -ziel hat. Unsere winzigen Vorfahren wurden einfach von einem rituellen Tanz mitgerissen – von einem mittlerweile genetisch etablierten Tanz des Kannibalismus, der Zellfusion und der partiellen Wiederausstoßung. Ohne Immunsysteme waren unsere mikrobischen Ahnen in der Lage, einander mit Haut und Haar zu verschlingen, einen Teil der Mahlzeit zu verdauen und den lebenden Rest wieder abzustoßen. Das hört sich widerlich an, wie so viele unappetitliche Überlebensgeschichten, aber trotzdem funktionierte diese erste meiotische Sexualität: Jene Lebewesen, die die bittere Pille des Einzellerkannibalismus schluckten, existierten weiter; sie lebten, um ihre Gene zu übertragen. Die Sexualität der Mikroben – basierend auf Meiose und Befruchtung – hat einen langen Schatten auf die Existenz der Tierwelt geworfen. Obwohl sich die ausschließlich weiblichen Arten der Eidechsen und der Rädertierchen ohne männliche Mithilfe durch Parthenogenese vermehren, sind auch sie vom Zellentanz der Meiose geprägt. Das eigentümliche Sexualleben der Einzeller dauert fort, und zumindest mechanisch absolvieren sie noch immer jene Bewegungsvorgänge, die seit Milliarden Jahren für ihre Fortpflanzung entscheidend sind – wenn sie diese Vorgänge nicht sogar mit ungemindertem Eifer getreulich wiederholen.

Kein Mensch kann sich heute ohne „Keimzellen" vermehren. Die Eizellen menstruierender Frauen und die Samenfäden ejakulierender Männer enthalten jeweils nur einen einzigen Chromosomensatz. Bis zu ihrem schicksalhaften Zusammentreffen im Körper der Frau – eine alte Redewendung sagt, das Leben beginne und ende an den Rückwänden der Vagina – besitzt jedes Spermium und jede Eizelle nur einen einzigen Chromosomensatz. Alle menschlichen Lebewesen – Embryonen, Föten, Babys, Kinder und Erwachsene – benötigen zum Leben in jedem Fall zwei komplette Chromosomensätze. Mehr als irgendein anderer Körperpartikel gleichen die sich schlängelnden Samenfäden und klebrigen Eizellen unseren frei beweglichen Einzellerahnen. Im Namen ihrer Doppelexistenz wurden die Mikroorganismen auf die allerfrüheste Sexualbeziehung vereidigt – auf eine glitschige Routine der Vermischung und Entmischung, der Belagerung und des Rückzugs, der Fesselung und der Flucht. Tief in unserem Innern leben sie fort.

Doch Sexualität begann nicht erst mit den kannibalisch gefräßigen Zellen, deren Kerne einander in Zeiten der Dürre und des Hungers verschlangen. Sexualität begann auf einem Planeten, der ausschließlich von farbenprächtigen, promiskuitiven Bakterien bewohnt war, von winzigen, Kolonien bildenden Wesen, die unablässig ihre Gene austauschten. Sexualität begann in der Zeit des Archaikums auf einem Planeten mit einer Atmosphäre, die mit unserer heutigen nichts mehr gemein hat. Dieser Planet wurde von Blitzen bombardiert und schonungslos von ultravioletten Sonnenstrahlen versengt. Wie der Evolutionsstriptease uns vorführen wird, entstand die bakterielle Promiskuität höchstwahrscheinlich aus chemischen Reaktionen bei der Reparatur von DNS-Molekülen in Zellen, die durch die Sonneneinstrahlung beschädigt worden waren. Im Unterschied zur Sexualität von Organismen mit Zellkernen (Einzeller, Pflanzen, Pilze und Tiere) überschreitet die Sexualität der Bakterien die Grenzen der „Spezies", ohne daß Arterhaltung dabei eine Rolle spielt. So sind Bakterien im Prinzip an sämtlichen Genen der Welt sexuell beteiligt. Der kanadische Bakteriologe Sorin Sonea macht darauf aufmerksam, daß die Bakterien durch ihre Fähigkeit, über alle vermeintlichen Artgrenzen hinweg Gene frei auszutauschen, eigentlich überhaupt keiner Spezies zuzurechnen sind. Mit ihrer unendlich großen Zahl und Stoffwechselvielfalt bilden sie in der Natur einen globalen „Superorganismus", dessen Körperumrisse die der Biosphäre selber sind. Dieser Superorganismus ist eindeutig „sexuell", denn seine unzähligen Teile tauschen unablässig Gene aus. Er betreibt buchstäblich Sex mit sich selbst. Obgleich Bakterien im Unterschied zu Säugetieren keine Nachkommen aus zwei Elternteilen zeugen, bedeutet ihre mikrokosmische Sexualität doch etwas genetisch Neuartiges. Die weltumspannende Gemeinschaft der Bakterien, die für den Transport von

Kohlenstoff, Stickstoff und alle anderen Zyklen der Biosphäre verantwortlich ist, hat ein Alter von bald vier Milliarden Jahren. Ein solches Alter, das schon an Unsterblichkeit grenzt, kann man sich kaum vorstellen. Gemessen an diesem uralten Superorganismus erscheint die gesamte Odyssee der Menschheit vom aufgerichteten zottigen Affen zum Computerfachmann nicht erheblicher als die flüchtige Laune eines Schmetterlings. Verglichen mit der Omnipräsenz des bakteriellen biosphärischen Superorganismus ist der Aufenthalt des Homo sapiens auf dieser Erde nichts als ein winziger Punkt.

Man könnte meinen, mit der Mikrobenphase habe der Stripteasetänzer (oder die Tänzerin) alle Kleider abgelegt und der Tanz sei zu Ende. Doch vielleicht gibt es eine noch tiefer liegende Schicht – die metaphysische Sphäre der reinen Phänomene, der durchgängigen Erscheinungen. Der Stripper der Evolution ist eine wunderliche Kreatur: Die letzte Hülle ist kein dünner Fransenfetzen, sondern vielmehr ein Wort, ein Symbol für äußerste Nacktheit. Wenn die letzte Hülle fällt – untermalt von den seltsam vibrierenden Klängen eines leisen Triangels und eines sanft in Schwingungen versetzten Beckens –, dann ist die Nacktheit selbst verschwunden. Vor uns steht die Tänzerin (oder der Tänzer), so vollständig bekleidet wie schon die ganze Zeit zuvor.

Auf den ersten Blick scheint es, als hätten wir mit dem Gen-Austausch in den Bakterien, den elementarsten Lebewesen, das Ende des Evolutionsstriptease erreicht und die Sexualität auf ihren Wesenskern zurückgeführt. Aber nein: Da ist immer noch mehr. Und es ist sehr fraglich, ob und wie eine allerletzte Enthüllung überhaupt möglich ist. Die ganze Maskerade des Evolutionsstriptease stützt sich durchweg auf eine Mitteilungsform, die mit den Genen der Molekularbiologie nicht das geringste zu tun hat: auf Phoneme, Grapheme – Wörter. Wir begegnen unseren sexuellen Vorfahren auf dem rutschigen, abschüssigen Weg von Zeichen und Signifikanten, im Medium der Sprache also. Jeder Gebrauch von Zeichen muß zwangsläufig verdunkeln; Worte sind kleine schwarze Masken; sie repräsentieren oder ersetzen die bezeichneten Dinge, die selber abwesend sind. Wir verschieben die Realität, um über sie zu reden. Ohne diese Verschiebung, diese unverzügliche Ersetzung unserer sexuellen Vorfahren oder auch der Dinge im allgemeinen durch Zeichen, hätten wir keine Möglichkeit der Sprache, der Bezeichnung überhaupt. Sprache ist totes Material: ein verkohlter Stock, ein Stück Borke – Ersatz für die lebendige Realität. Aber nicht nur die kleinen schwarzen Zeichen des Alphabets treten an die Stelle der wirklichen Dinge oder zumindest der wirklichen Laute: Die ganze Welt steht in Distanz zu sich selbst. Einfache reine Gegenwärtigkeit gibt es nicht.

Jacques Derrida zieht die Vorstellung irgendeiner Ausgangsrealität – eines „da, da", wie Gertrude Stein sagen könnte – in Zweifel. Diese Vorstellung, ein metaphysisches Konstrukt, ist zwar nicht auf die Schrift beschränkt, aber doch auf sie anwendbar, im erweiterten Sinn Derridas: „Es gibt keine Exteriorität der Schrift", schreibt er.[7] Dies bedeutet: Es existierte im Ursprung kein Einfaches für sich, aus dem das Komplexe, Verworrene und Unreine dann unzweideutig hervorgegangen wäre. Immer schon haben wir es mit Komplexität, Undurchschaubarkeit und Verschleierung zu tun. Für unsere Vorstellung von Erkenntnis im Wege der Entdeckung sind solche Überlegungen deshalb wichtig, weil sie nahelegen, daß der Evolutionsstriptease trotz seiner fortwährenden Enthüllungen ebenso viel verbirgt wie er bloßlegt. Wahrheit kann nicht in Nacktheit münden, weil die Wahrheit nie nackt gewesen ist.

Jean-Jacques Rousseau sehnte sich nach der Unschuld seiner unbeschädigten Jugend, nach den frischen Düften des Landes und den Tänzen der Kinder. Derrida beschreibt dies in seiner Abhandlung ‚Grammatologie' und kontrastiert Rousseaus Idee einer ursprünglichen Unschuld und Fülle mit den Gefühlen des Verlusts – des Verlusts der „Gegenwärtigkeit" –, den Rousseau schuldbewußt eingesteht, wenn er schildert, daß er beim Masturbieren „abwesende Schönheiten heraufbeschwört". Wie Derrida zeigt, laufen Rousseaus Sehnsüchte ins Leere. Auch ursprünglich ist Gegenwart nicht Gegenwart, sondern bereits Erinnerung an sie. In dem Versuch, uns die Wahrheit unserer Ursprünge vorzuführen, schlüpft der Evolutionstänzer, der exotische Chronist unserer sexuellen Vergangenheit, immer wieder aus seiner Person heraus. Doch die Wahrheit kann er nicht darstellen. Vor uns haben wir keine wiedererschlossene Vergangenheit, sondern eine Vorstellung von der Vergangenheit in der Gegenwart. Auf den Tänzer ist kein Verlaß. Mal sieht man die wissenschaftliche Wahrheit unserer Vergangenheit, mal eine nackte Metapher – ein Papierkleid, gemustert just mit diesen Worten.

Die Vorstellung auf unserer Phantasiebühne kann gleich beginnen. Langsam löschen wir das Licht und betrachten die holographischen Tricks des Evolutionstänzers, während er (oder sie) sich zu entkleiden beginnt. Doch zunächst noch eine kurze Anmerkung über die Zeit.

ZEIT

Meist stellt man sich die Zeit als ein Verfließen gegenwärtiger Augenblicke vor, wobei das Verflossene zu Vergangenheit wird und die Zukunft das Bevorstehende ist. Wir sprechen vom „Fluß" der Zeit oder auch davon, daß etwas „den Bach hinuntergegangen" ist. Doch diese weitverbreitete Zeitvorstellung ist größtenteils wohl der Sprache zuzuschreiben. In der Tat glauben ja manche Linguisten, daß unterschiedliche Sprachen nicht bloß verschiedene Worte, sondern auch verschiedene Denk-, Ordnungs- und Wahrnehmungsweisen beinhalten. Wenn das stimmt, dann leitet die Sprache auch unsere Zeitvorstellung. Zum Beispiel sagen wir gelegentlich, daß wir etwas noch nicht „absehen" können und meinen damit die Zukunft als einen Ort, der sich dem Blick versperrt. Im allgemeinen aber läßt unsere Sprache uns denken, die Vergangenheit läge hinter uns. Eine gänzlich andere „Vergangenheit" vermittelt dagegen das Navajo, die Sprache des gleichnamigen nordamerikanischen

Indianerstammes. In der räumlichen Metapher des Navajo liegt Geschichte vor einem.[8]

Dies macht Sinn: Wo wir gewesen sind, können wir sehen; nicht die Vergangenheit, sondern die Zukunft ist es, die undurchsichtig und unsichtbar bleibt. Die Navajos bewegen sich rückwärts in die Zukunft mit dem Panorama der Vergangenheit vor Augen, als wäre das Leben eine Zugfahrt, bei der die Reisenden dem entgegenblicken, was hinter ihnen liegt. Mit dieser „neuen" Zeitvorstellung der Navajos im Kopf richten wir unser geistiges Auge auf die Bühne, wo die Vergangenheit uns deutlich vor Augen gestellt wird – weitaus deutlicher als die Zukunft in unserem Rücken.

1 : *Spermienwettstreit*

Wie gerne würde ich dich küssen
Der Preis für den Kuß ist dein Leben

Nun jagt meine Liebe auf mein Leben zu und ruft
Was für ein Handel, schließen wir ihn ab
Rumi (1269)[1]

Wenn der Stripper die erste Hülle abstreift, kommen unter unserer Menschennatur affenartige Wesen zum Vorschein, und wir sehen, daß die Körper der heutigen Menschen von der Promiskuität unserer äffischen Vorfahren Zeugnis ablegen.

Das Scheinwerferlicht geht an, der Vorhang teilt sich, und die Show beginnt. Unter einem Schleier erkennen wir eine junge Frau. Sie nimmt das Tuch vom Gesicht. Ihre Lippen sind schwarz geschminkt, sie trägt blau glitzernden Lidschatten und Wangenrouge. Begleitet von Musik schlüpft sie aus ihren Kleidern und steht nackt vor uns. Langsam dreht sie sich, so daß jetzt die breiten, muskulösen Schultern eines Baseballwerfers zum Vorschein kommen. Er hält eine vergiftete Lanze in der Rechten und ist ganz auf sein entferntes Wurfziel konzentriert. Seine Nasenflügel beben, sein Penis hängt schlaff. Der Stripteasetänzer ist mit einem Mal Vater und Sohn. Er, der den Hunger des Stammes lindert, ist der

Mann, der mit vollen Händen von der Jagd zurückkehrt – der aufmerksame, scharfsichtige menschliche Vorfahr, der zur Beute des Tigers wurde, wenn er sich nicht auf die Jagd zu konzentrieren vermochte. Dieser exotische Tanz beginnt soeben. Mit einer Kreisdrehung gibt der Evolutionstänzer zu erkennen, daß dieser menschliche Körper selbst nur eine Verkleidung ist. Die breitschultrige Figur mit den schmalen Hüften löst sich in gespenstisches farbiges Licht auf. Ihm entsteigt eine paläolithische Gestalt mit nacktem Oberkörper. Ein feuchter Bastrock schmückt ihre Hüften. Ihr Gesicht ist buntgestreift mit Lehmfarben geschminkt. Obgleich klein und grazil, ist sie eine erwachsene Frau. Sie schwindet aus dem Blickfeld, wobei ihr Bastrock sich in Haut verwandelt und ein größeres, brünstiges Affenweibchen erscheint. Es hat eine fliehende Stirn, einen ausgeprägten Kiefer, flache Brüste, schmale Hüften und eine vorspringende Augenpartie. Obwohl diese große Affenfrau zu behaart und zu krumm ist, um einen Mann von heute sexuell zu reizen, könnte ihr Anblick ihn aufwühlen. Sie entblößt ihre Zähne, während sie sich umdreht, um ihre angeschwollene Scham zu zeigen. Als sie sich wieder umwendet, ragen ihre Hinterbacken heraus, die lila und rosaviolett schimmern. Nun wächst sie noch, bekommt mehr Haare und verwandelt sich in einen männlichen Affen. Seine scharfen Eckzähne ragen heraus, während sein Hodensack kontrahiert. Die Genitalien sind viel unauffälliger als sein gewaltiger Körper, seine langen Arme und seine riesigen gebogenen Zähne. Mit seinen braunen, nassen Haaren und Augen verströmt dieser grunzende, schnüffelnde Affenmann tierische Gerüche in unserem holographischen Theater. Grob durchsucht er das buschige Gewirr seiner kleineren Artgenossin nach dem ersehnten rosigen Lila. In ihrer Umarmung verschmelzen die beiden zu einem unheimlich vertrauten Primaten mit schimpansenartigem Gesicht und behaartem gorillaförmigem Schädel. Die Intelligenz, die die Augen dieser Kreatur ausstrahlen, ist dennoch überraschend menschlich.

DER GENITALE REKORD

Der erigierte Penis eines Mannes ist etwa fünfmal so lang wie der eines ausgewachsenen Gorillas. Auch die menschlichen Hoden sind erheblich größer als die Hoden von Gorillas und Orang-Utans, die zu unseren engsten genetischen Verwandten gehören. Daß die männlichen Genitalien beim Menschen so enorm groß sind, sorgt in der vergleichenden Anatomie für Aufsehen und gibt über die Art des Sexuallebens Auskunft, das einige unserer frühen menschlichen Vorfahren führten.

Große Hoden und Penisse sind nur dann von Vorteil, wenn die Promiskuität weit verbreitet ist. Unter unseren nächsten Verwandten, den Menschenaffen, besitzen lediglich Schimpansen größere Hoden als Menschen. Und mit ihren großen, starken Testikeln sind Schimpansen sexuell promiskuitiver als Menschen. Der gewaltige Umfang der spermienproduzierenden Organe bei Schimpansen und Menschen läßt also stark vermuten, daß einige unserer gar nicht so fernen Ahnen weitaus promiskuitiver lebten als Gorillas und Orang-Utans – oder viele Leute heutzutage. In der entwicklungsgeschichtlichen Vergangenheit konkurrierten mitunter verschiedene männliche Samenspender um die Befruchtung der Primateneizellen. Wenn zwei oder mehr Männchen in einem bestimmten Zeitabschnitt dasselbe Weibchen begatteten, hatte der männliche Partner, der die meisten und kraftvollsten Spermien ejakulierte, die größten Zeugungschancen. So wie bei einer Rallye der Fahrer gewinnt, dessen Sponsorenteam ihm das bestfrisierte Fahrzeug stellt, so siegt im „Spiel" um die Befruchtung zumeist das Männchen, das die günstigste Startzeit für die Paarung hat, das seine Spermien bei der Ejakulation über die weiteste Strecke ans Ziel bringt und das den leistungsstärksten testikularen „Motor" mit der größten Spermienkapazität besitzt. Wie extrem teuere Formel-Eins-Wagen lohnen sich hochgetrimmte Genitalien mit vielen Samen-PS nur, wenn es so etwas wie Wettbewerb gibt. Andernfalls wirken sie übertrieben.

Hätte die Natur ein Gefühl für Moral, so könnten wir ihr

Lasterhaftigkeit vorwerfen, aber diese Möglichkeit scheidet aus. In seinem Roman ‚Abschiedswalzer' schildert Milan Kundera einen verschlagenen langnasigen Gynäkologen, der die zweifelhafte Methode anwendet, kinderlose Ehefrauen mit seinen eigenen Spermien künstlich zu befruchten. Obwohl dieser Doktor von Berufs wegen unmöglich verfährt und gewiß kein großer Liebhaber im gewöhnlichen Sinne ist, bleibt er doch der genetische Sieger, da er die (langnasigen) Kinder mehrerer glücklicher, wenn auch gehörnter Ehemänner gezeugt hat. So fressen auch Spinnenweibchen aus der Familie der Argiopidae ihre Partner während der Begattung auf. Bei den Raubinsekten, den sogenannten Mecopteroiden, müssen die Männchen für die Weibchen „Schaumkugeln" erbrechen oder Beutespeise fangen, und wer die gehaltvollsten Geschenke macht, wird als Sexualpartner erwählt. Bei einer bestimmten Milbenart ist es gang und gäbe, daß der ungeborene Bruder seine Schwestern befruchtet und noch im Körper der Mutter stirbt, während die inzestuösen Weibchen ihre Mutter von innen her auffressen und allesamt schwanger zur Welt kommen. Die Genitalien der selbstmörderischen Honigbienendrohnen, die mit gelblichen Hörnchen und einer Ansammlung von Flanschen und Borsten gespickt sind, schnellen auf dem sexuellen Höhepunkt im Körper der Königin wie eine Sprungfeder heraus und bilden einen natürlichen Keuschheitsgürtel, der anderen Bewerbern selbst dann noch den Zutritt versperrt, wenn die Drohne zu Boden fällt und stirbt. Angeblich soll der Marquis de Sade immer ein Pillendöschen mit kandierten Spanischen Fliegen bei sich gehabt haben, um sie ahnungslosen Prostituierten anzubieten; die Spanische Fliege ist ein Aphrodisiakum, das eine Reizwirkung auf den urogenitalen Bereich hat und die Kopulationsbereitschaft bei Tieren und vermutlich auch bei Menschen fördert. Bei der Betrachtung solcher „Perversität" wird uns klar, daß selbst die normalsten, gesellschaftlich anerkannten sexuellen Verhaltensformen keine universale Verbindlichkeit haben, sondern nur auf bestimmte Weise das Generalthema des tierischen Überlebens variieren. Mit der Veränderung der Arten wandeln sich die jeweiligen Normen. Die Evolution selbst kennt keine herrschende Moral, und die anstößigsten Taktiken sind oft die erfolgreichsten.

In der gesamten Tierwelt ist die Beziehung zwischen den Geschlechtern eine Art blumiger Kampf, bei dem sexuelle Duftsignale und Versprechungen, raffinierte Ränke und bewußtlose Intrigen mit von der Partie sind, ein tückischer Kampf, der gelegentliche Waffenstillstände nicht ausschließt und meist in Ignoranz oder Desillusionierung mündet, wenn das Genmaterial bereitgestellt und der Evolutionsauftrag, für Nachkommen zu sorgen, erfüllt ist. Bei allen Arten, die sich sexuell fortpflanzen, sind männliche und weibliche Körper aufeinander angewiesen, um ihre Gene an die nächste Generation weiterzugeben. Sieht man einmal von der leidenschaftlichen physischen Vereinigung im Geschlechtsakt ab, so gibt es womöglich nur wenige Berührungspunkte zwischen den Geschlechtern. Kein Evolutionsauftrag verpflichtet sie, zueinander höflich oder rücksichtsvoll zu sein. Von einem allgemeinen biologischen Standpunkt aus sind Besitzansprüche, Untreue, Heirat, Kastration und das Bedürfnis der Liebenden, „miteinander allein zu sein", ebenso abnorm wie die Promiskuität unserer Vorfahren: Wir haben es hier mit sexuellen Idiosynkrasien zu tun, mit den oft unbewußten Überlebenstechniken des Tieres „Mensch".

Die Entstehung großer Menschengenitalien unter vormaligen Promiskuitätsbedingungen ist ein Beispiel für die sexuelle Auslese, von der Charles Darwin gesprochen hat. Darwin wollte damit das Phänomen von tierischen Körpermerkmalen erklären, die ihm durch den Kampf ums Dasein oder die natürliche Auslese nicht abgedeckt zu sein schienen. Darwin sah die sexuelle Auslese vor allem in zweierlei Hinsicht am Werk: zum einen zwischen den Geschlechtern, wenn sich die frühmenschlichen Frauen zum Beispiel für Männer mit attraktivem Bartwuchs entschieden; zum anderen innerhalb eines Geschlechts, wenn etwa männliche Halbmenschen miteinander um den Besitz junger Weibchen kämpften. Die dadurch etablierten Körpermerkmale – in diesem Fall Bärte und Muskeln – entstehen laut Darwin nicht aus dem allgemeinen Überlebenskampf, sondern aus den speziellen Problemen, Geschlechtspartner für die Fortpflanzung zu finden.

Wie Charles Darwin erkannte, hat der Konkurrenzkampf zwischen männlichen Artgenossen zur Entstehung wundersamer Körpermerkmale geführt; ein Beispiel dafür sind die Schaufelgeweihe der Karibus, die sie in der Brunstzeit so ineinander verkanten, daß es sie das Leben kosten kann. Doch diese Art des brutalen Wettstreits um die Weibchen – für Darwin einer der beiden wesentlichen sexuellen Selektionstypen – ist nicht die einzige Form des männlichen Konkurrenzkampfes. Wir wissen jetzt, daß die erotische Vorgeschichte der Menschheit obszöner ist, als wir gemeinhin annehmen. Wir wissen vom Spermienwettstreit durch die neue Evolutionsforschung, die Paarung, Anatomie und Verhaltensformen von Tieren miteinander vergleicht. Jedesmal, wenn ein Weibchen sich während eines einzigen Fortpflanzungszyklus mit mehr als einem Männchen paart, treiben Millionen von Spermien aus zwei oder mehr Samenergüssen ihrem Ziel entgegen – der Befruchtung der relativ spärlich vorhandenen Eizellen. Mehrfachpaarungen geben das Startsignal für den Spermienwettlauf. Und die Konkurrenten müssen keine gefährlichen Rohlinge oder wuchtigen Kerle sein. Sie müssen lediglich das Rüstzeug haben, um Weibchen zu befruchten, die sich mit mehr als einem Geschlechtspartner paaren.

SPERMIENKONKURRENZ

Sexualtheoretiker lassen bei der Analyse der „diploiden" Phase des Lebenszyklus gerne das haploide Spermium außer acht. „Diploid" bedeutet, daß zwei Chromosomensätze vorhanden sind; sämtliche Zellen eines ausgewachsenen Säugetiers sind diploid, mit Ausnahme der Samen- und Eizellen, die nur einen einzigen Chromosomensatz haben. Diese Fortpflanzungszellen sind „haploid". Erst als Geoff A. Parker, Zoologe an der Universität von Liverpool, in den siebziger Jahren den Begriff der

Spermienkonkurrenz erläuterte, wurde deutlich, in welchem Ausmaß die sexuelle Auslese in der haploiden Phase, d.h. auf der Ebene von Ei- und Samenzellen stattfindet. Obwohl Darwin seine viktorianischen Skrupel hatte, waren seine Spekulationen über Sexualität gewiß kühn. Prüderie kann man ihm nicht vorwerfen, denn er schrieb über die „Hinterteile" der Affen und die kumulativen Auswirkungen der sexuellen Partnerwahl in der frühmenschlichen Stammesgeschichte. Doch weil Darwin wenig über das Leben im mikroskopischen Maßstab der Zellen wußte, hat er die Spermienkonkurrenz und ihre Rolle bei der menschlichen Körperbildung nie thematisiert. Vielleicht hat er in seinen Überlegungen zur „Abstammung des Menschen" auch einfach die Beweiskraft übersehen, die ein Genitalienvergleich bei den Menschenaffen mit sich bringt.

Die divergierende Hodengröße bei Affen und Menschenaffen spiegelt offenbar einen deutlichen Unterschied im Brutsystem und damit auch im gesellschaftlich anerkannten Promiskuitätsgrad der Primaten wider. Während Schimpansen so etwas wie „freien Sex" praktizieren und ein läufiges Weibchen sich oft der Reihe nach mit vielen Männchen paart, leben Gorillas in einer Art „Harem", in dem ein besitzergreifendes Männchen die sexuellen Aktivitäten mehrerer Weibchen kontrolliert. Bei Arten, in denen weibliche Promiskuität an der Tagesordnung ist, sind die Hoden recht eifrige Spermienproduzenten: Obwohl männliche Schimpansen (Pan troglodytes) nur etwa ein Viertel des Gewichts von männlichen Gorillas (Gorilla gorilla) auf die Waage bringen, sind ihre Hoden viermal so schwer. Die englischen Biologen Paul H. Harvey und A. H. Harcourt haben Parkers Spermienthesen an Säugetieren getestet und sind zu dem Schluß gelangt, daß „Vergleichswerte über Körpergröße, Hodengröße und Paarungsverhalten die Hypothese bestätigen, daß polygame Primatenmännchen große Hoden im Verhältnis zu ihrem Körperausmaß besitzen."[2]

Bei einigen Schimpansenarten haben die Männchen eher die Tendenz, sich die Weibchen sexuell zu teilen als sie aufmerksam zu bewachen. Die ausgewachsenen Weibchen wechseln aus ihrer angestammten Gruppe in andere Gruppen über, in denen ausschließlich die Männchen eng miteinander verwandt sind. Häufig machen Horden genetisch verwandter Schimpansenmännchen Jagd auf andere Männchen, die ihnen weniger nahestehen, und manchmal töten sie sie auch. Diese Art der „männlichen Bindung" geht so weit, daß die Unterlegenen den Siegern gestatten, sich mit einem läufigen Weibchen zu paaren, das nicht zur Horde gehört. Diese weniger besitzergreifende Paarungsweise hat merkliche entwicklungsgeschichtliche Folgen. Wo Weibchen sich unkontrolliert paaren, findet die Konkurrenz nicht vor, sondern nach der Kopulation, nicht zwischen Körpern, sondern zwischen Spermien statt. Ein Weibchen kopuliert mit mehreren Männchen, deren Spermien miteinander um die Befruchtung konkurrieren. Die Spermienkonkurrenz findet sogar noch statt, wenn sich ein Weibchen im Abstand von mehreren Tagen mit verschiedenen Männchen paart. Denn Spermien sind robust und können in der Vagina einer Schimpansin oder einer Frau bis zu acht oder neun Tagen überleben.

Jedes Weibchen, das während des Eisprungs mit mehr als einem Männchen kopuliert, gibt die Bahn für ein Spermienrennen frei. Die Männchen oder Männer treten in kein direktes Konkurrenzverhältnis, sondern gleichen eher Sponsoren, die für ihren Namen werben und finanzielle Rückendeckung geben. Nicht alle Teilnehmer an diesem rein männlichen Marathon sind mit den gleichen Gewinnchancen ausgestattet. Säugetiere, die sich häufiger paaren und mehr Spermien ejakulieren, haben größere Aussichten, ihre Geschlechtspartnerinnen zu befruchten.

Über die Favoritenrolle eines Mitstreiters entscheiden Faktoren wie die Körperstellung beim Geschlechtsverkehr, Stärke und Rhythmen der Beckenstöße, Anzahl und Geschwindigkeit der ejakulierten Spermien und die Nähe des Spermienlieferanten – des Penis – zur Eizelle im Moment der Ejakulation. Reichliche Spermienproduktion (geschätzt nach dem Hodengewicht), tiefe Penetration und ein langer Penis sind vermutlich günstige Bedingungen für die Teilnehmer an der Spermienkonkurrenz. Am wichtigsten ist vielleicht die schiere sexuelle Energie, die den aktiveren Männchen mit den meisten Ejakulationen einen Wettbewerbsvorteil verschafft. Entscheidend für Konkurrenzfähigkeit und Gewinnchancen sind natürlich auch Charme und Geschick eines männlichen Wesens – seine Fähigkeit, eine Partnerin zu verführen und ihr auch später noch zu gefallen. Insofern haben weibliche Wesen einen wichtigen Einfluß auf die Grundsatzentscheidung, wer überhaupt am Wettbewerb teilnimmt. Außerdem gibt es Anhaltspunkte dafür, daß eine Frau, die beim Geschlechtsverkehr zum Orgasmus kommt, mit größerer Wahrscheinlichkeit von ihrem Liebhaber schwanger wird.

So haben wir in der Nachfolge Darwins gelernt, daß männliche Konkurrenz nicht nur brutal, sondern auch „friedlich" sein kann, indem sie zu männlichen „Werkzeugen" führt, die nicht zum Töten, sondern zum Liebemachen gut sind. Der potente Spermienspender mit schweren Hoden und lang anhaltender Erektion, der es schafft, tief in die Vagina hinein zu ejakulieren, plaziert seine Samen vor denen der Konkurrenten oder verdrängt schon vorgefundene Spermien. Zumeist zeugt er dann Söhne mit ähnlichen anatomischen Anlagen.

Doch die Erbschaft der Spermienkonkurrenz beschränkt sich nicht auf die menschliche Anatomie. Die Notwendigkeit, im Spermienwettbewerb zu konkurrieren, hatte auch nachweisbare Auswirkungen auf die männliche Physiognomie und Psychologie. So zeigen zum Beispiel Untersuchungen aus England, daß Männer, die wissen oder vermuten, daß ihre Partnerinnen fremdgehen, ihre Hoden häufig mit zusätzlichen Spermien füllen. Bei diesen Tests werden Spermienzählungen vorgenommen und die Männer vorher befragt, ob sie ihre Lebensgefährtinnen für treu halten oder nicht. Männer, die den Verdacht der Untreue haben, produzieren bei der Ejakulation mehr Samenzellen und -flüssigkeit als andere. Stimuliert durch sexuelle Eifersucht, stellt sich der Körper um und versucht, sein Fortpflanzungsprivileg aufrechtzuerhalten, indem er den Fortpflanzungstrakt der Frau für sich beansprucht und fremde Spermien aussticht. Evolutionsgeschichtlich war dieses Auffüllen der Hoden vermutlich ein Rationierungsmechanismus, der es dem Körper gestattete, seine Ressourcen zu schonen und sparsam mit biochemischen Substanzen umzugehen, die auch zur Produktion von fruchtbarem Sperma verwendet werden konnten. Solange die Partnerin treu zu sein scheint, schont sich der männliche Körper. Sobald sie untreu zu werden droht, kommt er auf Touren. Eifersucht ist ein Aphrodisiakum. Diese unbewußte Kontrolle der Spermienproduktion macht deutlich, daß Spermienkonkurrenz beim Menschen vorkommt.[3]

Einen zusätzlichen schlagenden Beweis lieferte eine deutsche Frau, die Zwillinge bekam: Das eine Kind war der mulattische Sohn eines amerikanischen Militärangehörigen, das andere war der weiße Sohn eines deutschen Geschäftsmannes. In diesem Fall belegten die Väter den gleichen Rang beim Spermienrennen. Die Frau produzierte zwei Eizellen, und das Resultat waren zwei ethnisch verschiedene Zwillingsbrüder.[4]

Die Anzahl der Spermien, die ein Mann bei einer einzigen Ejakulation ausstößt, ist um das Hundertfünfundsiebzigtausendfache größer als die Anzahl der Eizellen, die eine Frau während ihres ganzen Lebens produziert – Hunderte von Millionen mögen es sein, mehr als die Bevölkerung Nordamerikas. Spermien werden rasch und auf Verschwendung hin produziert, während Eizellen selten und kostbar sind. Weil der Embryo in der Gebärmutter heranwächst und Frauen an eine mindestens neunmonatige Schwangerschaft und eine einjährige oder noch längere Stillzeit gebunden sind, ist es kein Wunder, daß sie der Kopulation etwas zurückhaltender gegenüberstehen als Männer. Abgesehen von tödlichen Risiken bei der Geburt erfordert ein hilfloses Menschenbaby so viel Aufmerksamkeit, daß Mütter – ohne Geburtenkontrolle – besser daran taten, den Geschlechtsverkehr so lange auszusetzen, bis sie ihre Kinder relativ sicher versorgt wußten. Als es noch keine Geburtenkontrolle gab, die den Frauen sexuelle Lust ohne Schwangerschaftsängste ermöglichte, war Zurückhaltung besonders wichtig. Daß in vielen Spezies die Weibchen tendenziell „spröde" sind und sich lieber selbst die Männchen aussuchen, als sich von ihnen auswählen zu lassen, war eines der Hauptresultate, die Darwin aus seinen Beobachtungen sexueller Tiergewohnheiten zog. Wie andere viktorianische Wissenschaftler war Darwin Chauvinist. Seine Bemerkungen über die aktive Rolle der Weibchen in der Evolution schränkte er durch die Unterstellung ein, daß die Weibchen Männchen „wählten", die ihre Mitstreiter schon zuvor in einem rein männlichen Kampf besiegt hätten. So unterminierte Darwin seine Einsicht in die evolutionsgeschichtliche Rolle der Weibchen, indem er davor zurückschreckte, ihnen die volle Verantwortung für die Entstehung männlicher Schönheitsmerkmale zuzuschreiben – angefangen vom Gefieder der Vögel bis hin zum Scheitelkamm des männlichen Gorillas.

Darwin war beeindruckt vom farbenprächtigen Federkleid männlicher Vögel und von den leuchtenden, wie gemalt wirkenden Gesichtern und Hinterbacken mancher Affen, und er führte die Entstehung solcher Charakteristika darauf zurück, daß sie auf die weiblichen Artgenossen einen Reiz ausübten. Weibchen paaren sich, wie Darwin resigniert formulierte, mit „Männchen, die ihnen am wenigsten zuwider sind". In Anbetracht der punkigen Irokesen-Frisuren unserer Tage ist es übrigens interessant festzustellen, daß manche Wissenschaftler einige der hervorstechendsten Merkmale der Dinosaurier – wie die drei Hörner des Trizeratopsiers und der spitz zulaufende Hinterkopf des Parasaurolophus – inzwischen auf weibliches Wahlverhalten zurückführen. Darwin aber war am meisten von männlichem Charme und männlicher Kampfkraft beeindruckt; seiner Meinung nach lag der Grund für männliche Gefechte in einem ständigen Mangel an potentiellen Müttern.

Wahrscheinlich schützte Darwin sich gegen den Vorwurf, er mache die Evolution männlicher Tiere implizit von weiblichen Launen und Grillen abhängig. Selbstverständlich bezweifelte Darwin, seine Leser von den ästhetischen Potentialen der Weibchen überzeugen zu können. So stellte er einerseits die grandiose These auf, daß Löwenmähne und Pfauengefieder auf weibliche Vorlieben zurückführbar sein könnten, während er andererseits daran festhielt, daß weibliche Tiere in der Evolution keine besondere Rolle spielten, sondern, wie sein Großvater Erasmus geschrieben habe, „betrachtet" werden müßten „wie die Damen in der Ritterzeit, um ihnen die Aufmerksamkeit des Siegers zu widmen."[5]

Darwin hätte in seinen Spekulationen über weibliches Wahlverhalten mutiger sein können. Neuere Untersuchungen bestätigen meist, daß weibliche Tiere große sexuelle Initiative zeigen und aggressive Männchen sogar trotz ihrer Kampfstärke als Partner zurückweisen. Eine Studie über japanische Makaken berichtet, daß manche weiblichen Tiere sich lieber mit ihresgleichen zusammentun, auch wenn genügend männliche Bewerber da sind. Weil in vielen Spezies die Weibchen ohnehin den größeren Teil der Aufzucht übernehmen und männliche Spermien nur selten Mangelware sind, tun weibliche Tiere offenbar weit mehr in der Evolution, als blind die Männchen zu akzeptieren, die als Sieger aus den männlichen Kämpfen hervorgegangen sind.

Die Bedeutung der weiblichen Rolle in der Entwicklungsgeschichte erstreckt sich bis ins unsichtbare Reich der Spermien selber. Der Biologe Steve Austad von der Harvard University ist der Ansicht, daß Weibchen möglicherweise aktiv mitentscheiden, welche Spermien ihre Eizellen befruchten, auch wenn sie nicht bloß die Samen eines einzigen Männchens im Körper haben. Austad bevorzugt daher den Ausdruck „Spermienpräferenz", weil der Terminus „Spermienkonkurrenz" suggeriert, daß das Weibchen nichts mitzureden hat. In seinen Experimenten mit genetisch gekennzeichneten europäischen Spinnen fand Austad heraus, daß der erste männliche Paarungspartner nicht unbedingt ein Privileg auf die Befruchtung des Weibchens hat. Bei diesen Spinnen paaren sich weibliche Tiere nur während des Verzehrs einer Lockspeise, die ihnen das Männchen als Geschenk bringt. Unter Ausschaltung statistischer Fehlerquellen wies Austad nach, daß die erfolgreiche Befruchtung mit der Paarungsdauer zusammenhängt, die sich wiederum nach den jeweiligen Vorlieben des Weibchens richten könnte.[6] Anders gesagt paaren sich bestimmte Spinnen vielleicht länger mit Männchen, die sie mögen, und beeinflussen so die Wahl des Spermiums, das sie befruchten wird. In der Tat scheint auch die „Spermienkonkurrenz" keine reine Männersache zu sein, denn offenbar gibt es weibliche Tiere, die maßgeblichen Einfluß auf die Vaterschaft nehmen können.

Gleichwohl gehört es zur Dialektik der Geschlechter, daß die Männchen stets versuchen, diesen Einfluß zu ihren Gunsten zu hintertreiben. Sie sind gezwungen, Mittel und Wege finden, um ihre Weibchen zu befruchten – oft ohne Rücksicht auf weibliche Präferenzen. Sowohl beim Hundshai als auch beim Tintenfisch ist das Sperma mit Serotonin angereichert – einer einfachen chemischen Verbindung, die aus der gängigen Aminosäure Tryptophan gebildet wird. Serotonin löst Nervenimpulse aus, wirkt als Reizmittel auf die Muskeln und verursacht auf trickreiche Weise starke Gebärmutterkontraktionen. So vereitelt dieser Wirkstoff durch effektvollen Kurzschluß jede weibliche Wahl nach der Kopulation: Angeregt durch Serotonin kontrahiert der Uterus und „schluckt" die Spermien.

Auch menschliches Sperma enthält chemische Substanzen, die eine ähnliche Funktion erfüllen. Der Mann ejakuliert seine Samenfäden in einer Flüssigkeit, die aus Sekreten der Samenblasen, der Cowper-Drüsen und der Prostata gebildet wird. Die Alkalität dieser Sekrete macht die Samenfäden beweglich und schützt sie gegen den Säuregehalt des vaginalen Bereichs. Doch die Samenflüssigkeit enthält auch Prostaglandine. Die neuere Forschung weist nach, daß Prostaglandine bei Frauen in Verbindung stehen mit angenehmen Gebärmutterkontraktionen – Kontraktionen, die die Spermien zu ihrem Bestimmungsort katapultieren. Und trotzdem müssen Männer nicht unbedingt das letzte Wort behalten. Denn andere aktuelle Forschungsergebnisse belegen, daß der weibliche Orgasmus, über den Frauen die Oberhand haben, einen intrauterinen Sog erzeugt, der die Spermien eines bestimmten Mannes besser „plaziert" als die eines anderen.

Die Verpflichtung auf Sexualität aus Gründen der Fortpflanzung hilft zu erklären, warum Leute sich in gefährliche Situationen begeben, warum sie Leben und geregelten Alltag zugunsten sexueller Vergnügungen und romantischer Abenteuer aufs Spiel setzen. Romantische Torheiten machen entwicklungsgeschichtlich einen Sinn, weil die Gene in den Zellkernen der Samen und den Kernen und Mitochondrien der Eizellen überleben, während Männer und Frauen im Gegensatz dazu immer sterben. Ziemlich gleichgültig ist, was nach der Fortpflanzung mit den Körpern geschieht, die die unsterblichen Gene in ihren Geschlechtszellen beherbergen. In der heutigen Biologie gilt der „Phänotyp" – der Körper – oft als sinnreicher, aber disponibler Container für die relativ unzerstörbaren Erbbestandteile, den „Genotyp" oder die Gene. So gesehen ist der Körper bloße Erscheinung, während die Gene lebendiges Wesen sind. Diese Sichtweise finden viele Intellektuelle fragwürdig und abstoßend. Trotzdem hat sie eine gewisse Überzeugungskraft. Denn sie gibt eine Erklärung für die generelle Blindheit und Verrücktheit von Verliebten – für Männer, die sich zu jungen Frauen, zu Körpern, hingezogen fühlen, und für Frauen, die Männer mit Macht und Prestige reizvoll finden: Sie alle opfern sich für etwas, das über sie hinaus geht, für die Geschlechtszellen, die ihre Gene der nächsten Generation vermachen.

Männer und Frauen gemeinsam sind das Mittel, durch das Samen- und Eizellen weitere Samen- und Eizellen produzieren. Der pessimistische Philosoph Arthur Schopenhauer verglich das endlose Gerede und die stete Aufmerksamkeit, die alle „Liebeshändel" auf sich ziehen, mit den Umtrieben eines arterhaltenden Dämons, der über die Zusammensetzung der nächsten Generation nachsinnt. Für moderne Sozialbiologen ist kein bewußt waltender Dämon am Werk, sondern vielmehr die unbewußte Schöpfungskraft zahlloser Generationen sich identisch vermehrender Gene. Daß Arten überleben, ist dem oft schokierenden, oft perversen Verhalten von Millionen Tierkörpern gedankt, von denen jeder Hunderte oder gar Milliarden fordernder Sexzellen in sich birgt. Wir Primaten sind Spätankömmlinge auf der Bühne der Tierwelt. Als Tiere, Säugetiere und Primaten müssen wir uns im Kontext unserer Evolutionsgeschichte verstehen und sehen, wie die Körper unserer Primatenverwandten uns helfen, Aufschluß über menschliches Sexualverhalten in der jüngsten entwicklungsgeschichtlichen Vergangenheit zu gewinnen.

Biologen wie E. O. Wilson von der Harvard University und Robert Trivers von der University of California, Santa Cruz, sind der Auffassung, daß Gene die wesentlichen Verhaltensstrukturen der gesamten Tierwelt und auch der Menschen bestimmen. Vom Standpunkt der sozialen Entwicklungsgeschichte aus sind männliche und weibliche Gene aufeinander angewiesen, um sich zu reproduzieren. Doch ist solche Reproduktion im wesentlichen „egoistisch": Sofern Gene bestimmte Verhaltensweisen bewirken, die gewährleisten, daß die Nachkommen mit denselben Genen ausgestattet sind, werden diese Verhaltensweisen beibehalten, egal wie abscheulich oder niederträchtig sie sind. So mag man zum Beispiel das Gebaren von Schürzenjägern verächtlich finden; trotzdem ist es für Männer zweifellos ein effektives Mittel zur Verbreitung ihrer Gene. Doch auch weibliche Wesen sind nicht frei von genetischem Egoismus – im Gegenteil: Wenn sie einen Partner wählen, dessen Gene eine maximale Überlebens- und Fortpflanzungschance haben, können auch sie ihre eigenen Gene weitergeben. Solche genetischen Vorrechte müssen Menschen nicht bewußter anstreben als Insekten oder brünftige Hirsche. Männliche Fliegenschnäpper, die ihre Partnerinnen nach dem Nestbau verlassen und sich mit einem anderen Weibchen zusammentun, zeugen durchschnittlich 8,7 Jungvögel, während es bei monogamen Männchen im Schnitt nur 5,4 sind. Die Biologen James und Carol Gould haben darauf hingewiesen, daß das vermutlich psychologische Phänomen der männlichen Midlife-Crisis Ausdruck eines „entwicklungsgeschichtlichen Manövers" sein könnte, „das die Männer dazu bringt, ihre nicht mehr fortpflanzungsfähigen Partnerinnen zu verlassen, sich neue Lebensgefährtinnen zu suchen und weitere Nachkommen zu zeugen, solange sie noch die Möglichkeit dazu haben."[7]

Die unbewußte Logik der Evolution folgt beim männlichen Geschlecht anderen Gesetzen als beim weiblichen. Ein männliches Wesen, das Nacht für Nacht eine andere Partnerin begattet, könnte, physiologisch gesehen, Tausende von Kindern zeugen. Ein weibliches Wesen dagegen, das genauso promiskuitiv ist, könnte in einem Leben kaum mehr als etwa zwanzig Kinder zur Welt bringen. Dieser drastische Unterschied im Fortpflanzungspotential legt nahe, daß Männer im Gegensatz zu Frauen wohl merklich vom Verkehr mit möglichst vielen Geschlechtspartnern profitierten. So ist die reine Lust am Sex, die Vorliebe für Sexualität ohne emotionale Bindung, zumindest bei Männern höchstwahrscheinlich genetisch verstärkt worden. Kulturübergreifende Untersuchungen haben ergeben, daß Frauen bei Männern stets die Erwerbskraft höher bewerten als physische Attraktivität, während für Männer die äußere Erscheinung weitaus größeres Gewicht hat. Daß ein einziger Mann Vater von mehreren hundert Sprößlingen verschiedener Frauen sein kann, während eine Frau es zeit ihres Lebens noch nicht einmal schafft, Mutter von zwanzig Kindern zu werden, liefert eine Erklärung für den sogenannten Coolidge-Effekt.

DER COOLIDGE-EFFEKT

Eine lockere Anekdote illustriert die These von den genetisch fundierten Unterschieden in den psychosexuellen Dispositionen von Männern und Frauen.

Als der amerikanische Präsident Calvin Coolidge (1923-1929) mit seiner Gattin einmal eine landwirtschaftliche Besichtigungstour unternahm, brachte der Führer Mrs. Coolidge zu einem Hühnerstall, wo sie äußerst interessiert die amourösen Kunststückchen beobachtete, die ein Hahn auf einer Henne vollführte. Wie oft es der Hahn schätzungsweise pro Tag treiben könnte, wollte Mrs. Coolidge wissen. „Zigmal", antwortete der

Führer. „Bitte erzählen Sie das dem Präsidenten", sagte Mrs. Coolidge. Nach einiger Zeit kam Präsident Coolidge auch zu dem Hühnerstall und wurde pflichtgemäß von der Potenz des Hahnes unterrichtet. „Tut er es immer mit derselben Henne?" fragte der Präsident. „Oh nein, Herr Präsident – jedesmal mit einer anderen", gab der Führer zur Antwort. „Bitte erzählen Sie das Mrs. Coolidge", sagte Calvin triumphierend.

Daß Männer von Natur aus mehr Bereitschaft zum Sex zeigen als Frauen, deutet sich schon darin an, daß männliche Homosexuelle promiskuitiver sind als Lesbierinnen: Sobald die notwendigen Kompromisse mit dem anderen Geschlecht wegfallen, scheinen sich die natürlichen Anlagen von Männern und Frauen so unverblümt zu zeigen wie kaum je in heterosexuellen Beziehungen. Eine Bekannte von uns, die im öffentlichen Gesundheitsdienst von San Francisco arbeitet, berichtete von ihren praktischen Erfahrungen mit jungen Männern in den frühen siebziger Jahren: In vertraulichen Umfragen gaben etliche der Befragten an, über 365 verschiedene Sexualpartner in einem einzigen Jahr zu haben. Außerdem tendieren Männer auch eher zu Phantasien über Gruppensex mit Leuten, die sie nicht kennen, während weibliche Phantasievorstellungen eher um traute Zweisamkeit in ruhiger Umgebung kreisen. Dieser Unterschied spiegelt unbewußt offenbar die Strategien wider, die sich für jedes der beiden Geschlechter am besten zur Fortpflanzung der eigenen Gene eignen. „Schwule treiben es mit allem, sogar mit dem letzten Dreck", kommentierte der Night-Club-Komiker Lenny Bruce. In vielen Spezies traten penisartige Gliedmaßen erstmals auf, als promiskuitive Männchen Mittel und Wege fanden, sich gegenseitig auszubooten und die eher wählerischen Weibchen zu befruchten. Wo einige Männchen anderen zuvorkamen, weil sie Methoden entwickelten, durch die sie näher an die Eizelle gelangen und den Weg der äußeren Befruchtung abkürzen konnten, entstand eine Ungleichheit in den herkömmlichen Techniken der Spermienablieferung. Diese Ungleichheit war der erste Schritt zur Entstehung des Penis. Männchen, die ihre sexuelle „Freiheit" bewahrten, um sich auf zahlreiche sexuelle „Eroberungen" einzulassen, zeugen die meisten Nachkommen. Der Zoologe Donald Symons schätzt, daß ein männlicher Jäger und Sammler, der in Monogamie lebt, die Zahl seiner Nachkommen um „gewaltige zwanzig bis fünfundzwanzig Prozent erhöht, wenn er einer anderen Frau nur ein einziges Kind zeugt."[8]

Die Zahl der Nachkommen ist möglicherweise der wichtigste Einzelfaktor für den Erfolg der Darwinschen Auslese; die Gesundheit jener Nachkommen spielt eine andere wichtige Rolle. Männchen, die weiblichen Widerstand und konkurrierende Geschlechtsgenossen ausschalteten, hinterließen die meisten Abkömmlinge. „Kein Wunder", schreibt Robert L. Smith, Entomologe an der University of Arizona, „daß die Auslese sexbesessene Männer begünstigt hat".[9]

WIE MAN DEN SPERMIENWETTSTREIT UMGEHT

Eifersucht kann, wie gesagt, als starkes Aphrodisiakum wirken, weil sie mit der Spermienproduktion im Zusammenhang steht. Gleichwohl zählt Eifersucht auch zu den lähmendsten, feindseligsten, destruktivsten Gefühlen des Menschen. In Shakespeares ‚Wintermärchen' wird der eifersüchtige Leontes, König von Sizilien, so verrückt, daß er sein ganzes Leben zerstört. Selbst die Schwangerschaft seiner Gattin Hermione bringt ihn nicht von seinen eifersüchtigen Verdächtigungen ab, und jedesmal wenn sie mit seinem Gast, dem böhmischen König Polixenes, hinter der Bühne verschwindet, wird Leontes wahnsinniger, wütender und unmäßiger. Am Ende redet sich der sizilianische König ein, daß das Kind, dem seine Frau das Leben schenkt, nicht von ihm, sondern von dem Böhmen stammt. Überzeugt davon, hintergangen worden zu sein, sucht Leontes nun im Gesicht seines kleinen Sohnes Mamillius zwanghaft nach Spuren einer Ähnlichkeit mit dem böhmischen Gast. Im Zweifel an seiner Vaterschaft befielt der untröstliche Leontes, Polixenes zu ermorden; Hermione läßt er ins Gefängnis werfen und verbietet

Mamillius, seine Mutter zu besuchen. Die im Gefängnis geborene Tochter wird auf Leontes' Anordnung hin zunächst zum Tode verurteilt und dann als Bastard ausgesetzt. Mamillius, dem die Mutter genommen ist, stirbt, ebenso Königin Hermione selbst. Leontes' Eifersucht hat seine Familie und ihn selber zerstört. Der Argwohn ist sein Untergang.

Wie konnte eine so offenkundig destruktive Emotion wie Eifersucht überhaupt entstehen? Was die soziale Entwicklungsgeschichte betrifft, so ist der Grund einfach, zu einfach vielleicht: Wer eifersüchtig ist, sichert seine Investition ab, paßt auf seine Gene auf. Das Problem ist besonders heikel für Männer, die eine lebenslange emotionale und fürsorgliche Bindung mit einer Frau eingehen und doch innerhalb von Minuten hinters Licht geführt werden können. Die Wachsamkeit des eifersüchtigen Mannes ist offenbar ein biologischer Mechanismus, der sicherzustellen hilft, daß alle Kinder dieser Frau auch von ihm selber stammen. Aus diesem Grund geraten eifersüchtige Männer häufig in Rage und sind bereit, Rivalen zu töten oder alle physischen Kräfte aufzubieten, um Frauen zur Treue zu zwingen. Für weibliche Wesen ist das Problem weniger groß, weil ein übermütiger Gatte, der sich mit einer anderen Frau einläßt, nicht schwanger werden und daher auch nicht als genetisches Hilfsmittel usurpiert werden kann. Ein Mann aber kann niemals sicher genug sein, daß ausschließlich sein Spermium die weibliche Eizelle befruchtet hat, daß er also der Vater ist. Heute machen Gentests die Feststellung der Vaterschaft vor Gericht möglich. Doch das Problem, den Vater zu identifizieren, hatte weitreichende Auswirkungen auf die Menschheit – und unsere Vorläufer –, lange bevor Schrift und Gesetze erfunden waren.

Tiger, Bären und einige Primatenarten verhalten sich im allgemeinen genauso wie Leontes: Sie töten die Jungtiere, bei denen sie einen fremden Erzeuger vermuten, und überlassen die Weibchen und ihre Nachkommen sich selbst. Männchen, die ihre Konkurrenten abwehren können, haben größere Aussichten, Nachkommen zu zeugen und damit ihre eigenen Gene sicher in die nächste Generation zu bringen.

Bei dieser Form der sexuellen Auslese, in der ein zeugungskräftiges Männchen seine Weibchen bewacht, seine Mitstreiter verjagt beziehungsweise tötet – oder sogar mit seiner eigenen Geschlechtspartnerin durchbrennt – wird die Spermienkonkurrenz eigentlich nicht gesucht, sondern vielmehr umgangen. Auch Leontes geht der Spermienkonkurrenz aus dem Weg, wenn er die Hinrichtung des böhmischen Königs Polixenes befiehlt.

Obwohl Gorillas und Orang-Utans beängstigend groß sind, haben sie kleine Penisse und schmächtige Hoden und produzieren nur wenig Sperma. Ein durchschnittlicher Gorillapenis mißt im erigierten Zustand kaum mehr als drei Zentimer, und der Penis eines Orang-Utans ist im allgemeinen nur wenig größer. Doch diese imposanten Tiere brauchen zur Fortpflanzung keine großen Penisse und riesigen Spermamengen. Der Gorillapatriarch hält „seine" fruchtbaren Weibchen in einem Harem, und nur selten wagen sich andere Männchen in sein Hoheitsgebiet. Zwar gestattet dieses männliche Leittier seinen Geschlechtsgenossen sexuelle Aktivitäten mit Weibchen, die trächtig oder noch nicht geschlechtsreif sind. Doch seine stattliche Physis und seine Autorität innerhalb der Horde sorgen dafür, daß die geschlechtsreifen, fruchtbaren Weibchen für alle rangniederen Männchen tabu sind. So hat der Herr und Meister ungehinderten sexuellen Zugang zu allen potentiellen Gorillamüttern seines Harems. Trotzdem darf man nicht von einer unbeschränkten männlichen Dominanz im Primatenharem ausgehen. Denn tatsächlich spielen die Weibchen mitunter auch eine entscheidende Rolle bei der Anwerbung und Auswahl neuer Männchen für den Harem, dem die weiblichen Tiere oftmals länger angehören als das „dominante" Männchen. Da Gorillas die Spermienkonkurrenz umgehen, würden ihnen große Genitalien kaum zusätzliche Vorteile verschaffen.

Obwohl auch Orang-Utans die Spermienkonkurrenz vermeiden, liegen die Verhältnisse bei ihnen ein wenig anders. Als Einzelgänger, die durch die Wälder von Borneo streifen, bleiben Orang-Utan-Paare nach der Begattung für sich. Allein oder zu zweit führen die rötlichbraunen Orang-Utans im Dschungel meist ein relativ gemäßigtes Sexualleben. Daher ihre kleinen Genitalien.

Wenn Männchen und Weibchen derselben Spezies sich durch Körpergewicht und andere Merkmale unterscheiden, spricht man vom „Geschlechtsdimorphismus". Extensiver Geschlechtsdimorphismus ist ein Zeichen dafür, daß die Spermienkonkurrenz vermieden wird. Wenn Männchen und Weibchen dagegen ziemlich gleich gebaut sind, so deutet dies auf Spermienkonkurrenz hin. Knochenstudien belegen eindeutig, daß die Australopithecinen, unsere alten Primatenvorfahren, ausgeprägt geschlechtsdimorph waren, so daß bei ihnen wahrscheinlich keine Spermienkonkurrenz stattgefunden hat. Hingegen deuten die gewaltigen Ausmaße der männlichen Genitalien beim Menschen auf eine kollektive Vergangenheit, in der sexuelle Freizügigkeit, Treulosigkeiten und Orgien gang und gäbe waren: Nicht alle Vorfahren des Menschen waren sexuell so besitzergreifend wie heutige Gorillas oder so zurückgezogen wie die Orang-Utans in den Wäldern. Beträchtliche weibliche Promiskuität war vielleicht unser unmittelbares Primatenerbe.

PROMISKUITIVE SCHIMPANSEN

Heutzutage wenden Männer

> eine ganze Reihe extrem variabler Fortpflanzungstaktiken an, deren Kombination jeweils davon abhängt, welche Chancen die Spermien im Wettkampf haben und ob sie sich gegen konkurrierende Spermien schützen müssen... Die gängigste männliche Fortpflanzungsstrategie besteht darin, durch Paarbindung den sexuellen Zugang zu einer oder mehreren Frau zu monopolisieren... Eheschließung erbringt im Durchschnitt einen höheren männlichen Fortpflanzungsgewinn als irgendeine strategische Mischkalkulation, die mit dem selben Aufwand verbunden wäre... Prostitution zum Beispiel gibt Männern die Möglichkeit, äußerst spekulative Fortpflanzungsinvestitionen zu einem geringen Preis

zu tätigen. Wenn Heirat ein Aktienpaket bedeutet, dann ist Geschlechtsverkehr mit einer Prostituierten unter Fortpflanzungsaspekten gleichbedeutend mit dem Kauf eines Lotterieloses,[10]

schreibt der Biologe Robert L. Smith. Prostitution, Sexorgien und kollektive Vergewaltigungen, wie sie in Kriegszeiten üblich sind und früher ja wohl insgesamt recht verbreitet waren, leisten der Spermienkonkurrenz entscheidenden Vorschub. Doch die Hauptursache für die Spermienkonkurrenz in der Vergangenheit war wahrscheinlich eine „freizügige Polyandrie", das heißt, daß die Weibchen die Wahl hatten, sich mit mehr als einem Männchen zu paaren.

Spermienkonkurrenz setzt sich vielleicht überall dort durch, wo die Weibchen nicht ständig sexuell aktiv sind. Auch wenn Frauen keine Schimpansinnen sind, so geben uns diese Affen doch aufschlußreiche Beispiele. Schimpansenweibchen in der Brunst verändern sich physiologisch: Ihre Genital- und Aftergegend färbt sich rosa und schwillt an, und die Schimpansinnen werden dann sexuell sehr aktiv. Die britische Anthropologin Jane Goodall berichtet von einer Schimpansenmutter namens Flo, die vier Kinder hatte; während der Brunst geriet sie in starke Erregung, hob ihre rosigen Hinterbacken und paarte sich mit fast allen Männchen in der Horde. Brünstige Schimpansenweibchen sind sexuelle Athletinnen, die sich bis zu sechzigmal am Tag mit zwölf verschiedenen Männchen paaren können. Dies deutet darauf hin, daß Weibchen es offenbar auf Orgasmen anlegen, wenn sie die Spermienkonkurrenz verschärfen wollen. Die Bestimmung von Aminosäuresequenzen – eine Detailuntersuchung in der Chemie unserer Zellproteine – bringt ans Licht, daß Menschen mit Schimpansen enger verwandt sind als mit irgendeiner anderen lebenden Tierart.

Schimpansen teilen mit Menschen viele genetische Eigenschaften und auch eine männliche Anatomie, die im Kontext der Spermienkonkurrenz entstanden sein könnte. Obwohl Schimpansen mehr Sperma ejakulieren als Männer, hat das Sexualleben der Schimpansen wahrscheinlich mehr mit unseren Vorfahren gemein, als man glauben möchte. Dem Anthropologen Michael Ghileri zufolge teilen die Männer in der Tat wesentliche psychosexuelle Verhaltensformen mit den Schimpansen.[11] Ghileri hat Schimpansengesellschaften im afrikanischen Regenwald studiert und glaubt, daß Schimpansenbrüder und -cousins aufgrund ihrer genetischen Verwandtschaft einander gestatten, sich mit ihren Weibchen zu paaren. Die Gemeinschaftsbindung dieser Schimpansenmännchen mag erklären, warum sie die Neigung haben, sich brünstige Weibchen zu teilen: Nach der neo-darwinistischen Theorie der „Sippenauslese" gewinnt ein Schimpansenmännchen, das ein brünstiges Weibchen schwängert, auch stellvertretend für seine Gefährten, weil die männlichen Verwandten viele genetische Gemeinsamkeiten haben. Früher hat man Schimpansen für friedfertige Dschungelbewohner gehalten. Doch sie können erstaunlich aggressiv sein, wenn sie durch ihr Territorium streifen und fremde Männchen töten. Ghileri behauptet, daß männliche Schimpansen ihr Territorium nicht bloß erweitern, um sich Nahrung zu sichern, sondern auch, um sich Weibchen zu beschaffen. Darüber hinaus meint Ghileri, daß miteinander verwandte Männchen Banden bilden, um alle genetischen Konkurrenten zu töten und mit dem eroberten Territorium auch genetisch andersartige Weibchen in ihren Besitz zu bringen. Trotz aller Unterschiede haben Menschen und Schimpansen offenbar doch einen gemeinsamen Hang zu Rassismus, Sexismus und Promiskuität.

Vergewaltigungen und Plünderungen in Kriegszeiten stützen Ghileris soziobiologische These von der Ähnlichkeit zwischen Menschen und Schimpansen. Die Effektivität von Mörderbanden, die „fremde" Männer ausrotten und deren Mitglieder „exotische" Frauen ehelichen oder vergewaltigen, ist keine Entschuldigung, aber eine Erklärung dafür, daß der Rassismus die gesamte Menschheitsgeschichte durchzieht. Wenn speziell Männer dieses schreckliche genetische Erbteil eines angeborenen Fremdenhasses tragen, so würde das die Xenophobie erklären, die Angst vor Ausländern, die in vielen Kulturen weit verbreitet ist. Nicht nur, daß der vermutlich genetisch bedingte Fremdenhaß in Kriegszeiten gefährlich hoch im Kurs steht. Er zeigt sich auch in Filmen, wo fiktive Fremde – Monster, Mutanten und böse Außeriridische – um so größeren Schrecken erregen, um so befremdlicher diese Gestalten erscheinen. So löst ein humanoider, kindlicher Fremder wie „E.T." nicht so viel Furcht und Mordgelüste aus wie ein Yeti, Sasquatch oder andere Wesen, die nichts Menschliches haben.

Behält Ghileri recht mit seiner These, daß wir dazu neigen, Fremde zu hassen, wenn sie uns *zu* fremd sind, dann könnte diese Tendenz schon früher in der Evolution wirksam gewesen sein, als die Vorgänger des Homo sapiens möglicherweise jene mit uns „verschwisterten" Hominiden umbrachten, die uns im Aussehen ähnlicher als die großen Menschenaffen waren und wahrscheinlich eine größere genetische Bedrohung darstellten. Wenn wir Ghileris soziobiologische Horrorgeschichte akzeptieren, bedeutet dies allerdings nicht, daß wir den Dingen freien Lauf lassen dürfen. Auch wenn wir zu sexueller Gewalt und zum Krieg gegen andere Rassen prädisponiert sind, kann sich unsere Vorstellung, wer jeweils „der andere" ist, doch stark wandeln. Auf unserem Planeten existieren bereits viele ethnisch bunt gemischte Städte, deren Einwohner wir ohne weiteres zur einen und einzigen Rasse der Menschen rechnen. Wenn die Menschheit als ganze überleben soll, müssen wir jegliche genetisch verwurzelte Cliquenwirtschaft und alle kulturell gestützten Überlegenheitsgefühle eindämmen. Und wenn man bedenkt, daß alle Menschen für ihre Ernährung auf Gene nichtmenschlicher Organismen wie Mais und Reis angewiesen sind, so können die absolut geringfügigen ethnischen Unterschiede zwischen den Menschen schließlich kein unüberwindliches Hindernis sein. Wir können, mit anderen Worten, durchaus am globalen Kulturwandel mitwirken, statt uns angesichts unserer tiefverwurzelten genetischen Prädispositionen mit der Rolle des „entsetzten Zuschauern" zu bescheiden.

EHE UND MONOGAMIE

Die verschiedenen vormenschlichen Spezies verweisen auf unterschiedliche Niveaus der Spermienkonkurrenz. Australopithecus africanus war, nach seinen Zähnen zu urteilen, mit Sicherheit Vegetarier. Wie bei den Gorillas gab es bei den vegetarischen Australopithecinen stärkere Größenunterschiede zwischen Männern und Frauen als bei heutigen Menschen. Dies deutet darauf hin, daß die Australopithecinen keine Freunde der Spermienkonkurrenz waren. Obwohl natürlich niemand über gesicherte Erkenntnisse verfügt, nimmt Robert Smith an, daß die stattlichen Australopithecus-Männer die sexuell recht treuen Frauen in Harems unter Verschluß hielten. Wenn das stimmt, waren diese Vorfahren ziemlich sexistisch. Weil die Männer jedoch äußerst intolerant gegenüber Promiskuität waren, bildeten sie auch keine großen Genitalien aus.

Dieses despotenhafte Brutverhalten könnte sich mit der Evolution des Homo habilis, des „Menschen mit handwerklichem Geschick", radikal verändert haben: Smith geht davon aus, daß untergeordnete Habilis-Männer das frühere Brutsystem umstießen, indem sie Nahrung suchten und Teile davon als Tauschmittel gegen Sexualität anboten. Als mit Homo erectus – unserem jüngsten entwicklungsgeschichtlichen Ahnen – das Jagen in Horden aufkam, beförderte dies zugleich die Spermienkonkurrenz. Erectus-Männer waren nicht viel größer als Erectus-Frauen. Diese gesellig lebende Spezies sammelte nicht nur eßbare Pflanzen, sondern jagte auch Mammuts und benutzte Feuer. Weil die Erectus-Menschen zusammen aßen und schliefen und daher auch auf die Jagd gehen mußten, waren sie wahrscheinlich kommunikativer und bessere Tauschhändler als ihre sexuell dimorphen Vorfahren von Australopithecus. Und sie waren auch promiskuitiver. Mit Homo erectus entwikelten sich, laut Smith, die relativ großen männlichen Genitalien. Ohne genügend Sperma hätten männliche Hominiden während der letzten zwei Millionen Jahre in Afrika nur wenige oder gar keine Nachkommen hinterlassen. Dann aber begann sich das Blatt zu wenden: Ohne ihre großen Hoden und Penisse zu verlieren, wurden die Männer allmählich rigoroser, gezügelter und weniger promiskuitiv. Der Trend zur monogamen Paarbildung (wobei die Männer nach wie vor zur Polygamie neigten) dürfte dazu beigetragen haben, die Konkurrenz unter Männern zu beseitigen, um auf diese Weise die soziale Gruppe zu stärken, was für das Leben in der Savanne äußerst wichtig war. Das promiskuitive Jagdsystem hatte den Boden zu seinem eigenen Niedergang bereitet. Ungleiche Nahrungsverteilung könnte zu „Zweiergemeinschaften" geführt haben – zu eheähnlichen Beziehungen, in denen Frauen eine ständige Nahrungsversorgung akzeptierten und ihren Begleitern dafür sexuell weitgehend treu blieben.

Vielleicht nahm die menschliche Neigung zu Monogamie und Romantik ihren Anfang, als die Männer von Homo sapiens ihre fruchtbaren Frauen von dem promiskuitiven Stamm abschotteten. Sie sicherten ihren patriarchalischen Stand, indem sie sich einer einzigen Partnerin zuwandten und sie eifersüchtig bewachten. Ein solches Verhalten, das uns heute traditionell erscheint, wurde zunächst wahrscheinlich als Bedrohung für das soziale System aufgefaßt: Das verwegene Schimpansenmännchen verläßt trotzig seine Horde und macht sich mit seiner brünstigen Partnerin in die Wälder auf, um mit ihr allein zu sein. Anthropologen berichten, daß männliche Schimpansen, die von diesen „Safaris" zurückkehren, unter Umständen von den anderen Männchen verprügelt werden – vermutlich als Strafe für die egoistische Verletzung der Spielregeln im Brutverhalten. Obwohl Monogamie, rituell durch Eheschließung besiegelt, heutzutage ein gesellschaftliches Ideal für Menschen auf der ganzen Welt darstellt, war sie zu Beginn wahrscheinlich eine perverse Neuerung – wie die Flucht in die Zweisamkeit bei den Schimpansen anscheinend bis heute.

Menschliche Monogamie mit Rendezvous und Flitterwochen und die Institution der Ehe kann man vielleicht als „Vorkehrung gegen Übergriffe" klassifizieren, als Teil eines breiten zoologischen Spektrums von Verhaltensweisen, die weniger mit

„Liebe" als mit der Maximierung der Fortpflanzung zu tun haben. Geoff Parker hat dies bei Kotfliegen untersucht; schon deren Name erstickt unfehlbar alle Gefühligkeit. Trotzdem sieht es so aus, als würden auch die Kotfliegen die Zweisamkeit suchen: Männchen und Weibchen treffen sich normalerweise auf warmen, fliegenübersäten Kothaufen. Manche Paare begeben sich dann aber zu einem intimeren Rendezvous ins kühle Gras. Weil aus dem Kot Warmluft aufsteigt, geht die Begattung dort schneller und mit weniger Aufwand vonstatten. Die aus der Reihe tanzenden Männchen bringen also, laut Parker, eine beträchtliche Energie auf, um Rivalen aus dem Weg zu gehen und bei der Paarung nicht von ihren Partnerinnen getrennt zu werden.[12] Bei vielen Arten profitieren die Weibchen davon, denn so kommen sie ganz allein in den Genuß von Gunstbeweisen wie zum Beispiel Nahrungsgeschenken. Außerdem ist für solche Weibchen vielleicht auch das Risiko geringer, körperlichen Schaden zu erleiden, was bei den Paarungen im Gedränge oft vorkommt.

Kotfliegen sind natürlich ungleich weniger mit uns verwandt als Schimpansen. Doch die unbewußte genetische Überlegung – Vorkehrung gegen Störungen als Überlebensstrategie – scheint bei Kotfliegen, Schimpansen und Menschen verblüffend ähnlich zu sein. Wie Parker zu Recht betont, hängt der Erfolg des jeweiligen Paarungsverhaltens immer entscheidend vom Verhalten anderer ab;[13] mit Hilfe mathematischer Techniken der Spieltheorie zeigt Parker, wie optimale Fortpflanzungstaktiken von der Gesellschaft und ihren jeweiligen Spielregeln abhängen. Ein Blick auf den gesellschaftlichen Hintergrund macht uns klar, daß keine Brutstrategie ein für allemal die beste ist. Wo zum Beispiel in den Wald entschlüpfende Schimpansen scheel angesehen und bei ihrer Rückkehr manchmal verprügelt werden, da verbieten die Spielregeln auch, daß sich junge Paare zu einem romantischen Intermezzo zurückziehen. Wäre die Gesellschaft so statisch wie die Felder auf dem Schachbrett, gäbe es nur eine einzige optimale Fortpflanzungsmethode. Doch die Gesellschaft ist ständig im Wandel, weil sie aus Individuen besteht, deren Bedürfnisse sich verändern und unterscheiden und deren Paarungsstrategien variieren. Früher glichen die Menschen in ihrem Paarungsverhalten wahrscheinlich eher den promiskuitiven Schimpansen, während sie heute mehr mit den ins Gras flüchtenden Kotfliegen gemein haben. So groß die phylogenetischen Unterschiede auch sind: Zur Vorkehrung gegen Übergriffe verfolgen Kotfliegen eine ebenso effektive Strategie im Fortpflanzungsspiel wie Jungvermählte, die Reißaus in die erotische Abgeschiedenheit nehmen.

Flirten kann irritierend, Promiskuität kann verunsichernd sein. Im Gegensatz dazu wirkt die Ehe stabilisierend, weil sie die private Leidenschaft öffentlich absichert. Setzten Männer dadurch, daß sie heirateten, ihre paarungsfreudigeren Brüder außer Konkurrenz?

Die monogamen Stämme von Homo sapiens besaßen vielleicht bessere, zähere Kämpfer als ihre libertären Vorgänger von Homo erectus. Mit dem Niedergang des Spermienwettstreits beginnt der gewalttätige sexuelle Konkurrenzkampf unter Männern eine größere Rolle für die Wahrung ihrer Fortpflanzungsinteressen zu spielen als eine hohe Spermienanzahl oder lange Penisse. Der größte Spermaproduzent der Welt stirbt kinderlos, wenn seine mörderischen Geschlechtsgenossen ihm die Frauen wegnehmen und ihn an der Befruchtung hindern. Bei den schon recht monogamen Neandertalern und Cromagnon-Menschen – den frühen Rassengruppen des Homo sapiens – scheint die Spermienkonkurrenz mit wachsender Aggressivität, Kriegsbereitschaft und Rachegesinnung tatsächlich abgenommen zu haben.

Patriarchat und Phallokratie – die beiden Formen der Männerherrschaft – gewannen womöglich an Boden, als die Schamanentänze begannen, als Großwildjäger ihre Beutetiere erlegten, verspeisten und kultisch verehrten, als Liebende sich im Schein des vom Blitz entzündeten Feuers vereinigten, als Leute aus Steinen tödliche Spitzen meißelten und in feuchten, schattigen Höhlenwinkeln schriftähnliche Bilder malten – als Menschen männlichen oder tierischen Göttern opferten, als sie staunend auf sonnengebleichte Knochen und die Sichel des Mondes schauten und an jene symbolischen Welten zu glauben begannen, die sie ersonnen hatten. (Unterdessen verrichteten Frauen vermutlich die bedeutsameren, aber weniger gewürdigten Arbeiten: Sie sammelten den größten Teil der Nahrungsmittel, fertigten Keramikgefäße, gebaren Kinder und zogen sie groß.)

Die rituelle Gewalt, die diese tief religiösen Vorfahren Tieren gegenüber bezeugten, hing wohl auch damit zusammen, daß Ehebruch und Untreue nunmehr als Verstöße, als Beleidigungen der Väter, als Risse im Gesellschaftsgefüge interpretiert wurden. Selbst die heutige Anti-Abtreibungsbewegung, die das Fortpflanzungsverhalten von Frauen gesetzlich kontrolliert wissen will, mag noch Teil dieses alten Ablösungsprozesses sein, der Promiskuität durch Phallokratie und männliche Kontrolle ersetzte, der die Spermienkonkurrenz vermeidbar machte und im Wege der Institutionalisierung verhinderte, daß Männer sexuell hinters Licht geführt wurden. Als Gletscherbewegungen unsere Vorfahren dazu zwangen, ihr Sozialverhalten zu erkennen und zu verändern, wandelten sich vielleicht auch die menschlichen Paarungsformen, so daß Spermienkonkurrenz und die ausschweifende Promiskuität der Tropen nicht mehr länger als Norm galten; öffentlich nicht gebilligte Sexualität wurde damals unter Umständen als Straftat gebrandmarkt. Allerdings fand der Übergang vom Affenmenschen zum Menschen so spät statt, daß sich das phallische Rüstzeug für die Spermienkonkurrenz, das von einer promiskuitiveren Vergangenheit Zeugnis ablegt, noch nicht hat zurückbilden können und so auf rätselhafte Weise das geographisch und zeitlich Disparate bewahrt.

Wenn die Männer der Frühzeit – die „Testosteron-Krieger" der Cromagnon-Menschen und Neandertaler – Macht und Besitz an sich rissen, dann mußten sie als Gegenleistung für die Unterwerfung der Frauen wahrscheinlich die Beschützerrolle übernehmen und für den Unterhalt ihrer Kinder sorgen. Wir wissen, daß es noch zu feudalen Zeiten nichts besonderes war, wenn der Gutsherr mit der Braut seines Untertans die erste Nacht, eigentlich also ihre Hochzeitsnacht, verbrachte. An Werten wie Ehre, Keuschheit und Ritterlichkeit festzuhalten, kam nicht unbedingt der männlichen Fortpflanzungspotenz entgegen, auch wenn solche Werte als „Gentlemantugenden" gepriesen wurden. Wenn ein moralisches Prinzip wie sexuelle Treue den Mann hindert, so viele Kinder wie möglich zu zeugen, dann ist damit nicht garantiert, daß eine Frau ihre Gene sicher in die nächste Generation bringt. Dennoch erhöhte die Monogamie vielleicht das gesellschaftliche Potential der organisierten Gewalt, eingeschlossen die Vernichtung anderer, friedlicherer Gesellschaften. Möglicherweise schützten Erectus-Männer ihre Frauen nicht ausreichend vor einer Befruchtung durch Fremde. So könnte der friedfertige Homo erectus dem Rassismus und Sexismus des gewalttätigeren und eifersüchtigeren Homo sapiens zum Opfer gefallen sein. Homo erectus entwickelte sich vor etwa zwei Millionen Jahren in warmen Breitengraden und wanderte vor ungefähr 750 000 Jahren nach Europa ein. Diese Frühmenschen brachten Steinwerkzeuge mit – verschiedenartige Faustkeile, die sie herstellten. Unsere Gewohnheit, eine Hand, normalerweise die rechte, mehr zu benutzen als die andere, entwickelte sich wahrscheinlich bei Erectus, ebenso die entsprechende Spezialisierung auf eine der beiden Gehirnhälften. Zu der Zeit, als Erectus-Menschen Liebe und Feuer machen konnten, hatten sie ein Gehirnvolumen zwischen 875 und 1 050 Kubikzentimetern; mit der Etablierung von Jagdhorden und gemeinschaftlicher Sexualität könnten sich unter dem Druck der Spermienkonkurrenz die männlichen Genitalien vergrößert haben. Untersuchungen der Genvariationen in Mitochondrien von hundert lebenden Personen deuten darauf hin, daß sich der erste Homo sapiens vor 600 000 Jahren entwickelt hat. Diese neuen Menschen, die gen Norden zogen, waren vielleicht nicht sonderlich promiskuitiv. Doch unter dem Einfluß der ersten komplexen Sprachen machten sie wahrscheinlich einen raschen kulturellen Wandel durch.

Charles Darwin hatte sich mit der weitreichenden (und theoretisch verwirrenden) Ahnung herumzuschlagen, daß sich nicht nur Einzelwesen, sondern auch Gruppen und Stammesgruppen nach dem Prinzip der natürlichen Auslese entwickeln:

> Es darf nicht übersehen werden, daß ... auch ein hoher Grad von Sittlichkeit jedem einzelnen Mann mit seinen Kindern nur ein geringes Übergewicht über die anderen Menschen desselben Stammes gibt ... Wenn ein Stamm viele Mitglieder besitzt, die ... stets bereitwillig anderen helfen und sich für das allgemeine Wohl opfern, so wird er über andere Völker den Sieg davontragen; dies würde natürliche Zuchtwahl sein. Zu allen Zeiten sind in der ganzen Welt Stämme von anderen zurückgedrängt worden; und da die Sittlichkeit ein wichtiges Mittel zu ihrem Erfolg ist, wird der Grad der Sittlichkeit ... überall höher und größer werden.[14]

Tierkörper sind verbundene Zellgruppen, von denen sich viele selbständig in einer Gewebekultur vermehren können. Gesellschaften sind miteinander verbundene Menschengruppen. Daß Zellen sich unablässig vermehren – und absterben –, ist für die Gesundheit beseelter Körper unabdingbar. Ebenso müssen Menschen sich ständig fortpflanzen – und sterben –, wenn Gesellschaften von Bestand sein sollen. So mag ein Erectus-Individuum zwar bessere körperliche Voraussetzungen als ein Sapiens-Mann mitgebracht haben, um eine Frau zu befruchten. Sein Verhalten aber, sein Temperament und sein fehlendes Zugehörigkeitsgefühl zu einem mächtigen Kampfverband, einer politisierten Stammesgruppe, könnten seinen Untergang bedeutet haben. Territorialität, Rivalität, Eifersucht, Besitzgier, Eigentumsrecht: dies sind nicht nur die emotionalen Charakteristika männlicher Wesen, die die Spermienkonkurrenz vermeiden, sondern auch die Grundpfeiler der modernen patriarchalischen Gesellschaft. Man kann spekulieren, daß unsere Erectus-Vorfahren – anders als der gefährliche Homo sapiens – gewaltfrei in nicht besitzergreifender erotischer Liebe schwelgten. Gerade weil sie weniger eifersüchtige, sinnlichere Geschöpfe waren, hinkten sie womöglich kulturell hinterher.

Mag sein, daß unser heutiges Leben noch vom „Fehlschlag"

des Homo erectus gezeichnet ist. Im Zuge sich wandelnder Spielregeln im Brutverhalten könnte auch die Sexualität als menschliche Fortpflanzungsart zu einem Relikt werden. In der Blütezeit des Homo erectus, vor einer Million Jahren also, stiftete Sexualität möglicherweise einen gesellschaftlichen Zusammenhalt, wobei jeder die Liebesaktivitäten der anderen pries und niemand Eigentum eines anderen war. Doch mit den späteren Menschen kamen die Ehegefangenen und Sittenwächter, kamen Gesetze, Verpflichtungen und besitzergreifende, restriktive Beziehungen. In der Entwicklungsgeschichte zeichnet sich eine Tendenz ab, daß Fortpflanzungsmodalitäten um so restriktiver werden, je mächtiger und organisierter die Gesellschaften sind. Im Grunde ist ja der menschliche Körper selbst eine Art Gesellschaft, bestehend aus hoch organisierten Zellen, von denen die meisten daran gehindert werden, sich frei zu vermehren. In künftigen Gesellschaften dürfen sich vielleicht nur noch Menschen fortpflanzen, die dem „Staatskörper" willkommen sind. Geburtenkontrolle, Homosexualität, Umweltgifte, Pornographie und künstliche Befruchtung haben die ursprüngliche direkte Wechselbeziehung zwischen menschlicher Sexualität und Fortpflanzung bereits beeinträchtigt. Die dünne künstliche Membrane des Kondoms durchtrennt mittlerweile die alte Verbindung zwischen Ejakulation und Empfängnis. Von der Ausbreitung des Inzesttabus bis hin zu kirchlichen Restriktionen (einschließlich von Schlafsaaltrennwänden, Zölibatsgelöbnissen bei katholischen Geistlichen sowie spermientötender Salben) waren Paarungen, die zur Schwangerschaft führten, tendenziell am Abnehmen. Durch individuelle Fortpflanzungsbeschränkung können sich die Gesellschaften stärken und ausdehnen. Sexuelle Unterdrückung und Fortpflanzungsbeschränkungen helfen zu erklären, warum heutige menschliche Gesellschaften zu den tödlichsten Organismen auf unserem Planeten geworden sind.

Wir haben uns verändert und verändern uns weiterhin – aber nicht unbedingt zum Besseren. Der jagende Homo habilis und der mit Feuer umgehende Homo erectus, die zwei Millionen bis 300 000 Jahre alt sind, mögen uns als Wüstlinge erscheinen. Aber waren ihre Vorläufer, die Australopithecinen, in irgendeiner Hinsicht besser? Immerhin lebten sie vermutlich in Gruppen, in denen ein einziges männliches Wesen sexuelle Gunstbezeugungen von einem ganzen Harem unterwürfiger Frauen forderte und entgegennahm! Verkörpern wir heute diese zwiefache Abstammung von gewalttätigem Sexismus hier und pornographischen Exzessen dort? Es hat tatsächlich den Anschein, als seien wir eingekeilt zwischen der Besitzgier des Homo sapiens und dem Priapismus des Homo erectus, zwischen der Skylla der Gewalt und der Charybdis der Libertinage.

Die besitzgierige Wachsamkeit des heutigen Menschen blieb nicht ohne Folgen. Wie wir sehen werden, hatten unsere weiblichen Vorfahren vermutlich ihre „Brunstzeiten": Mit ihren perinealen Schwellungen, ihren aufreizenden Gerüchen und Verfärbungen lockten sie zahlreiche männliche Bewerber an. Daß diese Brunst verlorenging und sich stattdessen die gerundeten, üppigen, typisch menschlichen Brüste entwickelten, hatte mit einem ursprünglichen sexuellen Täuschungsmanöver zu tun. Weibliche Wesen verbargen ihre tatsächliche Fruchtbarkeit vor ihren sexuell besitzergreifenden Geschlechtspartnern, um von ihnen Gunstbeweise zu ergattern. Gleichzeitig signalisierten ihre kurvenreichen, fast unbehaarten Körper, sie seien sexy und fast allzeit fruchtbar. Weil die übermäßig wachsamen Männer nun den Zeitpunkt der Empfängnisbereitschaft nicht genau taxieren konnten, hatten sie keine Chancen mehr, die Sexualaktivitäten ihrer Partnerinnen zu kontrollieren. So begannen die Männer, ihre Zügel zu lockern. Und die Frauen mit ihren nunmehr üppigen weiblichen Formen – im Prinzip Formen, die sowohl die Brunst als auch Schwangerschaft oder frühe Mutterschaft imitierten –, kamen auf diese Weise in den Genuß, Nahrung und Schutz von anderen Männern zu erhalten.

Alle heutigen Menschen auf der Erde könnten ihr Leben sehr wohl dem sexuellen Gaukelspiel von Frauen verdanken, die ihre Brunst kaschierten – und Affenmännern, die es trotz Eignung zur Spermienkonkurrenz zumindest partiell aufgaben, mit bestimmten Affenfrauen Reißaus zu nehmen und auf Flitterwochen zu gehen. Auch die Affenweibchen konkurrierten – zwar nicht um Spermien, die aus ihrer Sicht immer frisch und reichlich zur Verfügung standen, aber um männlichen Beistand und Schutz; sie konkurrierten um Männer, Verantwortung für ihren schreienden Kinder übernahmen, was Männer weit eher versprachen als einlösten.

Bis jetzt haben wir Männer betrachtet. Nun wollen wir die Evolution vom Affenweibchen zur Frau verfolgen und versuchen, den weiblichen Leib in Text umzusetzen. Der Körper einer Frau birgt Anhaltspunkte zur Rekonstruktion ihrer Vorgeschichte; es gibt entwicklungsgeschichtliche Anzeichen für ihren Orgasmus, ihre großen Brüste und ihre verborgene Brunst, und diese Anzeichen lassen sich entziffern – mit einigen Schwierigkeiten zwar, aber die Mühe lohnt sich.

2: *Orgasmus-Ebenbürtigkeit*

> Daß ganze Gesellschaften den Orgasmus als Aspekt weiblicher Sexualität ignorieren können, muß mit der sehr viel geringeren biologischen Basis eines solchen Orgasmus zu tun haben... Außerdem ist es wichtig zu begreifen, daß ein solches unrealisiertes Potential nicht zwangsläufig als Frustration empfunden wird.
> *Margaret Mead*[1]

> Ich habe den weiblichen Orgasmus hier als das auszeichnende Merkmal weiblicher Wirkungskraft interpretiert, wo Geist und Körper sich im weiblichen Besitz des Phallus vereinen.
> *Donna Haraway*[2]

Die Wange der Stripperin ruht verführerisch auf ihrer hochgezogenen nackten Schulter. Begleitet von Computermusik beginnt die Tänzerin in sanft zuckenden Bewegungen einen hyperrealen holographischen Bauchtanz. Mit aufreizender Geste lüftet sie einen Schleier und entblößt ihren Mund, den sie mit der Zunge befeuchtet, so daß ihre halb geöffneten vollen Lippen schimmern. Elektronische mediterrane Klänge füllen den Zuschauerraum, während die Tänzerin mit ihrem Becken eine Reihe rhythmischer Kreisbewegungen vollführt, die immer intensiver werden und schließlich in einem orgastischen Beben gipfeln. Als sie ihre Kli-

max erreicht, erscheint unter ihr für einen kurzen Moment ein Mann, gerade lange genug, um zu ejakulieren, bevor er wieder in ihre bebenden Lenden entschwindet. Erst dann erkennt das Publikum, daß die Tänzerin im Wege der Ejakulation einen ausgewachsenen Mann gebar. Der Körper beugt sich, und die siebenfach verschleierte Stripteasekünstlerin entblößt ihren wogenden Unterleib, ihre dunkle und behaarte Scham. Der erigierte Penis, der unmißverständlich das Geschlecht anzeigt, schrumpft bei der nächsten Umdrehung und wird zur Klitoris.

Jetzt hütet eine Affenfrau aufmerksam ihr Junges, auf dem linken Arm hält sie ein Neugeborenes. Während sie Beeren sammelt, Samen knackt, Zweige herunterbiegt, blickt sie von den Sträuchern auf und nimmt ihre Mutterpflichten wahr. Sie schaut hinüber zu der herumtollenden Kleinen und hinab auf das Baby, das ihre linke Brust umklammert. Ein Knacken im Unterholz läßt aufhorchen. Als sich die Zweige teilen und dahinter das Gesicht eines Mannes auftaucht, versteht sie den lüsternen Ausdruck. Sie weiß allzu gut, wonach er sucht. Und sie weiß auch, was er weiß: Er hat keines der beiden Kinder gezeugt – weder das Baby auf ihrem Arm noch die herumhüpfende Kleine, die jetzt außer Reichweite der Mutter ist. In ängstlicher Erwartung, daß er ihren beiden hilflosen Sprößlingen etwas antun könnte, lenkt die Mutter ihn ab. Forsch steht sie mit gespreizten Beinen da. Langsam dreht sie sich um und bückt sich, um ihre dunklen Hinterbacken und die feuchten Genitalien vorzuzeigen und ihn willkommen zu heißen.

MÄNNLICHE UND WEIBLICHE LUST

Die Möglichkeit, mit einem Partner zum Orgasmus zu kommen, ist eine gewaltige Verlockung, die das Verhalten von Männern wie von Frauen beeinflußt. Doch da sich die Genitalien beider Geschlechter ähneln – und sie füreinander eine Art anatomisches „Freudenhaus" darstellen –, kann die Stellung beim Geschlechtsverkehr den Orgasmus für die Frau erschweren. Obwohl männlicher und weiblicher Orgasmus grundsätzlich die gleiche physiologische Basis haben, wird der weibliche Orgasmus in verschiedenen Kulturen ganz unterschiedlich bewertet. In diesem Kapitel wollen wir die kulturellen Unterschiede und biologischen Ähnlichkeiten betrachten, um dann zu untersuchen, inwiefern der weibliche Orgasmus vielleicht eine entscheidende Rolle in der menschlichen Entwicklungsgeschichte gespielt hat.

Im Freigehege des Zoos von San Diego paarten sich in aller Öffentlichkeit zwei Affen. Das Männchen machte mehrere Stoßbewegungen, sprang vom Weibchen ab, rollte sich auf die Seite und schlief ein. Das Weibchen war nervös und erregt und wand sich noch eine Zeitlang. Ein paar Zuschauer waren schweigsam in das Geschehen vertieft, bis ein besonders hingerissener Junge plötzlich von einer älteren Frau weggescheucht wurde, die fasziniert zugeschaut hatte, nun aber von Schamgefühl, Ekel oder mütterlichem Schutzinstinkt überwältigt wurde. Nicht nur die öffentlich kopulierenden Tiere demonstrierten ihre mangelnde Befriedigung, sondern auch die Frau. Die Anekdote ist kein Einzelfall. Wenn Männer frustriert sind, weil Frauen nicht rechtzeitig zum Orgasmus kommen, so verärgert eine „vorzeitige Ejakulation" umgekehrt nicht nur Frauen, sondern auch Affenweibchen.

VAGINALER ORGASMUS

Obwohl weibliche Frustration, wie sie das Affenweibchen in unserer Anekdote erlebte, wahrscheinlich bei Primaten ziemlich verbreitet ist, kann eine klitoral stimulierte Frau unter Umständen viel mehr Orgasmen erleben als ein Mann im selben Zeitraum.

Obwohl man männliche und weibliche Lustgefühle in keiner Weise gleichsetzen kann, ist das Thema derart faszinierend, daß es eine theologische Debatte ausgelöst hat. Teiresias, die einzige zweigeschlechtliche Gestalt in der griechischen Mythologie, wurde herbeigerufen, um zwischen Zeus und seiner Frau Hera einen Streit über die Frage zu schlichten, welches der beiden Geschlechter die höchste sexuelle Lust erreiche. Zeus war der Meinung, daß Frauen größeren Spaß an Sexualität hätten. Hera erlaubte sich, anderer Meinung zu sein. Der auf den Olymp zitierte Teiresias bestätigte, daß der Lustgewinn von Frauen neun- bis zehnmal größer sei als der von Männern. Diese Antwort machte Hera so wütend, daß sie Teiresias auf der Stelle mit Blindheit strafte; der zufriedene Zeus aber schenkte Tereisias ein langes Leben und noch dazu die Gabe der Prophetie und sicherte ihm damit den Status als Thebanischer Seher. Dieser Streit zeigt uns, daß selbst die Götter von der potentiellen Intensität der weiblichen Sexuallust irritiert waren. Die moderne Forschung bestätigt, daß die hohe weibliche Orgasmusfähigkeit genetisch verankert ist. Und wenn sie ausgebildet wird, können Frauen die gleichen oder noch intensivere Lustempfindungen haben als Männer.

Doch obgleich klitorale Stimulation äußerst lustvoll sein kann, muß sie nicht unbedingt Bestandteil des Geschlechtsverkehrs sein. Ungleich mehr als männliche Lust ist die weibliche eine Sache erotischer Erfahrung und kultureller Erwartungshaltungen. Zu den Gesellschaften, die orgasmisch angeblich am weitesten fortgeschritten sind, gehören die Bewohner von Mangaia, einer südlichen Cookinsel in Zentralpolynesien. Die mangaianischen Frauen haben beim Geschlechtsverkehr zwei oder drei Orgasmen. Mit dem Eintritt in die Pubertät duchlaufen die dreizehn- bis vierzehnjährigen Knaben eine Reihe von Initiationsritualen, die sie aufs Erwachsensein vorbereiten sollen. Dabei werden sie auch in Stimulationsmethoden unterwiesen, die den Frauen ein Maximum an sexueller Lust bereiten. Tatsächlich wird von mangaianischen Frauen erwartet, daß sie bei jedem Geschlechtsverkehr zum Orgasmus kommen; wenn das nicht geschieht, verliert der betreffende Mann sein Ansehen in der Inselgesellschaft. Zwei Wochen nach dem Initiationsritual, zu dem auch die Beschneidung gehört, werden die Knaben von einer erfahrenen älteren Frau in die Praxis der Liebeskünste eingeführt. Dem Ethnologen D. S. Marshall zufolge wissen die Mangaianer vermutlich mehr über weibliche Anatomie als die meisten europäischen Mediziner. Frei von allem puritanischen Erbe sehen die Mangaianer weibliche Lust nicht als Hedonismus an; sie betrachten sie als Notwendigkeit. Daß hohe kulturelle Erwartungen an den weiblichen Orgasmus geknüpft sind, hat zu einer hohen Orgasmusquote geführt.

Bis vor kurzem hatten Europäer und Amerikaner eine deutlich andere Einstellung zu weiblicher Sexualität als die Mangaianer. Die Ärzte des 19. Jahrhunderts verbanden Prüderie mit Arroganz: Einerseits empfahlen sie Frauen, sich nicht zu waschen, weil sie sich dabei unwillkürlich masturbieren könnten; andererseits verordneten sie gelegentlich regelmäßige Klistiere als kaschiertes Stimulanzmittel für unverheiratete Frauen, deren Krankheiten unter der Hand auf sexuelle Frustration zurückgeführt wurden. Es gibt Berichte von Geburtshelfern im 18. Jahrhundert, die blind operierten – unter einer Decke in einem abgedunkelten Raum, angeblich aus Rücksicht auf die Frau und ihre „intimen" Körperteile. Diese peinliche und beschämende Tradition beruht zum großen Teil auf Bedenken der Bibel, die jede außereheliche oder nicht der Fortpflanzung dienende Sexualität verurteilt. Unter derart rigiden Moralvorschriften werden dann gewöhnliche menschliche Sexualpraktiken wie Fellatio, Cunnilingus und sogar das sexuelle Vorspiel zwischen Eheleuten als Sünde verdammt oder mit Schuld befrachtet. Da man die Masturbation im vergangenen Jahrhundert für etliche Funktionsstörungen verantwortlich machte – von körperlicher Schwächung bis hin zu geistigem Verfall –, gaben europäische Ärzte die skrupellose Empfehlung, Jugendliche in ihren Betten festzubinden, oder verordneten Keuschheitsapparaturen, um die Masturbation zu unterbinden.

Bei all seiner Brillanz ignorierte auch Sigmund Freud auf typisch westliche Weise die weibliche Sexualanatomie. Freud glaubte an eine Dysfunktion bei Frauen, ganz unabhängig von ihrer Orgasmusfähigkeit. Er behauptete, daß die leitende erogene Zone bei kleinen Mädchen zwar die Klitoris sei, daß die Erregbarkeit aber während des Erwachsenwerdens „an die benachbarten weiblichen Teile" weitergeleitet werde, „etwa wie ein Span Kienholz dazu benützt werden kann, das härtere Brennholz in Brand zu setzen".³

Freud war so überzeugt davon, daß die Sexualität der erwachsenen Frau mit vaginaler Erotik einhergehe, daß er Frigidität vorrangig als das Unvermögen bestimmte, die Übertragung von der Klitoris auf die Vagina zu vollziehen. Laut Freud machen pubertierende Mädchen im Unterschied zu Knaben einen „Verdrängungsschub" durch: die „Klitoriszone" hat „ihre Erregbarkeit abzugeben". Diese Verdrängung und die Notwendigkeit, die Klitoris als leitende erogene Zone mit der Vagina zu vertauschen, seien die „Hauptbedingungen für die Bevorzugung des Weibes zur Neurose, insbesondere zur Hysterie".⁴ Bei einer derartigen Fehleinschätzung der Vagina, deren Innenwände weitaus sensibler als die Klitoris seien, wird geradezu lachhaft klar, weshalb Mediziner alten Jungfern zweimal täglich ein Klistier verordnen konnten.

Freuds berühmte Identifizierung von gesunder weiblicher Sexualität mit vaginaler Orientierung, mit einer Zentrierung auf die Gebärmutter also, hält den Status quo aufrecht und weist der Frau ihren althergebrachten Platz als Gebärerin zu. Aus welchem Grund auch immer konnten Freud und seine Kollegen nicht akzeptieren, daß klitorale Lustorientierung für Frauen gut war. Vielleicht fanden sie die Vorstellung bedrohlich, Frauen könnten der Lust zuliebe frei schalten und walten wollen. Wenn Frauen genitales Lustempfinden nicht bloß als Fortpflanzungsnotwendigkeit akzeptierten, sondern auch als Selbstzweck begehrten, dann wäre Polyandrie gerechtfertigt; und dann würde man womöglich auch Frauen akzeptieren müssen, die hinter Geschlechtspartnern oder auch -partnerinnen herliefen, um sie zu befriedigen. Freuds Spekulationen, von der Medizinergemeinde als „Fakten" kodifiziert, bescherten drei Generationen von Frauen überflüssige Gefühle der sexuellen Unzulänglichkeit. Tatsächlich sind nach der Freudschen Lehre sogar Frauen frigide, die mehrfache Orgasmen erleben, sofern sich diese Orgasmen auf die Klitoris konzentrieren.

Freuds Theorien wurden mit klinischer Akribie von dem Sexologen Kinsey über Bord geworfen. „Es ist nicht bewiesen", schrieb Kinsey, „daß die Vagina jemals die alleinige Quelle oder auch nur die Hauptquelle der sexuellen Erregung bei Frauen darstellt."[5] Die zentrale Rolle beim Orgasmus spielt die Klitoris. Anders als Freud meinte, erleben erwachsene Frauen normalerweise Orgasmen, bei denen die kleine, aber sehr empfindliche Klitoris im Mittelpunkt steht. Natürlich hat die Lage sich heute geändert. Mit welchen männlichen Sexualtechniken sich Frauen zum Orgasmus bringen lassen, wird nicht bloß privat diskutiert, sondern auch in Fernseh-Talkshows und Lebensmittelgroßmärkten. Die amerikanischen Frauen von heute mögen sich unzulänglich fühlen, wenn sie nicht zum Orgasmus kommen, und ihre Männer stehen unter Druck, es „fertigzubringen". Solcher Druck und solche Erwartungshaltung sind zum großen Teil idiosynkratisch – ein gesellschaftliches Phänomen unseres Jahrhunderts und unserer Kultur. Margaret Mead nennt ganze gut strukturierte Gesellschaften subtropischer und anderer Völker, die im Unterschied zu den Mangaianern – und zu vielen Menschen heute im Westen – keinen ausgesprochenen Wert auf weiblichen Orgasmus legen. Offenbar wissen sie nichts darüber und haben auch kein Problem damit.

Das zwiespältige oder sogar ungerechte Verhältnis, das der Mannes zum weiblichen Orgasmus hat, basiert zum Teil auf embryologischen Voraussetzungen. Sowohl Männer als auch Frauen entstehen aus eingeschlechtigen fruchtbaren Eizellen, die zu Embryos werden. Jede Zelle hat sechsundvierzig Chromosomen, von denen vierundvierzig für das Geschlecht des Kindes bei der Geburt unerheblich sind. Das einzige sichtbare Zeichen dafür, daß aus einer befruchteten Eizelle ein Junge wird, ist das Fehlen eines winzigen dunklen Chromatintupfers (genetisches Material) in den membranumschlossenen Kernen der Zellen, die sich aus der Eizelle entwickeln. Frauen haben vierundvierzig normale Chromosomen und zwei X-Chromosomen. Männer haben neben den vierundvierzig normalen Chromosomen ein X- und ein Y-Chromosom. In Zellen, aus denen Kinder männlichen Geschlechts hervorgehen, fehlt das zweite weibliche X-Chromosom; an die Stelle des fehlenden X-Tupfers tritt ein unauffälliges Y-Chromosom.

Bei der Zellteilung der Eizelle bildet sich die sogenannte Blastula, eine für alle Tiere typische vielzellige Struktur, die an einen Fußball erinnert. Die Blastula bildet schließlich Öffnungen aus, die sich ausdehnen und zu Röhren wachsen, aus denen der Verdauungstrakt wird. Wenn der menschliche Embryo Gestalt annimmt, kann man den Penisansatz nicht von der Klitoris unterscheiden; sie sind ein und dasselbe unbestimmte eingeschlechtige Organ.

Das Penis-Klitoris-Organ verändert sich dann im Uterus. Aus derselben embryologischen Grundstruktur prägen Penis und Klitoris in späteren fötalen Stadien ihre charakteristischen Formen aus. Dies ist eine Reaktion auf chemische Stoffe – Steroid- und Peptidhormone –, die im Körper zirkulieren. Ob weibliche oder männliche Hormone in den Blutkreislauf eingehen, hängt von den Chromosomen ab. Das kleine zweite X-Chromosom im Zellkern einer jeden Körperzelle zeigt unmißverständlich an, daß hier ein weibliches Lebewesen entsteht. Bei männlichen Embryonen ist das X-Chromosom in allen Zellen durch ein kleineres Y-Chromosom ersetzt. Die Gene – die DNS also, die diese Chromosomen enthält – produzieren Proteine, die wiederum die Produktion von spezifisch männlichen oder weiblichen Hormonfolgen anregen. Diese äußerst wichtigen Signalverbindungen – wie etwa das männliche Geschlechtshormon Testosteron – müssen nur in winzigen Mengen im Blut vorhanden sein, um festzulegen, ob die Penis-Klitoris-Aufwölbung zwischen den entstehenden Gliedmaßen des Fötus sich vertikal zu einem Penis verlängert oder sich horizontal nach innen zu einer Klitoris formt.

Viel später, mit der Pubertät, bewirken die in die Blutbahn eingegangenen Hormone weitere Geschlechtsdifferenzierungen. Die sogenannten sekundären Geschlechtsmerkmale – Bartwuchs, Brüste, Schambehaarung und Stimmbruch – sind das Werk von Hormonen. Eine interessante Erbkrankheit ist die "testikuläre Feminisierung", weil dieser hormonelle Prozeß dort ausbleibt. Kinder mit einem solchen Erbschaden sind genetisch männlich, sprechen aber nicht auf den ersten Testosteronausstoß an, der noch in der mütterlichen Gebärmutter abgegeben wird. So sehen sie wie kleine Mädchen aus und werden auch oft so behandelt. (Ihre Hoden verbleiben im Unterleib, sie haben sogar eine Sackgassenvagina.) In der Pubertät erhalten sie dann jedoch einen zweiten Testosteronschub, der sie in erkennbare Männer verwandelt: Ihre Hoden stülpen sich nach außen, sie bekommen einen Penis, und ihre Muskeln werden kräftiger. Zum biologischen Geschlecht gehören Gene, Proteine, Hormone, Physiologie und Entwicklung. Wie stark vermännlichend das Testosteron wirkt, kann man an Singvögeln sehen: Wenn man die weiblichen Vögel frühzeitig mit Hormonen behandelt, können sie die gleichen komplizierten Melodien singen wie männliche Vögel. Ähnliche Spielverhaltensmuster wie die Männchen zeigen auch weibliche Rhesusaffen, denen Testosteron zugeführt wird. Hormone wirken sich nicht nur auf den Körper aus, sondern auch auf Intelligenz und Verhalten. Magnetresonanztomographien von weichem Gewebe ergaben, daß das Corpus callosum, die verbindende „Brücke" zwischen den beiden Hemisphären des Gehirns, bei Frauen größer ist, während bei Männern die Hirnrinde in der rechten Hemisphäre dicker ist. Wenn man den bei weiblichen Ratten normalerweise größeren Hypothalamus unter dem Miskroskop untersucht, zeigen sich nach einer Testosteronbehandlung physiologische Veränderungen. In welchem Ausmaß wir „Gefangene" der Hormonbiologie sind, ist unbekannt. Doch das kulturübergreifende Faktum, daß über neunzig Prozent aller Gewaltverbrechen von Männern begangen werden, läßt das Testosteron auf bedrohliche Weise als ein Macho-Gift erscheinen.

Bis zu welchem Grad Geschlechtseigenschaften auch ein gesellschaftlich bedingtes Phänomen sind, wird durch die faszinierende Tatsache deutlich, daß Menschen mit testikulärer

Feminisierung nicht überall als Wesen gelten, die zuerst Mädchen und dann Knaben sind: Zumindest in der Kultur der Navajos werden sie einem völlig eigenen „dritten" Geschlecht zugerechnet. Anne Bolin, eine Anthropologin am Elon College in North Carolina, weist darauf hin, daß in vielen Kulturen das Geschlecht nicht einfach (den Genitalien) „zugeschrieben", sondern (gesellschaftlich) „erworben" wird. Bolin hat den geschlechtlichen Status von Transvestiten, Transsexuellen und Kraftsportlerinnen untersucht und hebt hervor, daß sich „Kultur häufig ‚als Natur verkleidet'".[6] Auch wenn wir im Westen meinen, Genitalien seien ewige Insignien des Geschlechtsunterschiedes, wird dieselbe Biologie in den verschiedenen Kulturen ganz unterschiedlich gedeutet. „Das Geschlecht schillert in vielen Farben", sagt Bolin.

Diese kulturellen Auflagen, die der biologischen „Wahrheit" gemacht werden, treten im Zuge technologischer Neuerungen immer deutlicher hervor. Transsexuelle bilden eine neue Geschlechtskategorie in unserer Kultur von Männern, die auf dem Weg zur Weiblichkeit sind. Bis jetzt sind Transsexuelle weder männlich noch weiblich. Manche werden als Männer geboren und bekommen dann die weiblichen Hormone Östrogen und Progesteron zugeführt. Dadurch entwickeln sie Brüste und Fettgewebe an den Hüften. Hormonell und äußerlich umgepolt, erleben sie so etwas wie eine zweite Pubertät, für die bislang noch kein ausgemachter Initiationsritus existiert. Transsexuelle müssen nicht ersatzweise als Tunten und effeminierte Homosexuelle, als künstliche Frauenimitationen herumlaufen, denn mit ihren Hormonen und Brüsten kommen sie der Wirklichkeit näher – auch wenn diese Wirklichkeit mehr mit einem „dritten Geschlecht" als mit biologisch angeborenem Frausein zu tun hat. Während einige amerikanische Bundesstaaten bei Transsexuellen nur die Namen in den alten Ausweispapieren austauschen, stellen ihnen andere Bundesstaaten wie Louisiana ganz neue Geburtsurkunden aus.

Es gibt berühmte Legenden von sexuell erstaunlichen Eunuchen und Kastraten, von Opernsängern, die in der Pubertät kastriert wurden, um ihnen ihre hohen Stimmen zu erhalten. So wurde zum Beispiel Giovanni Francesco Grossi 1697 vermutlich auf der Straße zwischen Ferrara und Bologna ermordet, weil er eine Affäre mit der Gräfin Elena Forni gehabt haben soll. Manche bezweifeln diese Geschichten allerdings, da die Kastration vor der Pubertät Hypogonadismus hervorrufen kann. Bei dieser Krankheit unterbleibt die vermehrte Produktion von androgenen Hormonen (Testosteron), die normalerweise während der Pubertät in den Leydig-Zwischenzellen der Hoden stattfindet.[7] Daher mögen kastrierte Sänger zwar mit lieblicheren Stimmen gesegnet sein als Frauen, dafür aber müssen sie mit einem kindlichen Penis, einer unentwickelten Prostata, mit „eunuchoiden" (überproportional langen) Armen und Beinen, Bartlosigkit, weiblicher Schambehaarung und Fettpolstern im Hüft- und Brustbereich leben. Der berühmte Frauenfreund Giacomo Casanova erzählte 1792 in der Tat von einem kastrierten homosexuellen Günstling des Kardinals Borghese. Allabendlich soupierte der Kastrat mit seiner Eminenz und trat als Primadonna im Theater auf. „Dieser Künstler sang sehr gut, aber sein hauptsächliches Verdienst war seine Schönheit... Als Frau gekleidet auf der Bühne ... hatte er die Taille einer Nymphe und ließ eine Brust sehen, wie sie wenige Frauen fester und reizvoller haben. Die Täuschung war derart, daß man sich ihrer nicht erwehren konnte. Die Blicke blieben an ihm haften, der Zauber tat seine Wirkung, und man wurde unweigerlich verliebt, wenn man nicht der halsstarrigste aller Deutschen war."[8] Das Geschlecht von Eunuchen einmal dahingestellt, so dürften sie jedenfalls Sultane in Erstaunen versetzt haben – nicht allerdings seine Haremsdamen: Ohne Hoden können Männer zwar keine Spermien, aber doch Samenflüssigkeit produzieren.

In unserer Zeit ist die Möglichkeit eines neuen kulturell erkennbaren Geschlechts zum Beispiel durch Bodybuilderinnen in greifbarere Nähe rückt. Fettarme Kost und Androgeninjektionen bewirken, daß Kraftsportlerinnen trotz ihrer zwei X-Chromosomen tiefere Stimmen bekommen können und nicht mehr in Frauenumkleideräumen geduldet werden. Obgleich genetisch weiblich, geben sie ein deutlich anderes Geschlecht zu erkennen. Wir stimmen Bolins kulturellem Relativismus zu, weil er die Grenzen der wissenschaftlichen Biologie vor Augen führt.

Die beiden traditionell anerkannten Geschlechter haben Körpermerkmale, die nur für jeweils ein Geschlecht biologisch unerläßlich sind, während sie beim anderen Überbleibsel der embryologischen Entwicklung sind. Zu diesen „Rückständen" gehören zum Beispiel Brustwarzen, die für stillende Frauen äußerst wichtig und bei Männern überflüssig sind.

Penis und Klitoris sind zu Beginn ein und dasselbe Organ. Durch das männliche Y-Chromosom aber bewirken die körpereigenen Steroidhormone und insbesondere das Testosteron, daß es sich zum Penis vergrößert. Bei Embryos kann man die beiden großen oder äußeren Schamlippen zunächst gar nicht vom Hodensack unterscheiden. Während bei weiblichen Wesen die Lippen zweigeteilt bleiben, erweitern sie sich beim Mann zu einer geschlossenen Struktur, die sich ausstülpt, in der Mitte zusammenwächst und zum Skrotum wird. Die Klitoris ist eine Art unvergrößerter Penis. In ihrer Beschaffenheit weist sie Merkmale auf, die für die Empfängnis ganz unerheblich sind, so wie beim Mann die Mittelnaht des Skrotums ein Überbleibsel ist. Beide ergeben Sinn vom Standpunkt der Evolution aus, die den eingeschlechtigen Embryo durch Hormone auf ein bestimmtes Geschlecht festlegt; beide bekunden eine Art elegante Ökonomie, als seien sie von einem genetischen Erfinder entworfen, dessen Kunst nur durch begrenzte Mittel im Zaum gehalten wurde.

Aristoteles verglich animalische Embryos mit Rohentwürfen eines subtilen Künstlers, der auf lebensgetreue Details vorerst verzichtet. Die Mittellinie des Skrotums könnte eine solche Entwurfslinie sein, ein Überbleibsel der vielen Federstriche, die beim raschen Übergang von einer Frauen- zu einer Männergestalt ausradiert worden sind. Als Relikt der embryologischen

Ökonomie ist die skrotale Mittellinie zu nichts nutze. In derselben embryologischen Ökonomie behält die Frau ihre Klitoris, weil ursprünglich eingeschlechtige Embryos sich während der ersten Schwangerschaftshälfte zu männlichen Wesen entwikkeln, die Penisse brauchen, um ihre Fortpflanzungsrolle zu erfüllen. Umgekehrt behält der kleine Junge als erwachsener Mann zwei Pigmentflecken auf seiner Brust zurück; diese rosafarbenen oder braunen Warzen bleiben dem flachbrüstigen Mann erhalten, weil seine Geschlechtspartnerin ihren Säugling stillen muß. Daß das Baby in jedem Fall Nahrung von der Mutter aufnehmen muß, macht die nutzlosen Brustwarzen des Mannes notwendig; sie sind ein unausgebildetes entwicklungsgeschichtliches Erbstück, das keinen wirklichen Anpassungswert hat. Und trotzdem ist für viele Männer die Reizung ihrer milchlosen Brustwarzen ähnlich lustvoll wie für Frauen die Stimulation ihrer samenlosen Klitoris.[9]

Wenn wir Aristoteles' Vergleich weiterführen, können wir sagen, daß männliche und weibliche Embryos zwei Versionen einer einzigen eleganten Skizze sind, bei der keine Linie überflüssig ist. Was den Ausschlag für die eine oder die andere Version gibt, ist in der Tat so geringfügig, daß man meinen könnte, der mit Radierer und Tinte so sparsame Meister sei sich darüber im klaren, daß seine Feder fast trocken ist. Konservierend und von ausschlaggebender Bedeutung, gleicht schwarze Tinte dem männlichen Sexualhormon Testosteron: Man denke nur an den chinesischen Künstler, der den schneebedeckten Himalaja malte, indem er die Füße zweier Hühner in Farbe tunkte, dann das eine Huhn (die Berge) über das Papier zerrte und das andere (den Schnee) darüber laufen ließ. So markieren gut plazierte Tintenspritzer beziehungsweise Körperhormone die ökonomisch subtilen Differenzen zwischen Mann und Frau.

Sexualwissenschaftler und auch andere sitzen der vorgefaßten Meinung auf, die Natur müsse rechtschaffen sein. Der anthropomorphe jüdisch-christliche Glaube, daß Gott Mann und Frau nach seinem Bilde geschaffen habe, steht quer zu der Darwinschen Vorstellung, daß Evolutionsvorgänge völlig bar aller weisen Voraussicht ablaufen. Es gibt keinen kosmischen Konstrukteur, der das reizempfindliche Organ der Spermienabgabe ausgemessen, zurechtmodelliert und perfekt auf sein passives Aufnahmegefäß mit der bereitliegenden Eizelle abgestimmt hätte. Natur scheint oft näher an Autismus zu grenzen als Kunst. Trotzdem behaupten manche Forscher, Klitoris und Penis paßten perfekt zueinander; damit wollen sie sagen, daß diese beiden kleinen blutgefüllten Muskelorgane füreinander „bestimmt" seien.

Für die Akzeptanz der in den sechziger Jahren vorherrschenden soziosexuellen Thesen, die idealistisch auf das Gleichheitsprinzip zielten, war eher hemmungsloser Optimismus verantwortlich als der Glaube an einen göttlichen Plan. Wo die Gesellschaft sich rasch verändert, ist die Anatomie konservativ – eine Diskrepanz, die schnell zur Ernüchterung führt. Die Möglichkeit eines gemeinsamen Orgasmus bedeutet noch lange nicht, daß er sich wie von selbst herstellt oder daß die Klitoris ideal für den Liebesakt plaziert wäre. Der Satiriker Alix Kates Shulman parodiert das Wunschdenken von Verfechtern des soziosexuellen Gleichheitsprinzips: „Masters und Johnson beobachten, daß die Klitoris beim Geschlechtsverkehr automatisch ‚stimuliert' wird, da die Haut, die die Klitoris bedeckt, bei jedem Stoß des Penis in der Vagina über die Klitoris hin und her gezogen wird – ungefähr so wie der Penis bei jedem Schritt des Mannes automatisch durch seine Unterwäsche ‚stimuliert' wird."[10] Evolution ist nicht auf Perfektion ausgerichtet. Wir bewohnen nicht die beste aller möglichen sexuellen Welten. Die Evolution ist ein Spasmus, eine „epische Geschichte, erzählt von einem Stotterer" (Arthur Koestlers Vergleich). Sie ist nicht das Werk eines Meisterschöpfers, sondern das eines stümpernden Flickschusters (François Jacobs Sicht). Im Wege der opportunistischen, unkalkulierbaren Evolution brachte die natürliche Auslese des fortpflanzungsfähigen männlichen Penis dessen unvergrößerte Variante, die Klitoris, hervor. Kraß gesagt, ist die Klitoris also kein Geschenk Gottes an die Frauen.

Die Natur verfolgt keinen großen Plan. „Natürliche Auslese" ist im Grunde bloß das Scheitern soundsovieler Nachkommen, die geboren oder ausgetragen werden, um im Spiel des Lebens zu bestehen und sich fortzupflanzen. Potentiell ist alles Leben etwas Großartiges. Die Selektion beziehungsweise die Tatsache, daß nur wenige im Entwicklungsprozeß überleben, läßt weniger an einen allmächtigen Schöpferwillen denken als an einen herumfummelnden Computerprogrammierer, der sein Programm nicht richtig konzipiert hat oder so lange daran herumwerkelt und bastelt, bis es funktioniert. Selbst wenn die zukende Klitoris im Schatten des Penis entstanden ist – da sie nun einmal als reizempfindliches Organ oder Instrument existiert, läßt sich an ihr herumbasteln und eine Funktion für sie finden. Wie ein ungenutztes Schaltbrett oder ein separater Schalter an einer vollgestopften Werkbank hat die Klitoris nicht unbedingt einen Zweck in der Evolution. Manche behaupten sogar eisern, die Klitoris sei überhaupt zu gar nichts gut. Wir sind da anderer Meinung: Obgleich die Klitoris zunächst als Erbstück, als „embryologisches Überbleibsel" in Erscheinung trat, gab es so zahlreiche Gelegenheiten für entwicklungsgeschichtlichen Erfindungsreichtum, daß solch ein brauchbarer kleiner Mechanismus schließlich erst im komplexen Rahmen der menschlichen Evolution Verwendung fand. Anders als der Penis ist die Klitoris zur Fortpflanzung nicht absolut erforderlich. Außerdem wird uns heute in einer Zeit der künstlichen Befruchtung, da die Zukunft schon ihre langen Schatten vorauswirft, auch allmählich klar, daß selbst der Penis vielleicht eines Tages seine Hauptrolle im menschlichen Fortpflanzungsprozeß einbüßt. Könnten Biotechnologen zuverlässig menschliche Wesen klonen, so würde der Penis eine ähnliche Rolle spielen wie die Klitoris schon jetzt: In erster Linie wäre er für die Lust und erst in zweiter Linie für die Fortpflanzung zuständig.

DIE KLITORIS IN DER KULTUR

Während die Klitoris für die Fortpflanzung unwesentlich ist und wahrscheinlich keine direkte Rolle im Evolutionsprozeß gespielt hat, ist sie doch äußerst wichtig für die sexuelle Lust einer Frau. Dabei gleichen die Lustempfindungen der Klitoris – im Unterschied zu denen des Penis – eher der Musik, der Kunst oder der Liebe, sie haben mehr mit Kultur und dem Reich des menschlichen Spiels zu tun als mit dem Gang der Evolution. Die schönen Künste, die Stifte und Pinsel und Bilder der alten Meister, taugen für sich genommen nicht zum Überleben, aber wir finden unter Umständen großen Gefallen an ihnen. Überlebensprinzipien und ästhetische Werte stehen nicht immer im Einklang miteinander. Und das ist die Schwierigkeit: Nicht alles, was sich entwickelt hat, muß auf Auslese beruhen. Obwohl der Organismus Resultat der Evolution ist, gibt es organische Vorgänge, die nicht aufs Überleben ausgerichtet sind. Und dazu gehört auch die höchste Lust des weiblichen Orgasmus.

Tierfreunde, Verhaltensforscher und Ethologen haben eine Fülle von Beobachtungen über die Sexualität der Wirbeltiere zusammengetragen. Alles in allem helfen solche zoologischen Daten, die Vorgeschichte des Orgasmus zu erhellen. Weiblicher Orgasmus scheint in der Tierwelt recht selten zu sein. Auch weibliche Tiere haben eine Klitoris, offenbar wird sie aber im allgemeinen nicht entdeckt. Das mag daran liegen, daß die Klitoris in der Position von hinten, die bei fast allen nichtmenschlichen Säugetieren üblich ist, nicht stimuliert wird. „Sichere Beweise für den Orgasmus von nichtmenschlichen weiblichen Primaten sind nur bei Tieren in Gefangenschaft erbracht worden... In jedem eindeutigen Beweisfall erzielte das Weibchen eine direkte und anhaltende Stimulation seiner Klitoris oder Klitorisgegend entweder durch Experimentierfreudigkeit oder durch das Reiben an einem anderen Tier."[11] Das Rhesusaffenweibchen langt nach hinten und umklammert das Männchen im Moment der Ejakulation; Bärenpavianweibchen geben Laute von sich, wenn das Männchen mit den Stoßbewegungen aufhört; bei Kurzschwanzaffen hat man beobachtet, daß die Weibchen ihren Liebesgefährten mit „positivem emotionalem Ausdruck" hinterherstarren. Aber Leidenschaft ist nicht unbedingt Orgasmus. Bei wildlebenden weiblichen Primaten ist er eher Ausnahme als Regel. Andererseits zeigen Reaktionen wie die eben genannten, daß Weibchen durchaus zum Orgasmus fähig sind und die Männchen sich bloß zu ungeschickt anstellen, um ihn regelmäßig herbeizuführen.

Die wechselnden Ansichten über den Orgasmus bei Primatenweibchen hängen damit zusammen, daß die Entwicklungsgeschichte als Wissenschaft nicht in einem Vakuum angesiedelt, sondern in die westliche Kulturgeschichte eingebettet ist. Unter Berufung auf medizinische Schriften wurde argumentiert, daß weiblicher Orgasmus vor dem späten 18. Jahrhundert als notwendig für die Empfängnis gegolten habe und daß „das ‚Problem' von klitoralem versus vaginalen Orgasmus für einen Arzt der Renaissance unbegreiflich gewesen wäre".[12] Obwohl Primatenforscher in den sechziger Jahren unseres Jahrhunderts der Ansicht waren, daß Orgasmus bei Primatenweibchen in der Wildnis selten vorkäme, wurde diese Einschätzung in den siebziger Jahren zum Teil revidiert. Gedankt war dies nicht zuletzt Suzanne Chevalier-Skolinkoffs Berichten über intensive hetero- und homosexuelle Aktivitäten bei Kurzschwanzmakaken in Reservaten in Stanford. Donna Haraway weist in ihrem Buch ‚Primate Visions' (Primatenphantasien) darauf hin, daß diese Neueinschätzung nicht das wertfreie Resultat neutraler wissenschaftlicher Beobachtungen war, sondern wesentlich mit der Frühphase der feministischen Emanzipationsbewegung zusammenhing, als „Orgasmen nach selbstgesetzten Bedingungen ein Eigentum am Selbst bezeichneten, für das es körperlich keine andere vergleichbare Ausdrucksform gab."[13]

Weiblicher Orgasmus wurde zu einem Symbol für weiblichen Wert, zu einer Art weiblicher Goldwährung, die mit männlichen Wertvorstellungen nichts zu tun hatte. „Der Orgasmus wird zum Zeichen für Intelligenz, für Bewußtsein, für Selbstverwirklichung, zum Inbegriff all dessen, was das Subjekt in die Lage setzt, Spielzüge zu machen, statt das (zerkratzte) Spielbrett zu verkörpern."[14] „Wie ihre menschlichen Verwandten", schreibt Haraway, „wurden Primatenweibchen offenbar in die Nachwelt des 18. Jahrhunderts, in die liberale Welt einer Primatenforschung hineingeboren, in der es keine Orgasmen gibt, sondern nur noch natürliche selbstlose Mütter."[15] In der Primatenforschung erhielten weibliche Affen ihre Orgasmusfähigkeit erst zurück, als Frauen sich den Orgasmus in der Gesellschaft zurückeroberten; Affenweibchen wurden als Agentinnen oder Mitwirkende auf der Bühne der Evolution just zu dem Zeitpunkt wahrgenommen, als Frauen stärkeren gesellschaftlichen Einfluß erlangten. Wo immer wir der Kultur den Spiegel der Natur vorhalten, sehen wir ein maskiertes Bild der Kultur.

DARWINS KURIOSITÄTEN

Als Charles Darwin 1832 an Bord der berühmten „Beagle" ging, stellte er sich vor, daß er durch seine Forschungen in den üppigen Tropen Südamerikas Gottes vortrefflichen Schöpfungsplan bekräftigen würde. Doch statt Belege dafür zu finden, daß jede Spezies das besondere Werk eines göttlichen Schöpfers war, fand er die Ansichten eines bedeutenden, aber namenlosen Mentors bestätigt: Darwins dichtender Großvater Erasmus hatte behauptet, alle Formen des irdischen Lebens wären die mannigfaltige Nachkommenschaft eines einzigen beharrlichen Stammvaters.

Während seiner fünfjährigen Schiffsreise, die vom Nordosten Brasiliens bis Tierra del Fuego und zu den Galapagosinseln führte, wurde der jüngere Darwin von den seltsamen Unvollkommenheiten der Natur fasziniert. Pinguine mit ihren flossenartigen Flügeln glitten bäuchlings ins Wasser, weil sie nicht fliegen konnten; Gottesanbeterinnen rissen kleinere eßbare Insekten systematisch in Stücke; Schildkröten watschelten in die Suppentöpfe hungriger Seeleute. Finken mit ihren verschiedenartigen, auf bestimmte Nahrungssorten abgestimmten

Schnäbeln beschäftigten Darwin besonders. Die verblüffende Vielfalt dieser eng miteinander verwandten Inselvögel ließ vermuten, daß sie von einem gemeinsamen Vorläufer abstammen – so wie Darwin auch wußte, daß sich die verschiedenen Hunderassen aus einem wolfsartigen Urtyp entwickelt hatten. Darwin ging seiner Vermutung nach, daß die Kuriositäten und Unregelmäßigkeiten, Unvollkommenheiten und Marotten die Umwege der Entwicklungsgeschichte offenbarten. Die Evolution steuerte nicht siegesgewiß ein vorherbestimmtes Ziel an. Auf rätselhafte Weise wurden in den unbeabsichtigten Körperformen der Lebewesen vielmehr die Abschweifungen und Windungen, die einzigartigen Drehungen, Stillstände und gelegentlichen Kehrtwendungen der Evolution demonstriert.

Die willkürliche, unbarmherzige und improvisierte Art und Weise, in der Organismen für ihren jeweiligen Lebensraum „gemacht" zu sein schienen, ließ Darwin daran zweifeln, daß ein gütiger Schöpfergott, falls er denn existierte, dabei irgendeinem Entwurf, einem großen Plan oder einer Absicht gefolgt war. Vermutlich verpaßte Darwin dem Dünkel seiner Zeitgenossen einen tödlichen Schlag, als er das gesammelte Material in seinem Buch ‚Die Entstehung der Arten' veröffentlichte. Denn darin wies er der Menschheit nur noch eine Nebenrolle auf der Bühne des Lebens zu; die tragende Rolle der gefallenen Engel mit Gott als Hauptakteur ließ er uns nicht länger spielen. Obwohl Historiker oft Lippenbekenntnisse über Darwins „Kopernikanische Revolution", über seine Vertreibung des Menschen aus dem Mittelpunkt ablegen, haben im Grunde nur wenige begriffen, in welchem Ausmaß wir bloße Nebendarsteller im ökologischen Welttheater sind, nur eine kleine Rolle unter vielen spielen oder höchstens als Nebenbesetzung der aufrecht gehenden, großen, schnatternden Menschenaffen in Frage kommen. Wir mögen wohl eine besondere Rolle in der irdischen Ökologie innehaben, aber diese Rolle ist nicht im entferntesten so einzigartig, wie viele es gerne hätten. Wenn der Mensch nach dem Bilde Gottes geschaffen ist, dann ist entweder an diesem Prozeß des Bildens irgend etwas furchtbar faul, oder Gott selbst trägt alle Kennzeichen einer unvollkommenen und ausschließlich historischen Entwicklung.

ENTGEGENGESETZTE ODER „BENACHBARTE" GESCHLECHTER?

In der besten aller sexuellen Welten könnte eine Frau wohl genauso leicht und zur selben Zeit zum Orgasmus kommen wie ihr Mann. Aber die Realwelt menschlicher Paarungen ist auch nicht das Werk eines rachsüchtigen Gottes oder eines allmächtigen Witzboldes. Sie ist vielmehr ein Werk sporadischer Anläufe, halber Sachen und biochemischer Evolution. Zu dieser Welt der Unvollkommenheiten, dem halbfertigen entwicklungsgeschichtlichen Gemisch von Himmel und Hölle, gehört das Rätsel der Klitoris.

Zu den Schriftstellern, die sich weigern, die Klitoris ins Abseits der Vagina zu stellen, wo sie beim Koitus nicht unmittelbar stimuliert wird, gehört der berüchtigte Marquis de Sade. Eine seiner Heldinnen besitzt eine riesige Klitoris, mit der sie wie ein Mann penetriert, Stoßbewegungen vollführt und Orgasmen erlebt. Doch solche Vorgänge bleiben Fiktion. Heute erfährt sich die Frau dem Mann gegenüber oft als minderwertig, wenn nicht gar als „Erscheinung, die ein Loch umhüllt"[16], und schließlich als Opfer der Phallokratie, der sexistischen Herrschaft des Mannes und seines (allerdings uneingestandenen) obersten Herrschers – des Phallus. Männer beherrschen letzten Endes auch noch immer die biologische Literatur. Vielleicht schlägt sich dieses zählebige Unrecht oder Defizit in dem Wunsch von Frauen nieder, der Klitoris und ihren prekären Lustgefühlen eine tatsächliche entwicklungsgeschichtliche Bedeutung, irgendeinen aufs Überleben ausgerichteten Existenzgrund zuzuschreiben.

Der Historiker Thomas Laqueur behauptet, daß vor dem 18. Jahrhundert – in der Antike und Renaissance – ein „eingeschlechtliches" Modell menschlicher Sexualität dominierte, in dem Männer und Frauen nicht als „Gegensätze", sondern als

„Nachbarn" betrachtet wurden. Frühe anatomische Illustrationen stellen die Vagina (den „Hals der Gebärmutter") als einen nach innen gekehrten Penis dar, und männliche und weibliche Geschlechtsteile waren insofern ununterscheidbar, als diverse Sprachen für beide ein und dasselbe Wort benutzten („orcheis", „didymoi" bezeichneten sowohl die Eierstöcke als auch die Hoden; das englische „purse" („Beutel") bedeutete in der Renaissancezeit sowohl Skrotum als auch Uterus). Dieses Modell eines einzigen menschlichen Körpertyps implizierte die Vorstellung, daß sowohl Männer als auch Frauen ejakulieren müssen, um Kinder zu bekommen. Der männliche Samen wurde als schaumiges Konzentrat des Menstruationsblutes angesehen. Doch wie Laqueur zeigt, wurden Frauen sogar im Rahmen dieser Vorstellung für minderwertige, unvollständige Versionen des männlichen Prototyps gehalten.[17] Frauen waren zwar gleichartig, aber dennoch nicht ebenbürtig, als sie an einem universalen Körper teilhatten, der mikrokosmisch dem Himmelskosmos entsprach. Obwohl das geheimnisvolle Modell eines einzigen Geschlechts so gut wie keine Geltung mehr hat, existiert es nach wie vor und durchzieht zum Beispiel auch unsere heutige Embryologie. Die Phallokratie hingegen hat laut Laqueur den radikalen Wandel in der Bewertung der Geschlechtsunterschiede unbeschadet überstanden. Von der Endokrinologie bis zur Evolutionsbiologie werden Forschungsdisziplinen nach Laqueurs Meinung eher von den zugrundeliegenden kulturhistorischen Sexualitätsmodellen geleitet als umgekehrt.

SPORADISCHE BELOHNUNGEN

Während Evolutionstheoretiker wie Stephen Jay Gould und Donald Symons glauben, daß der weibliche Orgasmus „keineswegs ein Anpassungsphänomen ist", behauptet der Zoologe John Alcock, daß die Klitoris „etwas tut". Weiblicher Orgasmus, so Alcock, „ist keine unvollkommene, halbherzige Imitation des männlichen Orgasmus, sondern eine starke physiologische Reaktion, die von der Anlage und vom zeitlichen Verlauf her mit dem männlichen Orgasmus gar nicht zu vergleichen ist."[18] Wenn Gould darauf hinweist, daß naive Evolutionstheoretiker irrigerweise annehmen, Geschlechtsverkehr löse ganz selbstverständlich klitoralen Orgasmus aus, während ein solches Zusammenspiel der Becken faktisch nicht stattfindet, wirft Alcock Gould die Hypothese vor, daß „Orgasmus bei Männern und Frauen dieselbe Funktion haben muß".[19] Aber es gibt noch eine andere Möglichkeit, meint Alcock. Das „Ausbleiben" eines regelmäßigen, vorhersehbaren Orgasmus muß eine Anpassungsleistung noch nicht ausschließen. Wenn die Partner beim Geschlechtsverkehr einander zugewandt sind und das Schambein des Mannes die Klitoris wirkungsvoller stimuliert als aus der rückwärtigen Stellung, die die meisten Säugetiere einnehmen, so erhöhen sich die Orgasmus-Chancen der Frau. Auch wenn sie ihre Klimax vielleicht nicht jedes Mal erreicht, ist ihr Orgasmus doch grundlegend verschieden – tatsächlich umfassender, länger anhaltend und lustvoller als der eines Mannes.

Der Psychologe Glen Wilson hat die „Jackpot"-Theorie des weiblichen Orgasmus aufgebracht.[20] Ethologische Experimente, die untersuchten, wie Tiere auf Belohnungen (wie etwa Futter oder Zuckerwasser) reagieren, haben überraschenderweise gezeigt, daß Tiere einen bestimmten Hebel eher betätigen, wenn die Belohnung nur manchmal gegeben wird. Der weibliche Orgasmus ist ein Phänomen, das Wilson implizit mit dem Kitzel beim Glücksspiel vergleicht. Seine Theorie ist benannt nach dem menschlichen Gegenstück solcher verhaltenspsychologischen Experimente – nach den Spielautomaten, die hin und wieder einen silbernen Münzenregen ausspucken.

Frauen, die vor ihren Männern zum Ogasmus kamen, verloren leicht ihr Engagement vor der Ejakulation und verminderten damit ihre Befruchtungs- und Schwangerschaftschancen. Solche Frauen, die schnell und einfach zu befriedigen waren und sich langweilten, bevor ihre Männer den Höhepunkt erreichten, hätten nur relativ wenig Nachkommen hinterlassen;

vermutlich gibt es heute kaum noch Abkömmlinge solcher Frauen. Daß es in der menschlichen Spezies stets zur verfrühten Ejakulation kommt, wird der Fähigkeit schnell ejakulierender Männer zugeschrieben, die Frauen zu schwängern, ohne sie zu befriedigen. Andere, weniger hastig zufriedengestellte weibliche Vorfahren hätten jedoch den „Jackpot" des Orgasmus ab und zu „gewonnen". Diese Frauen erhielten sporadische Belohnungen genitaler Lust und wurden dadurch angespornt, den Geschlechtsakt zu wiederholen und immer wieder an die „Spieltische der Fortpflanzung" zurückzukehren.

Grob gesagt meint Wilsons „Jackpot"-Theorie, daß Frauen durch ihre Physiologie ebenso unwiderstehlich zum Geschlechtsverkehr getrieben werden wie ein Glücksspieler zum Hunderennen. Der Orgasmus motiviert weibliches Verhalten im Schlafzimmer, nicht obwohl, sondern gerade weil es nur sporadisch dazu kommt. Sporadische Rückmeldung in Form unvorhersehbarer Belohnungen ist immer geeignet, Tiere zur Wiederholung eines Verhaltens oder sogar zur Ausbildung von Suchtformen zu bringen. Die Schwäche von Wilsons Theorie liegt darin, daß Tierweibchen sich auch ohne Orgasmus paaren und Nachkommen zur Welt bringen. Warum sollte eine „Orgasmussucht" die weiblichen Gene effektiver übermitteln? Worin besteht überhaupt der Vorteil von Lustschwankungen, von stark, aber unregelmäßig erlebten Orgasmen?

Statt eine vertrauensvolle Beziehung zwischen zwei Sexualpartnern zu stiften, spornt die Trennung von Orgasmus und Geschlechtsverkehr eine Frau zum Sexualverkehr mit mehreren Männern an, die dann folglich ihre Kinder unbehelligt lassen: Dies meint zumindest die Biologin Sarah Hrdy. Männer, die die sexuelle Gunst einer Frau gewinnen wollen, werden zögern, ihre Kinder anzugreifen. Kindesmord wird gewöhnlich nicht nur von Löwen und Tigern begangen, sondern auch bei Menschenaffen. Vermutlich erhöhen die Killermännchen ihren Fortpflanzungserfolg dadurch, daß sie schneller eigene Nachkommen zeugen können. Nicht nur, daß viele Säugetiere kein sexuelles Interesse zeigen, wenn sie trächtig sind. Sie sind auch nicht empfängnisbereit, solange sie ihre Kinder säugen. Kindesmord aber setzt den Menstruations- und Fruchtbarkeitszyklus wieder in Gang. Hrdy behauptet, daß die schwangeren Weibchen unserer Vorfahren vielleicht ihre hilflosen Kinder schützten, indem sie in den Geschlechtsverkehr einwilligten. Weibliche sexuelle Lust, Sex als Selbstzweck, hätte demnach einen ursprünglichen Anpassungswert für weibliche Wesen: Daß sie sich sogar in der Säuge- und Aufzuchtphase nach klitoralem Orgasmus sehnen können, ist hilfreich in einer Tierwelt, in der sich weibliche Gene nur durch Kopulation mit Männchen übertragen lassen – mit Männchen, die so grausam sind, daß sie, um sexuelle Aufmerksamkeit zu erregen, mitunter Babys töten, damit die Weibchen nicht durch Mutterpflichten abgelenkt sind. Hrdy skizziert eine Situation, in der der prähistorische weibliche Orgasmus das sexuelle Interesse der Weibchen das ganze Jahr über wachhielt und sie auf diese Weise vor mordlustigen Männchen und dem schrecklichen Verlust eines Kindes schützte, in das schon so viel investiert wurde.

Stephen Jay Gould findet Hrdys Suche nach irgendeinem Grund für die Klitoris unangebracht, weil die Klitoris für ihn einfach das Nebenprodukt eines ursprünglich eingeschlechtigen Embryos ist. Gould schreibt: „Niemand ist mehr als Hrdy der Anpassungsthese verpflichtet, derzufolge sich der Orgasmus entwickelt hat, weil er im Sinne Darwins dazu gut ist, den Fortpflanzungserfolg zu befördern."[21] Hrdy sagt über die Klitoris:

> Müssen wir also annehmen, daß sie belanglos ist?... Sicherer ginge man mit der Annahme, daß sie wie die meisten anderen Organe einen Zweck erfüllt oder irgendwann einmal erfüllt hat... Daß kein Zweck erkennbar ist, hat Gelegenheit gegeben, den Orgasmus ebenso wie die weibliche Sexualität im allgemeinen unter dem Verdikt der fehlenden Anpassungsfunktion beiseitezuschieben.[22]

Trotzdem bleibt ein Problem: Wenn wir annehmen, daß der Orgasmus für die Fortpflanzung wichtig ist – warum pflanzen sich dann etliche Säugetierweibchen (die eine Klitoris haben) prächtig ohne irgendeinen nennenswerten Orgasmus fort?

Dabei geht es weniger darum, die „Jackpot"-Form von gelegentlich überwältigenden Lustgefühlen zu erklären. Die Frage ist vielmehr, warum weiblicher Orgasmus überhaupt existiert, wenn er für die Fortpflanzung nicht unbedingt nötig ist. Laut Symons und Gould ist die weibliche Klimax ebensowenig eine Anpassungsfunktion wie die männlichen Brustwarzen. Sie ist ein entwicklungsbedingtes Erbstück, Resultat eines genetischen Moments, eines unbestimmten Etwas im Schlepptau eines nützlichen Bestimmungsmerkmals. So gesehen ist die Klitoris, obwohl sie Lust spendet, ein überflüssiger Körperfortsatz, der keinen wesentlichen Beitrag zur Fortpflanzung und zum menschlichen Überleben leistet.

Diese Einschätzung des weiblichen Orgasmus als genetisches Moment, das entwicklungsgeschichtlich unbestimmt ist, wurde trotzdem in Frage gestellt: Unter Umständen steigert der weibliche Orgasmus die Überlebenschancen tatsächlich. Obgleich für die Fortpflanzung unerheblich, hat er doch laut Hrdy eine Funktion für das Überleben der Nachkommen; daher täte ein Männchen in einer Gesellschaft mit Polyandrie gut daran, sich ein Weibchen mit hoher Orgasmusfähigkeit zu suchen, weil seine Nachkommen dann besser gegen Übergriffe anderer Männchen geschützt sind.

Eine andere Vorstellung von der Bedeutung des Orgasmus für das Überleben weiblicher Gene stammt von dem Biologen John Alcock. Seiner Ansicht nach dient der Orgasmus nicht dazu, Frauen zu häufigerem Geschlechtsverkehr zu motivieren. Um eine Handvoll Kinder in die Welt zu setzen, genügen im Grunde einige wenige Kopulationen; alles was extrem darüber hinausgeht, kann lebenslange elterliche Verantwortung nach sich ziehen. Die Bedeutung des weiblichen Orgasmus für den Fortpflanzungserfolg besteht laut Alcock vielmehr darin, daß der Orgasmus die elterliche Fürsorgebereitschaft stärkt. Menschenkinder sind nach der Geburt so hilflos, daß ein deutlicher Evolutionsvorteil für jene Frauen besteht, die sich eines zärtlichen oder wenigstens fürsorglichen Gatten sicher sein können. Wenn ein Mann, der für sein Kind sorgt, sich auch darum kümmert, ob seine Partnerin einen Orgasmus erlebt oder nicht, dann kann eine Frau ihre jeweiligen Schlußfolgerungen daraus ziehen. Wenn also gute Liebhaber auch gute Väter abgeben, dann profitieren im Fall der Empfängnis orgasmusfähige Frauen, die sich unter möglichen Vätern solche guten Liebhaber ausgewählt haben. Dadurch stellen sie sicher, daß ihre Babys besser versorgt werden.

Die emotionale Komponente des weiblichen Orgasmus ist äußerst entscheidend. Frauen, die sich in ihren Partnerbeziehungen sicher fühlen, erleben mit größerer Wahrscheinlichkeit regelmäßig einen Orgasmus. Eine Studie weist zum Beispiel darauf hin, daß heutige Callgirls oder Prostituierte der oberen Kategorie, die zu Hause arbeiten, ebenso oft zum Orgasmus gelangen wie andere Frauen, während einfache Straßenprostituierte größere Schwierigkeiten mit der Klimax haben. Vermutlich sind die bessergestellten und grundsätzlich stärker abgesicherten Prostituierten, die es mit einer zuverlässigeren und aufmerksameren Klientel zu tun haben, weniger den Notlagen und Gefahren der großstädtischen Straßenkriminalität ausgesetzt. Wenn der Orgasmus den Frauen tatsächlich dazu verhilft, sich nach dem Geschlechtsverkehr die Väter ihrer Kinder auszusuchen, dann entspräche der Unterschied zwischen privilegierten Prostituierten und armseligen Straßennutten wohl der Erwartung. Huren auf der Straße, die von berufswegen mit jedem beliebigen Fremden ins Bett gehen, vermeiden zugleich mit dem Orgasmus unbewußt auch die verstärkten Berufsrisiken der Schwangerschaft, der emotionalen Bindung und der Kinderaufzucht unter schlechten Sozialbedingungen.

Die vielleicht simpelste Erklärung für den Überlebensnutzen, den der weibliche Orgasmus mit sich bringt, stammt von dem Amateurbiologen Richard L. Duncan. Nach der Unterhaltung mit einem ehemaligen Angehörigen der U.S. Air Force, „der zwölf Jahre lang die außergewöhnliche persönliche Erfahrung des Umgangs mit vielen Frauen in vielen verschiedenen Ländern machte", ging dem Amateurbiologen und neugierigen Geschäftsmann Duncan ein Licht auf.

Duncan erwähnt die Alltagserfahrung von Frauen, denen beim Aufstehen nach dem Geschlechtsverkehr das Sperma aus der Vagina an den Beinen herunterläuft, und er vermutet, daß ein solcher Spermaverlust vor etwa vier Millionen Jahren ein Problem war, wenn sich die Australopithecinen-Frauen nach dem Geschlechtsakt aufrichteten: Das Sperma, nicht an die Schwerkraft gewöhnt, wurde beim Aufstehen zwangsläufig vergeudet. Demnach steigen die Chancen der Befruchtung, wenn die Frau liegenbleibt – sei es, weil der Mann nach der Ejakulation noch weiter stößt, sei es, weil sie selber nach dem Geschlechtsverkehr und besonders nach ihrem Orgasmus ausruht.

Während Frauen die frontale Stellung beim Geschlechtsverkehr bevorzugten, um vielleicht ihr Fortpflanzungsschicksal besser im Griff zu haben, bevorzugten Männer die Stellung von hinten, die auch bei unseren vierbeinigen Vorfahren üblich ist. Vielleicht haben Männer diese Stellung deshalb lieber (wenn es so ist), weil das Sperma dann direkt an den Gebärmutterhals gelangt und in die Gebärmutter eindringt. (Unmittelbarer Kontakt mit dem Gebärmutterhals ebenso wie der Saugeffekt des weiblichen Orgasmus, auf den wir gleich noch zu sprechen kommen, deuten darauf hin, daß die Schwangerschaftschancen am größten sind, wenn der Mann die Stellung von hinten einnimmt und die Frau trotzdem zum Orgasmus kommt.) Frauen schätzen diese Stellung von hinten deshalb nicht so wie der Mann, weil sie ihnen den letzten Rest an Fortpflanzungskontrolle nimmt, den sie noch besitzen. Diese Diskrepanz basiert auf der Vermutung, daß der Mann in der für ihn aussichtsreichsten Stellung von hinten mehr eigene Nachkommen in die Welt setzen könnte. Frauen dagegen haben mehr für abwechselnde Stellungen übrig, je nachdem, ob sie schwanger werden wollen oder nicht. Die Tendenz zum aufrechten Gang – und damit zum Samenverlust – wurde durch die Gegentendenz aufgewogen, daß das zufriedengestellte Weibchen einen Orgasmus bekam und danach lange genug auf dem Rücken liegen blieb, um den Spermien eine Chance zu geben. In diesem Zusammenhang sollte man auch an die Vorliebe der Menschen denken, sich in der Nacht zu lieben und dann zu schlafen – in der Waagerechten.

DER SAUGEFFEKT

Den vielleicht schlagendsten Beweis für eine evolutionsgeschichtliche Funktion des weiblichen Orgasmus haben Experimente geliefert, die zeigen, daß der weibliche Orgasmus den intrauterinen Druck erhöht. Diese Druckerhöhung veranlaßt den Körper, mehr Sperma aufzunehmen, so daß die Chancen einer erfolgreichen Befruchtung steigen.[23] Bevor es Kondome, Antibaby-Pillen und Intrauterinpessare gab, existierten keine zuverlässigen Verhütungsmittel. Promiskuitive Frauen oder Vergewaltigungsopfer hätten also von Methoden, die geeignet waren, das Schwangerschaftsrisiko zu mindern, profitiert. Der weibliche Orgasmus – oder besser sein Ausbleiben – war vielleicht ein frühes, wenn auch unzuverlässiges Mittel der Geburtenkontrolle.

Masters und Johnson beobachteten unter Laborbedingungen Paare beim Geschlechtsverkehr und fanden heraus, daß die frontale Stellung beim Koitus die beste Stimulation für den Orgasmus bietet.[24] Auf dem Gipfel des weiblichen Orgasmus kontrahiert der äußere Bereich der Vagina rhythmisch zwischen drei- und fünfzehnmal, das innere Ende der Vagina dehnt sich, und auch der Uterus kontrahiert mehrere Sekunden lang. Dafür verantwortlich ist das Hormon Oxytocin, das die Hypophyse abgibt, wenn die Klitoris stimuliert wird. Die lustbringenden Kontraktionen transportieren das Sperma von der Vagina zum Uterus und vergrößern damit die Wahrscheinlichkeiten der Befruchtung. Während des Koitius entsteht ein intrauteriner Druck, der nach dem Orgasmus absinkt und damit einen Sog erzeugt, der die Spermien zu den Eizellen hintreibt. Diese Umstände lassen vermuten, daß Frauen mit ihrem Orgasmus aktiv auf die Befruchtung der Eizelle hinwirken. Dadurch erhalten solche Männer einen Fortpflanzungsvorteil, mit denen

Frauen einen Orgasmus haben oder haben möchten. Die Kontraktionen könnten überdies, nachdem sie das Sperma des favorisierten Mannes beförderten, wie eine zuknallende vaginale „Tür" die Befruchtung durch einen nachfolgenden Mann vereiteln.

Daß die weibliche Klimax die Fruchtbarkeit erhöht, gehört zur unbewußten Weisheit des weiblichen Körpers. Wo die Klimax eine „feste Einrichtung" ist, erweitert sie die weiblichen Fortpflanzungsoptionen. Oft genug werden Frauen in außerehelichen Beziehungen schwanger. Und der klitorale oder vaginale Orgasmus dieser Frauen war vielleicht ausschlaggebend dafür, daß die Spermien eines guten Liebhabers oder begehrten Partners den Vorrang vor den Spermien des Ehemannes bekamen, auch wenn dem Gatten das sexuelle Vorrecht gehörte. Und manchmal besaßen diese außerehelichen Geschlechtspartner dann die „besseren" Gene. Die gesamte Entwicklungsgeschichte hindurch hatten Männer aufgrund ihres höheren Wuchses und ihrer kräftigeren Physis die Tendenz, Frauen zu unterwerfen. Frauen, die vergewaltigt wurden oder sich im Tausch gegen Nahrung oder soziale Vorteile sexuell auslieferten, verminderten wahrscheinlich ihre Schwangerschaftschancen. Denn bei Männern, mit denen sie sich nicht fortpflanzen wollten, vermieden sie einen Orgasmus oder täuschten ihn vor.

In einem Klima männlicher Brutalität gab der Orgasmus den Frauen ein Stückchen Kontrolle über ihr biologisches Geschick: In ihrem Versuch, bewußt oder unbewußt den Gang der Fortpflanzung zu lenken, linderten sie die barbarische Männerherrschaft. Physische Überlegenheit und rivalisierende genetische Interessen männlicher Wesen gab es zweifellos schon vor dem Erscheinen des Menschen. So hatten der optionale Orgasmus und andere Formen weiblichen Sexualverhaltens Millionen Jahre lang eine entscheidende Bedeutung für die Fortpflanzung – von den behaarten Australopithecinen-Mädchen bis hin zu deren Nachfahrinnen, den Frauen des 21. Jahrhunderts.

Die befruchtungsfördernde Funktion des weiblichen Orgasmus kann man sogar bei den sexuell zufriedengestellten

Bewohnern der Pazifikinsel Mangaia entdecken.[25] Bei ihrer Initiation wird allen jungen mangaianischen Männer die Harnröhre mit einem feinen Schnitt in Richtung des Skrotums aufgeschlitzt. Die Eingeborenen nennen diese Verstümmelung mika – den „schrecklichen Ritus". Die Subcision soll den Samenfluß vertropfen lassen und so die Fruchtbarkeit mindern. Die jungen Männer werden minutiös in alle Liebeskünste eingewiesen, und sie lernen, ihre Ejakulation bis zum Moment des weiblichen Orgasmus hinauszuzögern. Laut Robert Smith werden die verstümmelten magaianischen Männer deshalb so gründlich mit den erotischen Techniken vertraut gemacht, weil sie in ihrer Fruchtbarkeit reduziert sind: Die Schwächung des Spermaflusses und der weibliche Orgasmus würden einander ausbalancieren und so für ein normales Fruchtbarkeitsmaß sorgen. Wenn der weibliche Orgasmus Spermien einsaugt, würden die Folgen der Ejakulationsschwäche durch die Frauen ausgeglichen. Dies erklärt vielleicht, warum jede Kopulation unbedingt zum Orgasmus führen soll, und es erklärt auch die Häufigkeit des Geschlechtsverkehrs, für den sich mangaianische Ehepaare angeblich mindestens einmal am Tag Zeit nehmen.

Wilsons „Jackpot"-Analogie, Hrdys Vorstellung vom Nutzen des Orgasmus für den Schutz vor mordlüsternen Männchen, Alcocks Idee vom guten Liebhaber als gutem Vater, Smiths Behauptung einer erhöhten Fruchtbarkeit, Duncans Hypothese der Horizontalität – all diese Erklärungen für den Vorteil des weiblichen Orgasmus erscheinen uns ähnlich gut – und ähnlich schwer belegbar. Im Grunde müssen sich nicht einmal die Ansichten von Anhängern und Gegnern der Anpassungsthese unbedingt ausschließen. Gould mag recht haben, wenn er das Phänomen der Klitoris mit dem der männlichen Brustwarzen vergleicht und beide auf ihre Funktion beim jeweils anderen Geschlecht – dort auf den Penis, hier auf die milchspendende Brust – zurückführt. Geht man aber von der raschen menschlichen Lernfähigkeit aus, so könnte die Klitoris durchaus eine Fortpflanzungsfunktion ausgebildet haben – eine Funktion, die äußerst wichtig wurde, als unsere menschlichen Vorfahren aufrecht zu gehen begannen und umsichtige Frauen mehr Kontrolle über die Väter ihrer Kinder haben wollten. Aber selbst dann wäre die entwicklungsgeschichtliche Funktion des weiblichen Orgasmus noch immer ziemlich gering gegenüber der Hauptrolle, die der Penis bei der Befruchtung spielt.

SEXUALMETAPHYSIK

Wir kommen zu dem Schluß, daß die Klitoris in ihrer entwicklungsgeschichtlichen Frühzeit keine Bedeutung für die Evolution hatte; ihre Existenz verdankte die Klitoris dem Vorteil, den die Männchen durch ihr Pendant, den Penis, in der Spermienkonkurrenz bekamen. Bei allen Arten, die sich sexuell fortpflanzen, sind Männchen und Weibchen in Größe, Farbe und allerlei Körperverzierungen mitunter deutlich voneinander unterschieden. Weil sich beide Geschlechter aber aus dem gleichen Embryo entwickeln, weil sie Variationen desselben embryonischen „Grundmusters" sind, können sie niemals ganz verschiedenartig sein. So wie ein Bastler durch verfügbare Einzelteile zu Erfindungen angeregt wird, so führte das Vorhandensein der Klitoris zum klitoralen Orgasmus, der den Weibchen eine größere Wahlfreiheit bei der Begattung gestattete. Kinder waren vielleicht auch besser durch Mütter geschützt, die von ihren Männern klitoral befriedigt wurden. Die natürliche Auslese behält den männlichen Penis und die Ejakulation bei; männliche Wesen werden von weiblichen Wesen geboren, von denen sie sich im embryonalen Zustand nicht unterscheiden. Von einer entwicklungsgeschichtlichen Perspektive aus ist der männliche Penis dafür verantwortlich, daß die Schauer der weiblichen Lust mit spermienlosen Ergüssen einhergehen.

Wir haben gesehen, wie Penis und Klitoris sich zunächst aus ein und demselben embryonischen Organ entwickeln. Trotzdem reagieren Männern und Frauen sexuell äußerst verschieden: Den anatomischen Ähnlichkeiten zwischen den männlichen und weiblichen Genitalien stehen die unterschiedlichen

Orgasmusformen gegenüber. Diese Unterschiede lassen sich in Einklang bringen, wenn wir einen kurzen Blick auf die menschliche Entwicklung werfen. Knaben zeigen vor der Pubertät eine Reihe ähnlicher sexueller Reaktionen wie erwachsene Frauen. Kinsey und seine Mitarbeiter berichteten: „Der bemerkenswerteste Aspekt bei Vorpubertierenden ist ihre Fähigkeit, in begrenzten Zeiträumen wiederholt zum Orgasmus zu gelangen. Darin überbieten sie die Teenager, die wiederum eher dazu in der Lage sind als ältere Männer."[26] Die Reaktionen junger Knaben, die mehrmals zum Orgasmus kommen können, ohne ihre Erektion einzubüßen, haben vielleicht, wie der Biologe Donald Symons meint, große Ähnlichkeit mit den Reaktionen orgasmischer Frauen. In beiden Fällen findet kein Spermienausstoß statt, und so ist das „Vermögen von Frauen, mehrere Orgasmen zu erleben, vielleicht ein Nebeneffekt ihres Unvermögens zu ejakulieren."[27] Sowohl anatomisch als auch physiologisch scheint die Klitoris eine verkleinerte Version des Penis zu sein.

Inwieweit basiert dieses evolutionsgeschichtliche Argument auf unüberprüften und fragwürdigen metaphysischen Voraussetzungen? Für Aristoteles waren weibliche Wesen Mangelerscheinungen, unvollständige männliche Wesen, deren „telos" oder Ziel vereitelt wurde: Wenn die Spermien nur heiß genug wären, schlußfolgerte er, könnte das männliche Prinzip der Kühle des mütterlichen Körpers standhalten, so daß die Saat vollständig aufgehen und einen Knaben hervorbringen würde. Für Aristoteles war das Menstruationsblut unrein; im Gegensatz zum männlichen Sperma fehlte ihm „das Prinzip der Seele". Wenn die Klitoris nun als eine embryologisch unvollständige Version des Penis interpretiert wird, so erinnert dies auffällig an Aristoteles' Ansichten, die im Boden der griechischen Kultur wurzeln. Jenes Griechenland war eine Gesellschaft, in der nur Männer Macht besaßen. Fremde wurden als Barbaren betrachtet und Frauen gemeinsam mit Sklaven auf die unterste Stufe gestellt. In einer solchen Gesellschaft, die sich der Westen dezidiert zum Vorbild nahm, konnte man sich weitaus leichter einen

Mann vorstellen, der „mütterlich" für eine Frau sorgt, als umgekehrt eine Frau, die für irgend etwas „väterliche" Verantwortung trägt. In einer seltsamen Verdrehung dessen, was beide Geschlechter tatsächlich zur Fortpflanzung beitragen, wird die Vaterschaft in der westlichen Metaphysik als vorrangig und ursprünglich angesehen. Zeus ist der König der Götter, und auch der jüdisch-christliche Gott ist männlich, ein Vater, der den Menschen nach seinem Bilde schafft. Dieses große Täuschungsmanöver macht uns vor, daß Vaterschaft Schöpfung bedeutet, während Mutterschaft einfach mit Aufzucht, Brut und zeitlich begrenztem Schutz gleichgesetzt wird.

Einige Griechen glaubten, daß im Sperma männlicher Edelmut oder „arete" enthalten war, die sich intim oder öffentlich (zum Beispiel durch Analverkehr im Tempel des Apollon) auf junge Männer übertragen ließ. Lange vor Freud, im zweiten Jahrhundert n. Chr., schrieb Artemidorus ein sogenanntes Traumbuch. In seinen Analysen spiegeln sich sexuelle Einstellungen wider, die zweitausend Jahre alt sind. Wenn ein Mann zum Beispiel vom Verkehr mit einer Prostituierten träumt, kann das laut Artemidorus eine Todesankündigung sein. Diese Logik findet sich in philosophischen Lehrsätzen über Sexualität oft: Wertvolles Sperma wird hier vergeudet und auf eine Weise verwendet, die keinen Ertrag in Gestalt von Nachkommen oder Erben abwirft. Die in orientalischen Kulturen verbreiteten Warnungen vor Spermavergeudung haben ebenso wie die Ratschläge an Krieger, vor der Schlacht auf Geschlechtsverkehr zu verzichten, vielleicht eine biochemische Basis in den Prostaglandinen, die sowohl für die Funktion des Gehirns als auch für die Produktion von Spermien zuständig sind. Im Griechischen und auch in anderen Sprachen gibt es Begriffe, die sich durchaus mehrdeutig auf Sexualität und Ökonomie beziehen. „Soma" zum Beispiel bedeutet ebenso Körper wie Reichtum und Besitz, so daß sich zwischen dem Besitz eines Körpers und dem Besitz von Reichtum nicht unbedingt unterscheiden läßt. „Ousia" heißt im Griechischen Wesen (oder Gegenwart), aber auch Samen. So liegt eine Gleichsetzung zwischen dem

Verlust (der Verausgabung) von Sperma und der Entstehung gewisser Unkosten nahe. Auch das Wort „blabe" bezeichnet zugleich ökonomische Rückschläge und die passive oder aufgezwungene Rolle in sexuellen Aktivitäten. Diese Begriffe beziehen sich auf eine kulturübergreifende oder sogar, wie bei den Pavianen, auf eine artenübergreifende Äquivalenz zwischen Sexualität und den Rollen von Herrschaft und Unterwerfung innerhalb gesellschaftlicher Hierarchien. Außerdem deuten sie darauf hin, daß die männlich ausgerichtete Vorliebe der Sozialbiologie für Begriffe wie „Evolutionskosten" und „väterliche Investition" eine Geschichte hat. Pädagogik und Pädophilie, Erziehung und die erotische Liebe zu Kindern, bedingten einst einander. Obwohl die klassische griechische Kultur gegenüber männlichen Homosexuellen toleranter war als unsere Gesellschaft, dürfte sich der Glaube an die männliche Überlegenheit aus der Zeit vor Aristoteles bis heute unangefochten erhalten haben. Das Vorurteil ist so tief in unserer Kultur verwurzelt, daß es sogar die Voraussetzungen der westlichen Wissenschaft prägt. In dieser metaphysischen Schablone ist die Frau der Grundstoff, der Mann die wertvolle Information oder Formgebung.

Die Hindus verglichen die Ackerfurche mit der Vagina und das Saatgut mit männlichen Samen. Ein alter indo-europäischer Spruch sagt: „ Diese Frau verkörpert den lebenden Boden. Sät Samen in ihr aus, Männer." Ein anderer erklärt: „Die Frau ist das Feld, und Männer sind die Säleute."[28] Pädagogik als Schrift, als Informationsübermittlung ist hier an den männlichen Schamanen oder Priester gebunden: Er besitzt die sich verströmende Feder, den königlichen Stab, das magische Szepter, um die großgeschriebene Wahrheit darstellen, verleihen oder hervorbringen zu können. Tief verwurzelt ist die Vorstellung, daß die phallischen Werkzeuge des Mannes irgendwie den wahren väterlichen Ursprung jenseits alles Weiblichen bilden. Dieses kulturelle Vorurteil gilt auf ganzer Linie, vom Übergewicht männlicher Autorität bis hin zu dem phallischen Monolithen, der im Film ‚Odyssee im Weltraum' von außerirdischen Wesen als Botschaft für die Menschheit auf dem Mond zurückgelassen wird. Und trotzdem erscheint diese letztlich metaphysische Bestimmung, daß die Information durch männliche Röhren fließt und das Wissen vom Vater stammt, grundsätzlich brüchig – eher ein Narrenstab als das unfehlbare Szepter des Königs! Wenn wir uns im Rahmen des Informationsflusses der Evolution mit der Entwicklung der Zellen von einst bis jetzt beschäftigen, dann sind wir genauso berechtigt, den Informationsfluß des Lebens als mütterlich oder feminin anzusehen. Trotzdem kann man die ungeschlechtlich entstandenen Produkte der Bakterienteilung nicht als „Tochterzellen" betrachten. Vielleicht tun wir am besten daran, wenn wir den Informationsfluß des Lebens geschlechtslos nennen. Denn bereits die ersten Bakterien, die weltweit Informationen in Umlauf setzten und ständig ihr Geschlecht wechselten, sprengten die Grenzen der falschen Zweiteilung von männlich und weiblich.

Aristoteles' Sexualmetaphysik wurde vom Christentum durch den Einfluß Thomas von Aquins übernommen. Antonie van Leeuwenhoek, ein holländischer Tuchhändler aus Delft, konstruierte im 17. Jahrhundert mit Hilfe von Laternenlicht und Glaskugeln eigene Mikroskope, durch die er fasziniert seine selbst ejakulierten Spermien besah. In der Tradition einer alten und sexistischen Metaphysik glaubte Leeuwenhoek, in der weißlichen Flüssigkeit Partikel von winzigen männlichen Homunculi entdeckt zu haben. Der verunsicherte Holländer schrieb an die Royal Society in London, man müsse ein Tier finden, das so große Samen besitzt, daß man darin die Gestalt der Kreatur erkennen könne, von der dieser Samen stammt.[29]

Das schöne Wort „Spermatozoon" heißt nichts anderes als „Samentierchen" und suggeriert, daß die Keimzellen des menschlichen Wesens bereits vollständig in den Spermien enthalten sind und die Frau bloß noch als Gefäß herhält, als fruchtbares Medium, als Spermienbehälter, als formlose Substanz, als Chaos, das erst durch diese hoch organisierten und organisierenden kosmischen „Samen" – die männlichen Spermien – Gestalt und Bedeutung erhält. Heute wissen wir, daß die weibliche Eizelle mehr als die Hälfte der Informationen zu einem künftigen neuen Menschen beiträgt; sie gibt nicht nur dreiundzwanzig Chromosomen zur Komplettierung der dreiundzwanzig Chromosomen der Samenzelle, sondern steuert auch die gesamte zytoplasmatische DNS bei – die Mitochondrien, deren Erbinformationen ausschließlich von der Mutter stammen. Diese verblüffende Tatsache gleicht einem Totengeläut für den traditionellen Anspruch, den der Vater auf seine herausragende Bedeutung bei der Fortpflanzung erhebt. In der heutigen Biologie hat der Mann seine Vorrangstellung eingebüßt. Ebenso wie in der Gesellschaft ist er dem weiblichen Wirbelsturm ausgeliefert.

MASCHINENGENITALIEN

In einer „Sexszene" der Science-fiction-Filmkomödie ‚Der Schläfer' befindet sich Woody Allen in einem Kreis von Vertrauten und bekommt eine zischende elektrische Kugel gereicht, die „Orgasmatron" genannt wird. Er ergreift die Kugel, wimmert theatralisch und reicht sie dann weiter wie eine Friedenspfeife. In dem eher unbeabsichtigt komischen Film Barbarella treiben postmoderne Frauen Sex aus Spaß; süchtig stopfen sie Pillen in sich hinein, um schwanger zu werden. Was man auch immer von der Qualität der beiden Filme halten mag, so vermitteln beide doch eine fast vollständige Trennung von Fortpflanzung und Erotik. Das Auseinanderfallen von sexueller Lust und Reproduktion ist wahrscheinlich Vorbedingung für den gewöhnlichen entwicklungsgeschichtlichen Schritt, der auf einer anderen Organisationsebene aus bloßen Zusammenballungen Organismen werden läßt, so etwa, wenn Grünalgenzellen sich zu Kolonien zusammenschließen. Das ursprüngliche Vermögen der Einzelzelle, sich aus eigenem Antrieb zu vermehren, wird aufs Spiel gesetzt und aufgegeben zugunsten der eindrucksvolleren Reproduktion des multizellulären Organismus als Ganzem.

Wenn wir dies auf die menschliche Entwicklung übertragen, so befinden wir uns vielleicht in einer ähnlichen Übergangsepoche, in der die individuelle Fortpflanzung mehr und mehr durch die Reproduktion des Gesellschaftskörpers ersetzt wird, vorausgesetzt, daß das Bevölkerungswachstum anhält. Individuen, die sich nicht mehr fortpflanzen, können sich auf andere gesellschaftlich notwenige Funktionen spezialisieren. Ein solches Szenario entwarf Aldous Huxley in seinem Roman ‚Schöne neue Welt', in dem eine totalitäre Regierung Menschen aus der Unterschicht, die einen angeborenen Gehirnschaden haben, zu niederen Diensten bestimmt und nur der Elite das Recht auf Fortpflanzung zubilligt. Tatsächlich gibt es Ähnliches bei Bienen, Hummeln und anderen staatenbildenden Insekten – Gesellschaften mit einer überwiegend unfruchtbaren Population, deren Verwandlung in einen einzigen Organismus auf halbem Wege steckengeblieben ist. Natürlich sind Menschen keine Insekten. Aber letztlich sind wir Ansammlungen dessen, was einst Mikroben waren. Nicht bloß Organismen, sondern auch Gruppen von Organismen pflanzen sich fort.

Der weibliche Orgasmus mag bei der Fortpflanzung eine Rolle spielen, wenn auch auf subtilere Weise als der männliche. Doch wenn die individuelle Fortpflanzung im Interesse gesellschaftlicher Regulierung beschnitten wird, dann kann der Orgasmus seine eigenen Wege gehen. Wie das Feuer, das Prometheus den Göttern stahl und den Menschen brachte, kann auch das Feuer des Orgasmus „gestohlen" werden und eine Verwendung finden, die über seine uralte entwicklungsgeschichtliche Bestimmung im Liebesakts zwischen zwei fruchtbaren Menschen hinausgeht. Der Orgasmus, der mehr und mehr zum hedonistischen Genuß wird, spaltet sich vielleicht von der menschlichen Fortpflanzung insgesamt ab und wird, wie die Biologen sagen, für andere Funktionen frei.

Daß die Körper beider Geschlechter zum Orgasmus disponiert sind, ist so sicher, daß die Funktionen, denen der Orgasmus eines Tages dienstbar gemacht werden könnte, sogar die Grenzen der billigsten Science fiction überschreitet. Sexuelle

Lust könnte durch nichtmenschliche Interessen ausgebeutet werden, um gewünschte menschliche Verhaltensformen zu zementieren. SF-Autoren ersannen „schlaue" Raumfahrzeuge, die einmal pro Generation zusammenkommen, um ihre menschlichen Wartungsmonteure zu zeugen. Sexuelle Lust könnte sich so weit von ihrer Fortpflanzungsfunktion entfernen, daß die Orgasmuserfahrung eines Tages als Belohnung für die Produktion eines nanotechnischen Chips oder für ökologisch zweckdienliches Verhalten gewährt werden könnte. Einen Vorgeschmack auf die Zukunft gibt vielleicht schon die weltweite Werbung elektronischer Medien, die den Massenkonsum mit erotischer Befriedigung assoziiert. Bis jetzt wurde lediglich der erotische Appeal und noch nicht die genitale Befriedigung für asexuelle Zwecke manipuliert. Doch wehe, wenn die am Orgasmus beteiligten Lustzentren im Gehirn jemals der Macht einer globalen Gesetzgebung und Politik unterworfen werden! Die Psychoanalytiker Sigmund Freud und Otto Rank haben dargelegt, daß die größten kulturellen Errungenschaften zum Teil auch Resultate sublimierter Triebwünsche sind und wie persönliche Neurosen, die für das Individuum so hinderlich sind, in die Gesellschaft umgelenkt und in Kunst verwandelt werden können, die der Gesellschaft Identität und Macht gibt. Als Bestandteil postindustrieller Technologien überlebt die sexuelle Lustfähigkeit vielleicht, wenn es menschliche Liebesspiele schon nicht mehr gibt.

Wir machen uns meistens nicht hinreichend klar, wie sehr wir sexuell bereits in die Maschinenproduktion involviert sind. Wir werden die fruchtbare Paarung zweier Dampfmaschinen noch erleben, wie Samuel Butler im vergangenen Jahrhundert meinte. Eine Dampfmaschine gebiert sowenig eine Dampfmaschine wie ein Stahlnagel einen anderen. Doch wie eine Blume die Biene braucht, um befruchtet zu werden, so vermehren sich die menschlichen Produkte mit Hilfe menschlicher Wesen. Wir stehen mit Maschinen bereits auf sehr vertrautem Fuß. Unsere Gesellschaft könnte nicht existieren ohne maschinelles Wachstum, ohne die zügellose Produktion und Konsumtion von

Waren, ohne unser aller Verlangen nach Komfort, unsere Gier nach modernen Autos, Laserdruckern und sensorgesteuerten Haartrocknern, unsere Lust an Kleidern, Schuhen und anderen Artikeln, die für erotisches und gesellschaftliches Prestige stehen. Es ist ein Irrtum zu glauben, daß sich Waren und Maschinen, weil sie von der organischen Reproduktionschemie menschlicher Wesen abhängig sind, nicht reproduzieren: Auch der Mensch entwickelte sich weitaus später als die für ihn unerläßlichen Zellorganellen, wie zum Beispiel die mütterlich vererbten Mitochondrien. Trotzdem würde niemand auf die Idee kommen, daß Menschen sich nicht „wirklich" fortpflanzen. In der Tat ist die biologische Realität vielleicht genauso absonderlich wie die Science fiction: Sexuelle Energie und andere menschliche Lustempfindungen spielen schon jetzt eine Rolle in den Organisationsformen des Lebens, zu denen auch die „Fortpflanzung" der Maschinen gehört. Die Konsum- und Einkaufslust fördert die Massenproduktion von Plastik- und Metallartikeln. Futuristisches Spielzeug begeistert die Kinder. Weitverbreitet ist die Faszination für militärisches und astronautisches Gerät und noch gravierender die Sucht nach Computern, CD-Playern, Cyberspace- und anderer Elektronik bis hin zu den neuesten medizinischen Technologien. Unsere Freude an solchen Spielzeugen und Gerätschaften ist das beste Indiz dafür, daß ihre Reproduktion unsere Zukunft bestimmen wird.

Der Trip hat begonnen. Vor vier Millionen Jahren schlurfte die menschenähnliche Australopethicus-Frau Lucy durch das hochgewachsene Gras in Ostafrika. Lucy hat ihren Namen nach dem Beatles-Song „Lucy in the Sky with Diamonds" (die Anfangsbuchstaben ergeben das starke Halluzinogen LSD); schick angezogen würde sie wie eine kleine, schmächtige, nach vorn gebeugte Frau aussehen. Aber die etwa 1,20 Meter große Lucy war nicht bekleidet, sie war von Kopf bis Fuß behaart. Paläontologen erkennen an der Form ihres Beckens, daß sie eine Frau war. Und sie schließen daraus, daß Lucy aufrecht ging und Bauch und Brüste offen zeigte, auch wenn sie einen kleinen Schädel und ein schimpansenhaftes Gesicht hatte. Weil sie aufrecht oder leicht gebeugt ging, muß ihr beim Aufstehen das Sperma aus der Scheide geflossen sein. Lucy und ihre Vorgängerinnen, deren Skelette nicht so gut erhalten sind, gehören zu unseren Ahnen; vielleicht sind sie der Ursprung vieler Gene in unseren heutigen Zellen. Sie waren ziemlich flachbrüstig (wahrscheinlich, denn Brüste sind in der Fossiliengeschichte nicht überliefert) und hatten ein kleines Gehirn, doch weil sie aufrecht gingen, standen sie sich und ihren Männern gegenüber. Der Geschlechtsverkehr von vorn – Bauch an Bauch, Mund auf Mund, Auge in Auge – war jetzt das Naheliegende, ebenso weibliche Orgasmen und sprachliche Verständigung. Weil Frauen mit Orgasmus vermutlich eher schwanger werden, ist es gut möglich, daß die Orgasmen von Lucy und anderen Frauen des Australopithecus afarensis dabei halfen, den Genpool der künftigen Menschenrasse zu organisieren.

Auf der einen Seite sind die heutigen Menschen zum Teil das Resultat sexueller Optionen und Gelüste unserer frühen Vorläuferinnen. Auf der anderen Seite gibt es so etwas wie „heutige Menschen" gar nicht: Wir sind unsere Vorfahren, wir sind, wer und was wir waren. Wir sprachen von kulturellen Vorurteilen, die sich als Biologie verkleiden. Ein willkürliches Vorurteil, das wir als Lebenstatsache voraussetzen, ist unsere Vorstellung von Tod und Geburt. Wir sagen, daß jemand geboren ist, wenn er oder sie aus dem Mutterleib kommt und die Nabelschnur durchtrennt ist. Die Chinesen jedoch betrachten das Neugeborene als Person, die bereits neun Monate alt ist. Folgen wir dieser Logik, so wird deutlich, daß wir ziemlich willkürlich verfahren, wenn wir annehmen, der Embryo und der Achtzigjährige seien ein und dieselbe Person, Mutter und Kind dagegen verschiedene Individuen. Erinnerungen verblassen, aber die DNS unserer Eltern und Ururgroßeltern, bis hin zu Lucy und noch weiter zurück, lebt in uns fort. In gewisser Weise ist das Skelett von Lucy nicht das einer toten Person; es ist Teil unseres leibhaftigen alten Selbst – eine fremdartige generationenübergreifende Hülle wie die Puppen- oder Raupenformen, die bei der

Verwandlung des Insekteneis zum Schmetterling auf der Strecke bleiben.

‚Webster's Dictionary' leitet das Wort Orgasmus vom griechischen „orgasmos" her, das auf „orgon" – heranreifen, lüstern sein – zurückgeht und mit dem Sanskritwort „urira" verwandt ist, das Saft und Kraft bedeutet. Und Saft und Kraft haben unsere Vorfahren bis heute. Ihre Taten hallen nach bis in unsere Tage. Die Show geht weiter.

3: *Elektrischer Leib*

> Schämt euch nicht, Frauen, euer Vorrecht umschließt alles Übrige und ist der Ausgang für alles Übrige, Ihr seid die Pforten des Leibes und seid die Pforten der Seele.
> *Walt Whitman*[1]

> Ein Dichter betrachtet die Welt, wie ein Mann eine Frau betrachtet.
> *Wallace Stevens*[2]

> Immer ist es, als ob ich Inzest begangen hätte.
> *Jacques Derrida*[3]

Mit einer wilden Drehung gibt die Evolutionstänzerin zu erkennen, daß der menschliche Körper selbst nur ein Kleidungsstück ist. Bei der nächsten Drehung erscheint der Körper wieder: ihre geschwollene rot-violette Vulva, das Objekt der Begierde ihres Gefährten. Der Mann springt auf die Bühne – groß, flink, mit breiter Stirn – und mustert die Regionen über der Vulva. Gierig sucht er die pendelnden Brüste seiner halbvergessenen Kindheit.

KÖRPERSPIELE

Die Veränderungen zu rekonstruieren, die weibliche Wesen von Lucys Affenverwandten bis zur heutigen Frau durchgemacht haben, ist ein schwieriges Unterfangen. Doch wenn man den Vermutungen der Evolutionsbiologen folgt, so war während der millionenjährigen entwicklungsgeschichtlichen Metamorphose von der behaarten, flachbrüstigen Äffin zur modernen prallbrüstigen Frau ein grundlegendes Prinzip am Werk. Männchen konnten den Zeitpunkt des weiblichen Eisprungs immer nur schätzen. Und wenn es mit der weiblichen Fruchtbarkeit zu Ende ging, verließen viele Männchen ihre Weibchen. Deshalb war es für die Weibchen so wichtig, die Männchen im Ungewissen zu lassen. Ein verstoßenes Weibchen hatte sehr viel größere Schwierigkeiten mit der Kinderaufzucht als eine Artgenossin, die sich die Kinderbetreuung mit einem treuen Partner teilte. Weibchen, die anstelle der Brunstphasen unauffälligere Hinweise auf ihren Eisprung gaben, konnten mit anhaltender männlicher Aufmerksamkeit rechnen. Sie waren besser geschützt, reichlicher versorgt, und – was am wichtigsten war – ihre Kinder waren besser dran. Folglich lag der genetische Vorteil bei weiblichen Wesen, deren Körper Vieldeutiges, Mysteriöses, Rätselhaftes ausdrückten. So spielten die Liebenden von einst offenbar nicht nur Gedanken-, sondern auch Körperspiele. Unbewußt priesen sie sich an und verstellten sich, signalisierten sexuelle Bereitschaft, Enthaltsamkeit und Fruchtbarkeit. Mit phallischen Nasen und vorgestülpten, vaginaähnlichen Lippen verlockten sie einander zu Liebkosungen der haarlosen Haut und zu romantischen, zärtlichen Beziehungen. Frauen bezauberten die Männer mit ihren Rundungen. Da sie nun fortwährend sexuell attraktiv waren, konnten sie sich auch den Annäherungen egoistischer Männer entziehen, die sich nur während des Eisprungs mit ihnen paaren wollten.

Ein anderer spekulativer, aber äußerst wichtiger Aspekt betrifft die hohe Empfänglichkeit für Eindrücke bei Menschenbabys, wobei Knaben offenbar eine sexuelle Zuneigung zu „mütterlichen" Frauen entwickelten – Frauen, die sie an ihre nährenden Mütter erinnerten. Die sexuelle Determinierung, in der sich Heranwachsende die Merkmale ihrer Eltern einprägen und jene Merkmale später bei ihren Geschlechtspartnern suchen, ist bei Tieren weit verbreitet. Männliche Wildentenküken zum Beispiel nehmen ihre Mütter als sexuelles Vorbild; wenn man ihnen in einem Experiment die Mütter wegnimmt und ihnen in der kritischen Phase der sexuellen Prägung ausgestopfte Wildentenmännchen vorsetzt, so werden die männlichen Küken später männliche Partner bevorzugen. Weibliche Wildenten hingegen werden nicht durch ihre Väter geprägt, denn der Vater hilft zwar beim Nestbau und beim Brüten, doch verläßt er die Familie, bevor die Jungen ausgeschlüpft sind. Wissenschaftler vermuten, daß die Schlüsselreize, die die weiblichen Wildenten anlocken – der schillernd grüne Kopf und die violetten Flügel des Männchens – angeboren und im Nervensystem von vornherein verankert sind. Ein ähnliches, wenn auch aufgrund unserer komplizierten Gehirne vielschichtigeres System der sexuellen Erkennung bildet vielleicht die Wurzel der erotischen Anziehungskräfte beim Menschen. Wenn für Eindrücke empfängliche Säuglinge einst durch ihre nährenden Mütter geprägt worden wären, dann wären die Männer aufgewachsen mit einem diffusen Verlangen nach Frauen, bei denen kein Eisprung stattfindet, die aber statt dessen Milch produzieren. Für Männer wäre dies ein genetischer Nachteil gewesen; Frauen aber hätten davon profitiert, denn da sie fast das ganze Jahr hindurch sexuell attraktiv waren, hatten sie bessere Chancen, daß die Väter ihnen bei der Kinderaufzucht zur Seite standen.

Nietzsche mochte eine dunkle Ahnung von dieser soziobiologischen Vorstellung einer mehrdeutigen Weiblichkeit gehabt haben, als er schrieb:

Vorausgesetzt, daß die Wahrheit ein Weib ist –, wie? ist der Verdacht nicht gegründet, daß alle Philosophen, sofern sie Dogmatiker waren, sich schlecht auf Weiber verstanden? daß der schauerliche

Ernst, die linkische Zudringlichkeit, mit der sie bisher auf die Wahrheit zuzugehen pflegten, ungeschickte und unschickliche Mittel waren, um gerade ein Frauenzimmer für sich einzunehmen? Gewiß ist, daß sie sich nicht hat einnehmen lassen.

Daß die Frau das schwer Faßbare verkörpere, ist eine ausgesprochen männliche Vorstellung, die etliche Philosophen und Sozialbiologen teilen.[4] Doch Beweise für die unbewußte List des weiblichen Körpers existieren nicht nur in der männlichen Einbildung.

Geschlechtsbedingte physiologische Täuschung kann bei gewissen Affenarten beträchtliche Ausmaße annehmen. Bei den Languren zum Beispiel gebieten die Männchen normalerweise über einen Harem, und immer wenn ein neues Männchen den Harem erobert, tötet es für gewöhnlich die Jungtiere. Da schwangere und säugende Mütter keinen Eisprung haben, bringt diese Kindestötung dem Mörder einen genetischen Vorteil: Bei den Müttern stellt sich die Brunst wieder ein, so daß das neue Männchen sie schwängern kann. Der Eindringling tötet außerdem alle Babys, die kurz nach seiner mörderischen Überrumpelung zur Welt kommen und unmöglich von ihm stammen können.

Gegen solche rücksichtslose männliche Brutalität aber greift das Weibchen zu einem bemerkenswerten Trick: Wenn ein neues Männchen den Partner eines Weibchens tötet, das gerade schwanger geworden ist, so gerät es mitunter in eine „Scheinbrunst", die Fruchtbarkeit vortäuscht, obwohl das Weibchen in Wirklichkeit schon schwanger ist. Alle äußeren Brunstsymptome sind vorhanden, und das Weibchen paart sich mit dem männlichen Eindringling, vermutlich um ihn annehmen zu lassen, daß er der Vater der Kinder ist. Die anatomische Farce der Scheinbrunst finden wir nicht nur bei den Languren. Diese Scheinbrunst oder zumindest ein Verhalten der sexuellen Empfänglichkeit zu einem Zeitpunkt, da der Eisprung ausgeschlossen ist, kommt nachweislich bei einer ganzen Reihe von Affen und Menschenaffen vor. Dazu gehören Rhesusaffen, Japanische Makaken, Schimpansen, Grüne Meerkatzen und Gorillas in Gefangenschaft.[5] Rattenweibchen führen sofort eine Fehlgeburt herbei, sobald sie ein neues Männchen, das in ihrer Abwesenheit in den Käfig gesetzt wurde, auch nur riechen. Diese Fehlgeburten scheinen ein genetisches Hilfsmittel zu sein, um keine Zeit und Energie mit dem Austragen von Kindern zu verschwenden, die dann doch von einem fremden Männchen getötet werden. Die Scheinbrunst der Affenweibchen ist ein ungeheurer Vorzug gegenüber der verzweifelten Aktion der Ratten. Denn selbst wenn die Scheinbrunst eine Form der körperlichen Lüge ist, so erspart sie den Weibchen doch die genetische Investition. Die ganze mystifizierende sozialevolutionäre Vorstellung, daß weibliche Wesen die männlichen durch körperliche Schwindeleien in die Irre führen, erinnert an Nietzsches halb paranoisches Gefühl, daß das Leben in seiner Schlichtheit und Naivität, in seiner Verstellung und seinem endlosen Spiel der Erscheinungen, Schleier und Masken an eine Frau erinnert.

Andere physiologische Täuschungsmanöver demonstrieren, daß das geschlechtliche Narrenspiel nicht unbedingt auf eine Spezies beschränkt ist. In Südafrika gibt es eine schwachsichtige, unterirdisch lebende Käferart, bei der die Männchen nicht von den Weibchen, sondern von Blumen zum Narren gehalten werden. Wenn die Männchen im Frühjahr ans Licht kommen, versuchen sie sofort, sich mit den zarten Blütenblättern einer einheimischen Orchideenart zu paaren. Die Orchideenblätter gleichen den Käferweibchen, und die Pflanzen produzieren einen Duft, der dem Sexualduft der weiblichen Käfer chemisch ähnlich ist. Das Resultat solch eines exzessiven Liebesverkehrs ist, daß zwischen den Orchideen eine Befruchtung stattfindet, während das kurzsichtige, liebeskranke Männchen sich erst später im Frühjahr vermehrt, wenn die Käferweibchen aus dem sich erwärmenden Erdboden hervorkommen.

Die Notwendigkeit des Zusammentreffens mit dem anderen Geschlecht hat zu etlichen evolutionsgeschichtlichen Verwicklungen geführt. Eine bestimmte Leuchtkäferart hat zum Beispiel ein Leuchtmuster, das für die Weibchen einer anderen Art charakteristisch ist: Wenn die Männchen dieser anderen Art auf die Suche nach Geschlechtspartnerinnen gehen, kann es passieren, daß sie von der ersten Leuchtkäferart umstandslos gefressen werden. Ein anderes Beispiel für eine artenübergreifende Verlockung bezieht Menschen mit ein. Trüffel, unterirdische Pilze, die zwischen den Wurzeln von Eichen und Haselnußbäumen wachsen, sind zur Vermehrung auf Säugetiere angewiesen. Trüffel galten als Aphrodisiakum. Durch Wildschweine waren sie in den Waldgebieten Frankreichs verbreitet, und französische Küchenchefs schickten Wildschweine auf die Suche nach diesen Leckerbissen. Heutzutage allerdings werden Trüffel – speziell der Perigord-Trüffel, die Krönung der Feinschmeckerküche – von dressierten Hündinnen und Säuen aufgestöbert. Nur Weibchen erschnüffeln diese Pilze. Weil Trüffel Alpha-Androsterol entalten, eine dem männlichen Hormon ähnliche Steroidverbindung, sitzen die Weibchen dem Glauben auf, einem Männchen auf der Fährte zu sein. Und da Alpha-Androsterol sowohl im männlichen Achselschweiß als auch im weiblichen Urin zu finden ist, löst es vielleicht einen unterschwelligen sexuellen Reiz beim anderen Geschlecht aus. In der Tat belegt eine Untersuchung, daß Fotos mit derselben bekleideten Frau bei Männern einen größeren Eindruck erweckten, wenn die Bilder zuvor mit Alpha-Androsterol behandelt worden waren.

Ursprünglich mit der Brunst, mit sexueller Erregung und dem Paarungsakt verknüpft, beeinflussen Gerüche unser Verhalten im allgemeinen weit mehr, als wir glauben. Unsere Vorlieben sind vorwiegend durch den Geruchssinn bestimmt, auch wenn die Bedeutung, die er bei der Verständigung der Primaten spielt, abgenommen hat, gemessen an der zentralen Rolle, die er bei den Nichtprimaten mit ihren feuchten, schnüffelnden Säugetiernasen spielt. Tatsächlich reagieren wir fast alle lebhaft auf Schweiß und genitale Ausdünstungen. Obgleich unser Geruchssinn sehr viel beschränkter ist als der unserer Haushunde, hat sich der Radius unserer geruchsmotivierten Handlungen im Laufe der prähistorischen und sogar historischen Entwicklung vermutlich erweitert. Unsere Gepflogenheiten der

„Nasaltaxierung" haben nicht mehr viel zu tun mit dem früheren Stellenwert des Geruchssinns, der dazu diente, die Bereitschaft zum Geschlechtsverkehr zu testen. Mit der stammesgeschichtlichen Entwicklung des Menschen weitete sich der Geruchssinn auf die Sphären der Kunstfertigkeit und Kultur aus. Noch immer löst der Geruch eines Babys einen angeborenen Schlüsselreiz aus, der einen unverzüglichen und heftigen mütterlichen Beschützerinstinkt aktiviert; heute jedoch mischen sich Parfüm, Rauch oder Äthanoldämpfe mit den wohlvertrauten Körpergerüchen. Subtile Duftsignale beeinflussen unsere Beziehungen, indem sie die Intimität erhöhen oder der Abneigung gegen frisch herausgeputzte Bekannte Auftrieb geben.

Daß ein Mensch attraktiv aussehen und dabei schlecht riechen kann oder umgekehrt, deutet auf den wichtigen Stellenwert des Geruchsvermögens als einer eigenständigen Sinnesempfindung, die einst bei der Partnerwahl eine entscheidende Funktion hatte. Doch wie das Sehvermögen kann auch der Geruchssinn in die Irre geführt werden: Man denke nur an die gewaltige sexuell orientierte Vermarktung solcher geruchsverwirrenden Mittel wie Deodoranten, Kölnischwasser und duftende Shampoos.[6]

SCHWANZFEDERN UND GENITALE GESICHTER

Bei manchen Vogelarten paaren sich die Weibchen bevorzugt mit Männchen, die lange Schwanzfedern haben. Das schimmernde, ausladende Gefieder des Pfaus illustriert, daß es Merkmale gibt, die sich in der Evolution nicht deshalb durchgesetzt haben, weil sie einen Überlebensvorteil bieten, sondern weil sie gefallen, sexuell erregen oder auf andere Weise das Pfauenweibchen bezaubern.[7] Sexuelle Auslese ist eine Form der natürlichen Auslese: Jedes Geschlecht verhält sich wählerisch in Bezug auf das andere. Daß bestimmte Merkmale anziehend gefunden werden, selbst wenn sie das Überleben ihres

Trägers gefährden, zählt zu den typischen Launen der Evolution. Farbenprächtige Fische zum Beispiel ziehen nicht nur Weibchen, sondern auch Raubtiere an.

Darwin glaubte, daß die Unterschiede in Hautfarbe und Schädelform zwischen den Rassen und in der Nasenform und Körperbehaarung bei den verschiedenen Völkern Resultate der sexuellen Auslese waren. Für Darwin war die fehlende Körperbehaarung bei Menschen, verglichen mit den Vierhändern – Affen und Menschenaffen – im Endeffekt ein Nachteil fürs Überleben. Trotzdem kam sie auf, als Männchen auf der Vorstufe zum Menschen sich Weibchen wählten, die auf der Bauchseite immer weniger Haare hatten. Dies ist ein Beispiel für männliche Wahl. Die relativ unbehaarten Frauen übertrugen ihre Anlagen zur Nacktheit mehr und mehr auf ihre männlichen Nachkommen. Unterschiede in der Hautfarbe waren das Resultat ästhetischer Vorlieben und nicht einer ursprünglichen Disposition. Sie kamen auf, nachdem die Haut nach und nach ihre Haare verloren hatte und sichtbar geworden war – in einem Ausleseprozeß, gleich jenem, der die federlosen, bunt gestreiften Hälse einiger Tropenvögel hervorbrachte. Im Gegensatz dazu waren Bärte das Produkt einer weiblichen Auslese, weil sie bei den halbmenschlichen Weibchen als Verzierungen Anklang fanden, so wie sich auch die oft ganz weißen, gelben oder rötlichen Gesichtshaarpartien von Affenmännchen einer weiblichen Auslese verdankten. Vielleicht ließen sich die jeweiligen Geschlechtsgenossen so sehr von einer körperlichen Modeerscheinung mitreißen, daß sie sich für dieselbe Form- oder Farbzusammenstellung in verschiedenen Teilen des Körpers entschieden. Die feuerrote Nase und der gelbe Bart des Mandrillmännchens ahmen den leuchtend roten Penis und das gelbe Schamhaar nach, wenn man das blaßblaue Skrotum einmal beiseite läßt. Entsprechend, so wurde behauptet, seien das phallische Aussehen mancher Männernasen und die hodenähnliche Form gewisser Männerkinne keine Zufallsprodukte, sondern Resultate der weiblichen Auslese. So ist auch das gewellte oder borstige Gesichtshaar, das man überwiegend bei

Männern findet, ein Hinweis auf die ursprüngliche weibliche Auslese der an die Schamgegend erinnernden männlichen Gesichter.

Darwin kam zu dem Schluß, daß die sexuelle Auslese „weitaus" der wichtigste Faktor bei der Entstehung der Rassenunterschiede war, denn jede Rasse hatte, trotz einer allgemeinen Vorliebe für ein gewisses Maß an Verschiedenheit, ihre eigenen Schönheitsideale. Trotzdem redete Darwin um den heißen Brei herum, als es definitiv darum ging, welches Geschlecht den größeren Einfluß auf die menschliche Gestalt hatte. Grundsätzlich stimmen Evolutionsbiologen mit Darwin darin überein, daß bei den meisten Tierarten das Weibchen den größeren Anteil an der Partnerwahl hat. Von den meisten anderen Säugetieren unterscheiden Menschen sich darin, daß weibliche Wesen im allgemeinen das auffälligere Aussehen haben. Bei Löwen, Hirschen, Wildenten und vielen anderen Spezies protzen dagegen die Männchen mit ihrer „Aufmachung". Die Löwin und die Hirschkuh sehen ziemlich mausgrau aus. Man hat vermutet, daß fruchtbare Weibchen – wo sie in geringer Zahl vorhanden sind – sich meist die prächtigsten Männchen aussuchten. So konnten sich weibliche Sexuallaunen nach und nach in der männlichen Körpergestalt niederschlagen und materialisieren. In einer ironischen Umkehrung wird die Modenschau des wirklichen Lebens anscheinend von weiblichen Designern gestaltet, während die Männchen über den Laufsteg der Evolution stolzieren und ihre Ausstattung vorführen. Welche Richtung die künftige Evolution der Körper- und Verhaltensformen einschlägt, steht bei vielen Arten eher in weiblicher als in männlicher Macht.

Experimente haben die Bedeutung sexuell reizvoller Körperformen bekräftigt. Der schwedische Biologe Malte Anderson versuchte herauszufinden, ob lange Federn tatsächlich ein Merkmal waren, das Vogelweibchen auf der Suche nach einem Abenteuer fesseln konnte. Um diese Vermutung zu prüfen, betätigte sich Anderson als Vogelkosmetiker: Er nahm die Schwanzfedern südafrikanischer Witwenvögel (Euplects progne) und klebte sie anderen Vogelmännchen an. Die Schwänze der schwarz-rot gemusterten männlichen Witwenvögel haben in der Paarungszeit normalerweise die vierfache Körperlänge und sind den Vögeln ebenso hinderlich wie jungen Frauen hochhackige Pumps oder Fischbeinkorsetts. Dennoch paarten sich die Vögel mit den künstlich verlängerten Schwanzfedern öfter als zuvor. Im Gegensatz dazu erzielten die Vögeln mit gestutzten Schwänzen denselben Paarungserfolg wie die, denen die Federn nicht gestutzt worden waren.[9]

Menschliche Wesen sprechen auf solche oberflächlichen Signale an und nehmen den Teil für das Ganze. Die Schwanzfedern des Pfaus oder des Witwenvogels sind nur ein Teil dieses Federviehs mit Spatzenhirn, doch für die Weibchen signalisieren die leuchtenden Federn ganz handfest den Fortpflanzungswert des Männchens. Daß hervorstechende Schwanzfedern und andere charakteristische Kennzeichen, die aus der sexuellen Auslese hervorgegangen sind, mit Gesundheit und Dynamik des entsprechenden Tieres assoziiert werden, entspricht dem Prinzip der „Reklame". Weil Teile aber leichter veränderbar sind als das Ganze, erfüllt die Ausbildung reizvoller Potenzmerkmale womöglich denselben Zweck wie sorgfältig aufgetragenes Make-up, wie Schönheitsoperationen oder Schulterpolster in Anzügen – den Zweck nämlich, dem anderen Geschlecht den begehrenswerten Partner vorzugaukeln. Kleider steigern die Chancen solcher Irreführung ins Extrem, wie das Beispiel heterosexueller Männer zeigt, die sich von Transvestiten sexuell angezogen fühlen.

Solche menschliche Erfahrung ist kein Einzelfall; unlauteres sexuelles Werbevehalten und „Mogelei" finden wir überall in der Natur. Manche Sonnenfischarten verhalten sich wie Tony Curtis und Jack Lemmon, die sich in dem Marilyn Monroe-Film ‚Manche mögen's heiß' als Frauen verkleiden, um sich vor Gangstern zu verstecken. Sie sind „Transvestiten". Da sie wie harmlose Weibchen aussehen, werden sie von den streng territorialen Männchen nicht attackiert. In ihrer sicheren physiologischen Verkleidung legen sie ihre eigenen Spermien in den

Verstecken der weniger geschickten Männchen ab. Physiologische Täuschungsmanöver sind, mit einem Wort, im Tierreich weit verbreitet. Und die Täuschung muß noch nicht einmal raffiniert auf der Ebene bewußten Intrigierens ausgeführt werden. Sie kann auch unbewußt auf der Ebene des sich herausbildenden Körpers stattfinden.

Zu jenen weiblichen Merkmalen, die als ursprüngliche Modeerscheinung beim Übergang zum Menschen wahrscheinlich auf der Strecke blieben, gehörten die farbenprächtigen Schwellungen der Brunst, die wir bis heute bei Pavianen, Mandrillen, Drillen, Makaken und anderen Affen antreffen. Die beiden zitzenbesetzten Erhebungen, die wir Brüste nennen, unterscheiden Frauen außerdem von Schimpansen-, Gorilla- und Orang-Utan-Weibchen. Desgleichen die Hinterbacken, die anders als die ovulationsbedingten Gesäßschwellungen bei Affen und Menschenaffen permanent „geschwollen" bleiben. Das Hymen, ein dünnes sichelförmiges Häutchen über der Vagina der meisten Jungfrauen, ist bei Affen, Menschenaffen oder irgendwelchen anderen Tieren nicht bekannt. Wie Schminke und Dichtkunst sind das Hymen, die Brüste und die fehlende Brunst Markenzeichen unserer Spezies. Und allesamt entwickelten sie sich offenbar in einem Klima intensiver Wahrnehmungsbeziehungen – und insofern auch intensiver Irreführungen – zwischen den frühen Männern und Frauen.

Männchen mit Spürsinn und der Fähigkeit, Weibchen schnell zu befruchten und zu schwängern, konnten sich zur Belohnung dafür die ganze Entwicklungsgeschichte hindurch behaupten. Jeder Hinweis auf weibliche Fortpflanzungsbereitschaft war für das Männchen, das ihn zu erkennen lernte, kostbar. Obgleich der Eisprung bei vielen Säugetieren offensichtlich ist – auch bei einigen, die sehr große Ähnlichkeit mit unseren Primatenvorfahren haben –, können selbst heute weder Frauen noch Männer ohne weiteres eine Frau identifizieren, die gerade ihren Eisprung hat. Wenn Männer wüßten, wann der Eisprung stattfindet und alle Mittel, die sie sich durch überlegene Physis und politische Macht angeeignet haben, einsetzten, um ihre Fortpflanzungsinteressen zu wahren, dann würden sie sich lediglich während des Eisprungs mit Frauen paaren. Ohne auch nur einen Gedanken an die Möglichkeit von Ovulationshemmern zu verschwenden, würden sie die Mütter ihrer Kinder die meiste Zeit zurückweisen. Aber, wie wir sehen werden, enthält der Frauenkörper dem Mann das Wissen über den Zeitpunkt des Eisprungs vor. Die meisten Säugetiere sind nur in den monatlichen oder jahreszeitlichen Brunstzeiten zur Paarung motiviert, wenn die Paarung auch zur Schwangerschaft führt. Viele Säugetierweibchen gestatten die Kopulation überhaupt nur während des Eisprungs. Frauen unterscheiden sich deutlich von den meisten anderen Säugetieren dadurch, daß sie ein Maximum an sexueller Lust und Begierde ausgerechnet vor Beginn der Menstruation erleben – zu einer Zeit, in der sie mit Sicherheit nicht schwanger werden.

SCHWELLENDE BRÜSTE

Als einzige unter den Säugetieren entwickeln die Menschenweibchen Brüste, die von der Pubertät an – und unabhängig davon, ob sie Milch produzieren oder nicht – aussehen, als wären sie gefüllt. Unter dem Einfluß des Östrogens wächst das Fett- und Bindegewebe, das die Brüste prall und dick erscheinen läßt; diese dauerhafte Vergrößerung unterscheidet sie unübersehbar von den Affenzitzen, die nur dann voll aussehen, wenn sie voller Milch sind.

In verschiedenen ausgetüftelten Theorien hat man versucht, die für die menschliche Gattung spezifische Entstehung der weiblichen Brüste zu erklären. Desmond Morris etwa vertritt in seinem Buch ‚Der nackte Affe' die These, daß die weiblichen Brüste das „Paar fleischig halbkugeliger Hinterbacken" nachbildeten, um „das männliche Interesse (mit Erfolg) auf die Vorderseite des Körpers zu konzentrieren".[8] Die zwei gleichartigen, rosafarbenen oder bräunlichen Kugeln machten angeblich „diese Vorderseite noch anziehender"[9] und luden damit zu jenem Geschlechtsverkehr von vorn, in Frontalstellung ein, der dann Morris zufolge die „Bindung" der Sexualpartner zum Elternpaar beförderte, den weiblichen Orgasmus begünstigte und die unter Primaten so seltene, spezifisch menschliche Institution der monogamen Familie hervorbrachte. Nach Morris' Überzeugung ist die Vorliebe der Männer für Gesäßbacken, für sanft gerundete fleischige Halbkugeln angeboren und weist diese als „sexuellen Schlüsselreiz" aus[10], der immer wirkt, gleichgültig ob in der Urform oder auf dem Umweg über die per BH „gelifteten" Brüste, ja noch über die Rundungen einer Frau, die mit den Armen ihre nackten Knie umfaßt. Die menschlichen Gesäßbacken schwellen nicht periodisch an, sondern sind bei Frauen wie Männern immer wohlgerundet; herausgebildet haben sie sich durch sexuelle Auslese und gehören vielleicht zu den ältesten, den Geschlechtstrieb stimulierenden Unterscheidungsmerkmalen des Menschen. Das Fehlen der Körperbehaarung (wir sind ja „nackte Affen"), auf das Morris die besondere Empfindsamkeit der Haut und ihre Bedeutung beim Vorspiel zurückführt, wirkt als weiterer Bindungsmechanismus, der eine zentrale Rolle beim sexuell vermittelten Übergang vom behaarten, von hinten sich paarenden Tier zum reifen, kommunizierenden Menschen spielt.

Obgleich das Morris'sche Buch einen ganz neuen Diskurs über die sexuelle Entwicklungsgeschichte des Menschen eröffnete, sind seine Thesen doch problematisch. Da monogame Säugetiere wie etwa Füchse oder Gibbons auch in langen Zeitabschnitten, in denen sie keinerlei sexuelle Aktivität entfalten, als Paare zusammenbleiben, ist gar nicht einzusehen, wieso unsere Vorfahren nur über das verlängerte Vorspiel zur „Paarbindung" gelangt sein sollen. Auch die sogenannte „Missionarsstellung" ist nicht unbedingt ein Schlüssel zur Entstehungsgeschichte der zivilisierten Menschheit: Bonobo (oder Zwergschimpansen) paaren sich, obgleich sie weder Religion noch die bei den Menschen übliche Familie kennen, von vorn, mit einander zugewandten Gesichtern. Etwas sehr Wichtiges hat Morris denn auch übersehen: Die weiblichen Brüste könnten nämlich für unsere männlichen Primatenvorfahren ursprünglich alles andere als ein Lockmittel, vielmehr sexuell ausgesprochen unattraktiv gewesen sein. Vermutlich haben diese Vorfahren Frauen ohne geschwollene Vulva und leuchtende Pigmentierung eher gemieden und sich von milchgefüllten Brüsten, die ja ein Indiz für Trächtigkeit und Unfruchtbarkeit sind, ferngehalten; der Anblick praller Zitzen müßte sie eigentlich abgestoßen, statt erregt haben.

Flachbrüstige nicht-menschliche Primaten wie etwa Schimpansen, Gorillas und Orang-Utans haben nur während der Laktationsperiode Brüste, die bald danach wieder abflachen. Milch produzierende Schimpansenweibchen werden von den Männchen überhaupt nicht beachtet. Brünstige Schimpansenweibchen mit flachen Brüsten hingegen werden von vielen verschiedenen Männchen verfolgt und paaren sich oftmals mit mehreren. Die Entwicklung der Brüste wirft also ein Evolutionsproblem auf. Da Frauen in der Stillzeit weniger empfängnisbereit sind und sich zumeist weniger für die Werbung um Männer als für die Versorgung ihrer eigenen Kinder interessieren, waren die Männer der Urzeit hinter Frauen mit großen Brüsten vermutlich gar nicht her, – genauso wie beim Schönheitswettbewerb die Jury nicht gerade eine schwangere Jugendliche küren würde. Nichtsdestotrotz sind große Brüste so faszinierend, daß viele Männer sie anstaunen, ja anglotzen und ihre Zoten darüber reißen; und nicht wenige Frauen lassen sich noch eigens Silikonimplantate einspritzen, um attraktiver zu werden.

Die naheliegende entwicklungsgeschichtliche Erklärung lautet: große Brüste stehen für eine gesunde Mutter, eine gute Ernährerin der neugeborenen Kinder. In der Renaissance, etwa in den Gemälden von Rubens oder Botticelli, galten rundliche Frauen als Inbegriff der Schönheit. Ein weiteres Zeugnis für das frühere weibliche Schönheitsideal sind die prähistorischen rundbäuchigen Frauenstatuetten, die die Archäologen neben anderen Indizien davon überzeugten, daß vor Beginn der patriarchalischen Kultur die Anbetung einer Erdgöttin als Urmutter weit verbreitet war. Als die Frauen dann Brüste entwickelten, die von der Pubertät an auch unabhängig vom Stillen ständig sichtbar waren, konnten die Männer sie ihrerseits sexuell attraktiv finden. Vielleicht wurden sie nun sogar zu jenem von Morris beschriebenen frappierenden Beispiel körperlicher Mimikry und bildeten auf der Vorderseite das runde, mit einer Spalte versehene Gesäß nach, welches von Natur aus als Signal auf die Männer wirkt. Das leichte Anschwellen der Brüste vor der Menstruation ist womöglich ein anatomisches Relikt aus der Zeit, als die Brüste während der Ovulation an Umfang zunahmen.

Das alles indessen ist noch keine Antwort auf die Frage, warum die Brüste überhaupt einmal groß wurden. Ursprünglich waren sie ja Anzeichen für Nichtovulation und Unfruchtbarkeit, so wie es noch heute das Menstruationsblut oder der Schwangerschaftsbauch einer Frau sind. Und die für den Menschen spezifischen schwellenden Brüste sind nicht einmal ideal für Säuglinge; manche Babys finden Trinken und Greifen leichter bei einer mageren, flaschenförmigen, als bei einer runden Brust, an der sie keinen Halt finden. Die Antwort lautet vielmehr: Nicht anders als die Verheimlichung des Eisprungs sollten vielleicht auch üppige Brüste die gefährlich eifersüchtigen und sexuell tonangebenden erwachsenen Männer der Urzeit in falscher Sicherheit wiegen. Diese Männer haben vermutlich, sofern sie dazu in der Lage waren, die sexuelle Annäherung an ihre fruchtbaren Frauen aufs strikteste beschränkt. Waren jedoch die Anzeichen für deren Fruchtbarkeit zweideutig, besaßen sie Brüste, die den Mann faszinierten und zugleich doch suggerierten, sie seien nicht mehr brünstig, konnte er abgelenkt und davon abgebracht werden, ihren Körper während der Ovulation zu monopolisieren. „Den weiter oben für die verschleierte Ovulation und die ständige sexuelle Bereitschaft geltend gemachten Zweck", schreibt Smith, „vermute ich auch hier: In einem lückenhaften System weiblicher, durch männliche Herrschaft aufgezwungener Monogamie sollten die Indizien für die Fortpflanzungsfähigkeit der Frau noch zweideutiger werden".[11] Als zusätzlicher Beitrag zu einer auf Täuschung angelegten Anatomie, die mit dem Östrusverlust und der Ausweitung des sexuellen Interesses über die begrenzte Brunstzeit hinaus begonnen hatte, blieben die Brüste ständig angeschwollen. Der sexuell erregte Mann konnte nicht mehr feststellen, wann die begehrenswerte Frau ihren Eisprung hatte, und mußte deshalb sehr viel angelegentlicher dafür sorgen, daß sie seine und nicht die Kinder eines anderen austrug; selbst die raffiniertesten Vorkehrungen zur Spermienkonkurrenz nützten ihm nichts, solange er sich über den Zeitpunkt ihrer Ovulation grundsätzlich im unklaren war. Unabhängig von Eisprung oder Milchproduktion trugen die Frauen ständig vergrößerte Brüste zur Schau – Brüste, die sexuell eifersüchtige Männer im Ungewissen ließen und sie hinderten, sich den Frauen nur während der Brunstzeit zu widmen und sie mit Beginn der Schwangerschaft zu verlassen.

Ursprünglicher als Gestik und Sprache ist die Semiotik – das Zeichensystem – des Körpers. Vielleicht begegneten die unterdrückten Frauen der männlichen Herrschaft ganz einfach durch ausgeklügelte Veränderungen ihres körperlichen Äußeren, indem sie „irreführende" Lockmittel entwickelten und im Medium des Körpers zweideutige Botschaften aussandten. Wenn man Smith glauben kann, verblaßte die Bedeutung eines der ältesten weiblichen Körperzeichen bereits bei den Frauen der Urzeit. Wie eine abgegriffene Münze, die durch so viele Hände gegangen ist, daß Datum und Wert unleserlich geworden sind, nutzte sich die lange Zeit festgehaltene, einst unmißverständliche Bedeutung der Brüste ab. Für unsere Affenvorfahren bedeuteten Brüste Unfruchtbarkeit, bei modernen Männern hingegen hat der Sinn der Brüste sich geändert, ja sogar ins Gegenteil verkehrt. Solange die Brüste fehlende Fruchtbarkeit anzeigten, wachten die besitzgierigen Männer entschieden weniger über die Aktivitäten ihrer großbusigen Frauen. Ganz so unattraktiv waren solche Frauen für unsere männlichen Vorfahren aber nicht, und vielleicht gab es sogar

Gründe, die sie mit der Zeit, wie wir sehen werden, attraktiver machten.

Am größten war nach Smith' Überzeugung die menschliche Promiskuität in der Entstehungszeit des Homo erectus, also jener Frühmenschen, die als erste den Gebrauch des Feuers kannten und gemeinschaftlich auf Jagd gingen. Dabei gewannen die Frauen noch mehr Spielraum, wenn sie mit mehreren Männern umherzogen. Männliche Einzelgänger boten umherziehenden Frauen nämlich zusätzliches Fleisch und andere Nahrung, wie es allein lebende Schimpansenmännchen noch heute tun. Ganz im Sinne der Evolutionslogik, der zufolge die aus den abenteuerlichen Seitensprüngen hervorgegangenen Kinder durchaus ihre eigenen sein konnten, gaben die partnerlosen Männer zumindest einen Teil ihrer Ressourcen an die Kinder der untreu gewordenen Frauen weiter. Die herrschenden Männer in gemischt-geschlechtlichen Gruppen hatten alle Mühe, die vermeintlichen Ehefrauen in Zaum zu halten; der Tausch von Nahrungsmitteln gegen sexuelle Hingabe war wohl – wie die Prostitution noch heute – eine Sache weniger der Moral als des Überlebens. Die urzeitliche Prostitution verschaffte den Frauen vielleicht einfach mehr Nahrung und bessere Lebensbedingungen für sie selbst und ihre Kinder.

Die mit täuschenden Brüsten und versteckter Ovulation ausgestatteten Frauen hatten also zusätzliche Vorteile, nämlich genetische (sie entzogen sich dem Besitzanspruch ihres Ernährers so lange, daß sie ein Kind mit einem anderen, besseren Mann zeugen konnten) und materielle (sie entzogen sich den besitzergreifenden Männern und tauschten bei anderen Männern Sexualität gegen Güter, ohne dabei zwangsläufig von ihnen schwanger zu werden). Der unmoralische Klang, den das Wort „Hure" hat, entspringt in erster Linie dem Vorurteil einer heuchlerischen und patriarchalischen Gesellschaft. Die auf Täuschung angelegte weibliche Anatomie verschaffte den Frauen mehr Spielraum und mehr Verfügung über ihren gebärfähigen Körper. Beides aber setzte die Irreführung der Männer voraus, die nunmehr – da sie sich hingebungsvoll an eine Frau binden mußten, wenn sie tatsächlich mit Erfolg Vater werden wollten – durch Untreue besonders zu treffen waren. Auf diese Entwicklung, die darauf zielte, via Brüste und heimlicher Ovulation die Fruchtbarkeit vor den wachsamen Augen der Männer zu verbergen, hat dann die weitgehend von Männern beherrschte menschliche Gesellschaft mit Gesetzen reagiert, die weibliche Untreue unter Strafe stellten: mit dem Heiratsvertrag, in dem „Gehorsam" zugesagt wird, mit der größeren Verpflichtung der Frauen zu Jungfräulichkeit und „Reinheit", mit einer Gesetzgebung, die die Ehebrecherin schärfer bestraft als den Ehebrecher; all dies zeugt wahrscheinlich nur vom männlichen Anspruch auf jene Verfügung über den weiblichen Körper, der durch die Entwicklung der irreführenden weiblichen Gestalt verloren gegangen war. „Im Laufe der überlieferten menschlichen Geschichte", schreibt Smith, „haben sich die von der Eignung zur Spermienkonkurrenz hervorgebrachten männlichen Einstellungen in politischen, rechtlichen und sozialen Institutionen niedergeschlagen, die die Frauen unterdrücken."[12]

In den vielen menschlichen Kulturen sind verschiedene Wertvorstellungen entstanden, die über die soziale Akzeptanz der Promiskuität entscheiden. Polygyne Gesellschaften, in denen Männer mehrere Frauen haben, sind erheblich verbreiteter als polyandre, in denen die Frau mehr als einen Ehemann hat. In Teilen Nigerias, wo Frauen mehrere Ehemänner heiraten können, sind die in gesonderten Unterkünften lebenden Männer wahrscheinlich noch promisker als ihre Ehefrauen. Ein interkultureller Vergleich der menschlichen Paarungssysteme zeigt, daß vorehelicher und außerehelicher Geschlechtsverkehr bei Männern durchweg häufiger vorkommt, während der von Frauen begangene Ehebruch öfter und schärfer bestraft wird. (Dreißig-bis vierzigtausend US-Amerikaner zum Beispiel – zumeist Mormonen im Bundesstaat Utah – leben polygam.) Kurz, das Messen mit zweierlei Maß – bei dem promiske Männer als „Deckhengste" geduldet oder gar geachtet, promiske Frauen hingegen in der Regel als „Flittchen" diffamiert werden

– ist überaus weit verbreitet. In ihm schlägt sich die männliche Wut über die simple Tatsache nieder, daß Mutterschaft eindeutig zuzuordnen ist, Vaterschaft aber nicht. Vielleicht gehört es auch einfach zum Gegenschlag der männlich beherrschten Gesellschaften gegen die auf Täuschung angelegte weibliche Anatomie.

Mit der Fixierung auf den reichlich Blüten treibenden Geschlechterkampf werden dessen Früchte leicht übersehen: die Kinder. Die Geschichte von Männern und Frauen allein genügt nicht; ohne die Kinder läßt sich die sexuelle Evolution der Menschheit nicht verstehen. Zu vermuten ist nun, daß die seltsam beeindruckbare Psyche der jungen Menschen den Übergang von flachbrüstigen, brünstigen zu nicht-brünstigen, mit Brüsten versehenen Frauen befördert hat. Warnend hinzufügen müssen wir allerdings, daß die psychologische Theorie der Prägung, die wir hier zur Erklärung der allmählich ausgebildeten Vorliebe für Brüste heranziehen, bei der psychischen Entwicklung heterosexueller Frauen eigentlich versagt: denn obgleich auch sie anfangs unter dem Einfluß der Mutter stehen, fühlen sie sich später gleichwohl von männlichen Körpern ohne Brüste angezogen. Dieser theoretische Mangel indessen läßt sich beheben, wenn man bedenkt, daß Frauen von Männern sexuell weniger stark angezogen werden als Männer von Frauen und daß sie als Verkörperung des ersten Liebesobjekts narzißtischer und sexuell selbstgenügsamer sind als Männer. Alles in allem scheinen uns psychologische Theorien nicht so gut fundiert wie Entwicklungstheorien. Nichtsdestotrotz spricht einiges dafür, daß die männlichen Kleinkinder durch den Anblick ihrer stillenden Mütter förmlich fixiert waren und deshalb als Jugendliche ebenfalls nach Frauen mit schwellenden Brüsten und ohne sichtbare Brunstsignale Ausschau hielten. Für Psychologen steht der prägende Einfluß der frühkindlichen Erfahrung auf die spätere Sexualentwicklung außer Frage; was uns aber hier interessiert, ist die Rückbindung der Psychologie an die Entwicklungsbiologie der Primaten in einem Stück glaubhaft erzählter Geschichte.

BETTGEFLÜSTER

Viele der körperlichen Veränderungen aus der Zeit, als unsere affenähnlichen Vorfahren sich zu den ersten Menschen weiterentwickelten, lassen sich mit Hilfe eines biologischen Prinzips, der sogenannten „Neotenie", erklären. Neotenie führt dazu, daß bestimmte kindliche Merkmale – bei Menschen etwa kleiner Kiefer, großer Schädel und große Augen – von den ausgewachsenen Vertretern einer Gattung beibehalten werden. Sie ist eine Verschiebung im zeitlichen Ablauf des Lebenszyklus, eine Retardierung des Entwicklungsprozesses, die von den – den Zeitplan des gesamten, im Wachstum befindlichen Organismus steuernden – Genen bzw. Regelkreisen ausgeht. Der Evolutionstheoretiker Stephen Jay Gould zeigt, wie diese Neotenie auch in der Geschichte des Comics zum Tragen kommt: Die allmähliche Verwandlung von Mickymaus aus einem Rattentier mit kleinem Kopf in eine sehr viel liebenswertere Gestalt lag vor allem daran, daß er nach und nach einen im Verhältnis zum Körper größeren Kopf und größere Augen erhielt. Gould vertritt die These, mit der späteren Mickymausfigur hätten die Disney Industries nur deshalb mehr Erfolg gehabt, weil sie eher wie ein neotenes menschliches Kleinkind – also verletzlicher und damit niedlicher – aussieht.

In die Welt des Urwalds, der Savanne oder der Großstadt mit ihren vielen akustischen und visuellen Eindrücken werden die menschlichen Säuglinge auf einer Entwicklungsstufe entlassen, auf der die meisten Säugetiere noch warm und bewußtlos im weißen Rauschen des Mutterleibs schwimmen. Doch die Menschen, die als Kleinkinder aufgrund der Neotenie und der mit ihr zusammenhängenden Hilflosigkeit größeren Gefahren ausgesetzt sind, erhalten damit zugleich Möglichkeiten, die ihnen ohne ihren verfrühten Eintritt in eine gefahrvolle Umwelt für immer versperrt geblieben wären.

Alle jungen Säugetiere haben bei der Geburt weniger Körperhaar als ihre Eltern: Zusammen mit anderen Erkennungssignalen unserer Spezies geht daher vielleicht auch die im Vergleich zum Affen geringere Behaarung der Menschen auf die Neotenie zurück. Die Menschen wurden nahezu haarlos geboren, d.h. nackter als bei ihrem Tod. Da ihre empfindliche Haut den Elementen wehrlos preisgegeben war, schützten die Frühmenschen sich, indem sie Tierfelle überzogen, sich also in Varianten jener Haut kleideten, die sie selbst verloren hatten. Mit ihrem eigenen verlorenen Erscheinungsbild gaben sie sich ein neues Aussehen, und zwar zumal in jenen mittlerweile fern von Afrika lebenden Stämmen, denen über die Gletscher hinweg kalte Winde ins Gesicht wehten. Der Übergang zum nackten Affenmenschen brachte zahlreiche neotene Veränderungen mit sich. Es fällt auf, daß Menschen jungen Affen viel ähnlicher sind als ausgewachsenen: Nicht bloß die nackte Haut, sondern auch Intelligenz, kleiner Kiefer und kleines Hundegebiß gehen auf solche vergleichsweise geringfügigen Verschiebungen in den Regelmechanismen der Embryonalentwicklung zurück. Mit der Neotenie der Urmenschen lassen sich auf einen Schlag viele physiologische – und psychologische – Differenzen zwischen Menschen und anderen Hauptvertretern unseres Affenklans erklären. Dabei wurden die physischen Nachteile wettgemacht durch den gewaltigen psychischen Vorteil der Geburt auf einer frühen Entwicklungsstufe, auf der die Lern- und Spielmöglichkeiten erheblich größer waren.

An die Oberfläche kommt unser neotenes Erbteil wieder in der Reaktion nicht nur von Eltern, sondern auch von Verliebten und von Kindern auf Babys; auf kindliche Züge wie große Augen, weiche Köpfe, helle Stimmen reagieren wir leicht mit einem Fürsorgeimpuls. Hilflosigkeit ruft in uns den Wunsch nach Brutpflege wach. Das menschliche Hirn hat – „dreifaltig", wie Paul D. MacLean es sieht – mit dem aller noch lebenden Säugetiere von früher her einen Anteil gemeinsam, der automatisch auf kindliche Zärtlichkeit, religiöse und wissenschaftliche Ehrfurcht und andere charakteristische „Säuger"empfindungen programmiert ist.[13] Das Schreien des Neugeborenen klingt entschieden jämmerlich. Wie in einem angeborenen Reflex fühlen wir uns von Kleinkindern angezogen und gezwungen, sie hochzunehmen, sie zu füttern und zu versorgen. Männer verhalten sich denn auch wie kleine Jungen und Frauen wie kleine Mädchen, um jenes niedliche Äußere zu bekommen, auf das das andere Geschlecht automatisch „anspringt". Nach Freuds Beobachtung entwickeln Verliebte eine wehrlos machende Abhängigkeit; Liebhaber und Geliebte überlassen sich einem Verhältnis, in dem die Hilflosigkeit des einen untrennbar verknüpft ist mit der liebevollen Fürsorge des anderen.

Der Brutpflege-Impuls ist so stark, daß die Eltern in uns sogar von Comicfiguren und ausgestopften Tieren hervorgekitzelt werden. Kleine Kätzchen waren schon früher bei Menschen so beliebt, daß sie in alle Kontinente gebracht wurden: Katzen müssen mit dem Floß, dem Kanu, dem Dampfer und dem Flugzeug gereist sein, denn keine Hauskatze kann schwimmen. Vielleicht wurden sie zu Beginn überhaupt nur domestiziert, weil ihr Miauen wie das Greinen menschlicher Säuglinge klang. Neben ihrem Nutzen für die Ratten- und Mäusejagd hatten es die Menschen auch auf das Kuschelige und Pelzig-Samtene an ihnen abgesehen. Niedlich und anschmiegsam zu sein, ist nichts ausschließlich Weibliches oder Menschliches; diese Veranlagung stammt aus der Geschichte der Säugetiere überhaupt. So weist die feministische Soziobiologin Hrdy auf die intensive und einfallsreiche Beschäftigung vieler Affenväter mit ihrem Nachwuchs hin und fragt, „ob nicht die außerordentliche Fähigkeit männlicher Primaten, sich um ihre kleinen Kinder zu kümmern, die Mitglieder dieser Gruppe irgendwie auf jene enge, langfristig angelegte Beziehung zwischen Männern und Frauen vorbereitete, die unter bestimmten Umweltbedingungen zur Monogamie führt."[14] Mit anderen Worten, die Bindungen zwischen Vater und Kind waren womöglich eine Voraussetzung – und nicht die Folge – der für die menschliche Familie kennzeichnenden Bindung zwischen Vater, Mutter und Kind.

ERSTE EINDRÜCKE

Die Neotenie verschiebt, verlängert, verzögert die Entwicklung. Die Verzögerung aber bringt psychische Frühreife mit sich. Mit der Vorzeitigkeit der menschlichen Geburt – wie die Psychoanalytiker es nennen – werden Kleinkinder in einem entscheidenden Entwicklungsstadium ihres Gehirns den vielfältigen Reizen der Außenwelt ausgesetzt. Überwältigenden Eindrüken – der Mutterbrust, dem Blick der Mutter und ihren Hüften, auf denen sie das Kind trägt – sind die neotenen Säuglinge schon preisgegeben, bevor sie noch den Kopf heben oder den kleinen Körper herumrollen können. Dabei ist die Mutter nicht einmal eine „Sie", sondern ein „Es", eine unbekannte, vielgliedrige Gottheit, eine unbegreifliche Verkettung von Körperteilen, von wonnevollem Nähren und angsterregendem Ablehnen. Diese aus der frühen Kindheit stammenden Bildfragmente des menschlichen Körpers haben vermutlich einen dauerhaften psychischen Einfluß. Nach Ansicht von Jacques Lacan ist die Kluft zwischen der körperlosen Perspektive des Kleinkindes – seinem Blick auf Teile seiner selbst und der Mutter – und seiner nachträglichen Entdeckung, daß der menschliche Körper ein Ganzes ausmacht, so entscheidend, daß sie die gesamte Erfahrung des Erwachsenen durchwaltet. Die freudig-triumphierende, allerdings aufs Bild beschränkte Entdeckung der Ganzheit durch das Kleinkind bezeichnet Lacan als das „Spiegelstadium". Mit ihm verknüpft ist nach seiner Auffassung das Reich des „Imaginären". (Ein damit zusammenhängendes Wort ist „Imago", das in ‚Webster's Dictionary' als „psychisches Idealbild einer Person, auch der eigenen" definiert wird.) In der Entwicklungsgeschichte des Menschen hat also vielleicht die frühe Begegnung der neotenen Kleinkinder mit schwellenden und nährenden Brüsten der kindlichen Psyche die Bilder dieser Körperteile so sehr eingeprägt bzw. aufgedrückt, daß die Brüste den Betrachtern im späteren Leben erneut als anziehend und trostbringend – womöglich gar als sexuell reizvoll erschienen. In seinem berühmten Artikel ‚Das Spiegelstadium' (‚Le stade du miroir') – von dem es ironischerweise kein Original gibt – erwähnt Lacan, daß bei einem Taubenweibchen die Reifung der Geschlechtsdrüsen durch den Anblick nicht bloß einer anderen Taube, sondern auch des eigenen Spiegelbilds in Gang gesetzt werden kann. Tierversuche haben erwiesen, daß verschiedene Möwenarten sich nicht wechselseitig befruchten, weil ihre Vertreter sexuell geprägt sind auf die Augen der eigenen Spezies. Die Silbermöwe zum Beispiel mit ihren gelben Augen und dem orangeroten Augenring paart sich nicht mit der Polarmöwe, die gelbe Augen und einen gelben Ring besitzt; beide wiederum paaren sich nicht mit der Thayermöwe, die über eine grünliche Iris und einen roten Lidrand verfügt. Werden Nestlinge während der sensiblen Phase der sexuellen Prägung aus dem Nest entfernt und zu einer anderen Möwenart versetzt, unternehmen sie später, wenn sie geschlechtsreif sind, erfolglose Versuche, sich mit Vertretern der Pflegeart zu paaren. Ähnliche Verwirrung bei der Fortpflanzung stiftet es, wenn man die Augenringe der erwachsenen Möwen anmalt.

Psychologen und Psychoanalytiker haben herausgefunden, daß die ersten fünf Lebensjahre des Menschen von bleibender Bedeutung sind. In diesen fünf ersten Jahren lernt man selbständiges Essen und Laufen sowie die Beherrschung des Blasen- und des Afterschließmuskels. Das Interesse der Kinder wird gefesselt von der Geschlechterdifferenz, von Penisbesitz und Penisdünkel in unserer männlich dominierten Gesellschaft, vom Eigentum an Körperteilen, vom Tun und Treiben der Eltern. Während dieser ersten Jahre lernen sie sprechen: sie bezeichnen, ersetzen und ergänzen das, was sie begehren, durch das soziale Befriedungsmittel Sprache. Die für das Säuglingsalter kennzeichnende sprachlose, rotgesichtige Wut, die Tobsuchtsanfälle mit offenem Mund und geballten Fäusten weichen der Resignation und relativen Ruhe der Worte. Sprechen bringt Mundbewegungen mit sich: jenes selbstgenügsame Schmatzen und forschende Abtasten des Gaumens mit der Zunge, das zwar nicht so köstlich wie Nahrung, nicht so süß und tröstlich wie ein Strom frischer Milch aus der Brust, aber doch immerhin sozialer als Daumenlutschen ist. Für das von Natur aus beeinträchtigte menschliche Kleinkind, das weit besser wahrnehmen als sich fortbewegen kann, sind Schreien und Sprechen lebensnotwendig.

LEDER, SPITZEN UND ANDERE KÖRPERFETISCHE

Die britische Psychoanalytikerin Melanie Klein, die zu den Begründern der sogenannten Objektbeziehungsschule gehört, stellte die frühesten Lebensjahre ins Zentrum ihrer Arbeit. Im Gegenzug zur Freudschen Theorie lokalisierte sie die nachhaltigsten Kindheitseindrücke bereits in den ersten Lebensmonaten. In ihren eingehenden Untersuchungen an Kindern belegte sie, daß eine Vorform des Ödipus-Komplexes – eifersüchtiger Haß auf den Vater und der Wunsch nach Einswerden mit der Mutter – schon während des ersten Jahres beobachtet werden kann. Nach Kleins Überzeugung fallen die entscheidenden psychischen Ereignisse, die für die Ausbildung von Borderline-Persönlichkeit, Erwachsenenneurose und paranoider Schizophrenie mitverantwortlich sind, in die ersten zwei Monate nach der Geburt des Kindes. Im ersten Monat vermögen die Augen des Säuglings noch nichts genau festzuhalten und nehmen die Mutter nur unbestimmt, wie durch ein inneres Kaleidoskop, wahr. Diese Synekdochen, diese Kleinschen „Teilobjekte", sind ernstzunehmende – allerdings bruchstückhafte Wahrnehmungen. Aufgrund wechselnder Bilder und Gerüche legt der Säugling den Brüsten der Mutter einen bestimmten Wert bei: je nachdem ob die Mutter verheißt oder versagt, sich liebevoll zuwendet oder verfolgt, sind die Brüste „gut" oder „böse". Mit Beginn der schärferen Wahrnehmung schon im zweiten Monat entdeckt das Kleinkind, daß die böse Brust, für die es Haß empfindet, und die gute, geliebte Brust ein und dasselbe sind. Bewältigt das Kind nun in seiner Phantasietätigkeit nicht die deprimierende und schwierige Aufgabe, der bösen Mutter zu verzeihen und sie mit der guten Mama, der guten

Mutterbrust zu verschmelzen, setzt es womöglich seine gesamte zukünftige psychische Entwicklung aufs Spiel. Mit ihren ganz besonderen, auf sorgfältig ausgesuchtes Spielmaterial gestützten Therapieformen hatte Klein große Erfolge; unter dem Eindruck dieser Erfolge korrigierte Freud seine Auffassung, das für die psychische Entwicklung entscheidende Lebensalter liege zwischen drei und fünf Jahren, und verlegte es weiter in die Frühzeit.

Die Ereignisse der frühen Kindheit sollen ferner nachhaltigen Einfluß auf die spätere sexuelle Entwicklung haben. Freud und seine Nachfolger betonten die Beweglichkeit und Plastizität des Sexualtriebes – seine verblüffende Fähigkeit, wie ein falsch adressierter Brief oder ein von einem Adler entführter Pfeil die Richtung zu ändern, verschoben zu werden. Während Freud die These vertrat, der Sexualtrieb lasse sich auch auf dem Umweg über die Sublimation befriedigen, haben einige dem Behaviorismus nahestehende amerikanische Psychologen Genesis und Ziele des Sexualtriebes mit unbekümmerter Genauigkeit abgesteckt. Nach Ansicht mancher Psychologen könnte auch die sexuelle – sowohl hetero- wie homosexuelle – Orientierung durch Erfahrungen, die das Kind im Alter von etwa drei Jahren macht, festgelegt sein. Bei beiden Geschlechtern, Jungen und Mädchen, ist das erste Liebesobjekt eine Frau – die Mutter – mit ihrer hellen Stimme, ihren Brüsten, ihrer Vulva und den übrigen Geschlechtsmerkmalen. Beide Geschlechter sind zunächst auf die Mutter „geprägt", die Mädchen allerdings müssen ihre erste Vorliebe für Frauen aufgeben, wenn sie heterosexuell werden wollen. „Prägung" ist nichts anderes als Imagobildung bei einem noch unvollkommen symbolisierenden Tier, das auf der Suche nach präziser Information über lebensnotwendige Verhaltensweisen Abkürzungen, Anhaltspunkte und Hinweise ausfindig macht.

Nach Ansicht des mit Tierverhalten vertrauten Psychologen und Nicht-Freudianers Glen Wilson kommt es zur sexuellen Fetischbildung dann, wenn die normalen biologischen Mechanismen der frühen Kindheit nicht richtig funktionieren. Der

Knabe, der sich in seinem späteren Leben normal entwickeln will, muß auf den Anblick der weiblichen Schamgegend „geprägt" werden. Tatsächlich könnte die libidinöse Besetzung von Schuhen (die für das kleine Kind leicht wahrnehmbar sind), Unterwäsche sowie feuchtem, glänzendem oder pelzigem Material (das an die weibliche Schamgegend erinnert) aus „Fehlern" in Hirnmechanismen resultieren, deren entwicklungsgeschichtlich ererbte Aufgabe darin besteht, den noch unentwikelten Tieren das Objekt ihrer künftigen – entwickelten – Sexualwünsche vorzugeben. Auf den ersten Blick wirkt diese Auffassung der sexuellen Prägung überzeugend; ihre Lückenhaftigkeit aber zeigt sich daran, daß sie keinerlei Erklärung für die Entwicklung junger Frauen bereithält. Nach der Logik dieser Theorie müßten auch sie auf die Mutter geprägt werden und folglich mit einer sexuellen Vorliebe für Frauen aufwachsen. Da die meisten Frauen aber nicht lesbisch sind, bleibt uns, sofern wir von der Theorie nicht lassen wollen, nur die Annahme, daß die sexuelle Prägung bei Männern und Frauen unterschiedlich abläuft. Oder daß, wie die traditionelle Psychoanalyse meint, das erste Liebesobjekt tatsächlich für beide Geschlechter, Männer wie Frauen, die Mutter ist – und die besondere Schwierigkeit der Entwicklung zur heterosexuellen Frau eben darin besteht, sich auf ein Liebesobjekt des anderen Geschlechts umzustellen.

Wie eine solche „Prägung" tatsächlich verläuft, haben die berühmten Versuche des Nobelpreisträgers und Verhaltensforschers Konrad Lorenz demonstriert. Auf seinem Landbesitz nahm Lorenz kleinen Enten und Gänsen ihre natürliche Mutter weg und gewöhnte sie stattdessen an seine eigene Gestalt. Die mit dem „falschen" Antrieb versehenen Tiere schwammen und watschelten nun hinter Lorenz her. Genau wie die Entenküken bei der Elternprägung die Mutter vor sich haben müssen, so müssen auch – nach der These des Psychologen Wilson – die kleinen Jungen in einer bestimmten entscheidenden Lebensphase das entwicklungsgeschichtlich richtige „Ziel" vor Augen haben – nämlich die weiblichen Genitalien. Bleibt die Wahrnehmung der weiblichen Schamgegend aus, so Wilson weiter, setzen die Knaben Füße, Schuhe oder Spitzenunterwäsche an ihre Stelle. Spitzenwäsche oder auch Gummi kann die Psyche des Kleinkinds, das keine nackte Frau zu sehen bekommt, sexuell „prägen".

Zwar paaren sich, wie man weiß, die Männchen einiger Fisch-und Wasservogelarten mit den Weibchen anderer Arten, in der Regel aber gilt bei allen Tieren, daß Männchen wie Weibchen einer Art sich nur mit ihresgleichen zusammentun und fortpflanzen. Sie paaren sich ausgiebig und oft genug, um die Population kontinuierlich vermehren zu können. Bei einem generellen Versagen der Partnererkennung ist die Art zum raschen Aussterben verurteilt. Bei den geschlechtlich sich fortpflanzenden Säugetieren wird die Verantwortung für die Partnererkennung faktisch von den Genen auf das Gehirn übertragen. Das Gehirn indessen ist noch komplexer als die Gene und daher anfälliger für Störungen; es kann Fehler machen, „den Falschen erkennen". Solche irrtümlichen Sexualpartnerschaften schließen dann die Einzelwesen von der Reproduktion aus.

Der Gummifetischismus mancher Menschen, das heißt, die – der sexuellen Stimulation durch Berührung der Haut entsprechende – Erregung durch Anblick, Betasten und Geruch von Gummi, erklärt sich am besten als Resultat einer psychischen Fehlsteuerung in der kindlichen Entwicklung. Die sexuelle Vorliebe für Gummi steht im Widerspruch zur biologischen Aufgabe der Reproduktion. Da Gummi erst in den letzten Jahrhunderten synthetisch hergestellt werden konnte, hat es eigentlich zuvor bei Männern und Frauen kein sexuelles Verlangen danach geben können. Der Gummifetischismus, so folgert Wilson, muß also auf Anlässe im Leben des einzelnen zurückgehen.[15]

Als Fetisch verbreiteter ist Leder, da die Menschen Kuhhaut seit langem kannten und (etwa für Schuhe, Sättel und Jacken) schon weitaus früher benutzten als Gummi. Anblick, Geruch und Berührung von Leder waren den Kindern in viehzüchtenden und milchtrinkenden Gesellschaften vermutlich viel vertrauter als der Umgang mit Gummi. Von der heiligen Kuh der Inder bis zur Pistolentasche des Western-Banditen haben Rinder die Entwicklung unserer Gattung begleitet. Zwischen der allgemeinen Vorliebe für Leder und der Fetischisierung des Leders in einer auf Beherrschung und Unterwerfung angelegten, sadomasochistischen Sexualbeziehung ist denn auch so groß der Unterschied nicht. In beidem steckt irgendwie etwas vom Tier – ganz als hätte durch unser langes Zusammenleben mit Kühen ihr Bild ebenso auf uns abgefärbt, wie die frühe Gewöhnung der Gänseküken an Lorenz ihnen sein Bild unentbehrlich machte. Und sowohl die fetischistische Liebe der jungen Gänse zu Lorenz wie auch die fetischistische Liebe von Menschen zu Leder erweisen sich, so fehlgeleitet und pervers sie sind, eigentlich sogar als nützlich: die Liebe der Gänseküken, weil sie ihnen einen Wissenschaftler verschafft, an den sie sich als Ersatz für die richtige Mutter halten können; die Liebe der Lederfetischisten, weil sie die Menschen in den von den Erzeugnissen der Rinderhirten (Milch, Butter, Käse und Fleisch) lebenden Viehzüchtergesellschaften fester an das Vieh bindet.

Um es in der Sprache der künstlichen Intelligenz zu sagen: das Sensorium des Fetischisten ist „fehlprogrammiert" worden. In der natürlichen Entwicklungsgeschichte aber sind solche Fehler normal. Daß im Laufe dieser Entwicklung aus der einen Art mit geschlechtlicher Fortpflanzung eine andere Art mit geschlechtlicher Fortpflanzung entsteht, stellt eigentlich einen Fehler dar. Bei denkenden Tieren ist das Sexualobjekt nicht von Geburt an fertig eingeprägt und vorprogrammiert, sondern wird erst durch Umwelteinflüsse endgültig festgelegt; im Leben des einzelnen kann der Zufall, im Leben der Gattung die Geschichte dieses Objekt einschneidend ändern.

Schimpansen säugen ihre Jungen in der Regel mindestens drei Jahre lang. Vielleicht haben auch früher die Mütter der neotenen Menschenaffen-Kinder ihre Babys mindestens drei Jahre lang gesäugt. Die körperlichen Eigenschaften der Mütter – wenn sie Brüste voll Milch hatten und unfruchtbar waren – spielten somit eine entscheidende Rolle in der psychischen Entwicklung. Die beeindruckbaren neotenen Babys wuchsen zu jungen und später erwachsenen Männern heran; geprägt auf das Bild ihrer milchgebenden Mütter, suchten sie sich vermutlich Partnerinnen mit prallen Brüsten aus. Mit der „Prägung" auf laktierende Frauen im Kopf gaben etliche dann geschwollenen Brüsten den Vorzug vor geschwollener Vulva oder anderen Fruchtbarkeitsindizien. Diese Fehldeutung der Fortpflanzungssymbolik mag entscheidenden Einfluß auf die Ausbildung des menschlichen Körpers gehabt haben. Die gesamte Menschheit könnte von sexuell abnormen Vorfahren abstammen – von Fetischisten, die nicht auf Gummi, sondern auf säugende Brüste fixiert waren.

Dieser komische, etwas perverse Gedanke erinnert daran, daß die Natur keine festgelegte Moral kennt. Im Laufe der Entwicklungsgeschichte wird das Anormale normal und umgekehrt. So muß der Inzest, obgleich er eine Abweichung darstellt, doch zugleich wichtig für die Evolution gewesen sein. Ohne ein winziges bißchen Inzucht könnten sich neue Säugetiere mit geschlechtlicher Fortpflanzung gar nicht erst entwickeln: jede Tierart besteht ja per definitionem aus Populationen, aus Gruppen von Tieren, die zur selben Zeit am selben Ort leben; zur Art gehört also, daß die Mitglieder dieser Gruppen sich paaren können, um lebensfähigen Nachwuchs zu zeugen. Vom Standpunkt der Nachkommen erweisen sich die Sexualpartner einer bestimmten Art dann als Sonderlinge, mit denen sie sich zur Zeugung lebensfähigen Nachwuchses nicht mehr paaren können. Ob die Nachkommen der Menschen von diesen wohl ebenso peinlich berührt und ebenso wenig angezogen sein werden wie wir von unseren Affen-Vorfahren?

Wahrscheinlich haben die Frauen mit prallen Brüsten und ohne Östrus die Männer von der Aufzucht ihrer neotenen Kinder ferngehalten. Unter dem Einfluß eines genügend starken Prägungsmechanismus entwickelten die attraktivsten Frauen

Körper, die ohne Laktation auch während der Ovulation die Merkmale der Laktation aufwiesen; bei den Menschenaffen müssen manche Männchen in diesen Urfrauen – den Weibchen mit Brüsten und versteckter Brunst – die Damen ihres Herzens gefunden haben. Irgendwann einmal war die Inzucht unserer Vorfahren so weit fortgeschritten, daß keine anderen Menschenaffen, die etwas auf sich hielten, mehr Verlangen nach ihnen verspürten. Brüste und zurückhaltende Ausstattung der Scham – jene ausgeklügelten Veränderungen, die den männlichen Hominiden die lückenlose Kontrolle über das Sexualleben der Urfrauen aus der Hand geschlagen hatten – waren nunmehr begehrt als Kennzeichen des Weiblichen, als das eigentlich Bezaubernde an den Frauen.

DAS HYMEN

Als letztes Merkmal der Frauen wollen wir uns das Hymen anschauen. Während Brüste und Verschleierung der Brunst den Frauen im Geschlechterkampf eine wirksame Tarnung verschaffen, steht das Hymen, das Jungfernhäutchen, wohl für einen Sieg der männlichen Fortpflanzungsinteressen. In seiner bahnbrechenden Darstellung der Entwicklungsgeschichte der menschlichen Sexualität nennt Smith das Hymen „eines der großen ungelösten Geheimnisse der menschlichen Anatomie".[16] Natürlich kann Smith sich auch irren; womöglich ist das Hymen – wie die Klitoris oder die Meiose – ein bloßes Relikt ohne „Zweck" oder „Bedeutung".

Da an Schimpansen, Gorillas und Orang-Utans keine Spur von etwas dem Hymen Entsprechende zu finden ist, nehmen wir an, daß dieses sich erst bei den Hominiden-Vorfahren der Menschen in dem zwischen vier Millionen und vierzigtausend Jahren zurückliegenden Zeitraum herausbildete – nachdem unser Entwicklungsstrang sich von dem der Menschenaffen getrennt hatte. Entstanden ist das Hymen vielleicht als geringfügiger Geburtsfehler, ähnlich den Schwimmhäuten zwischen Fingern und Zehen. Das Hymen ist ein in der Regel sichelförmiges, die Vaginaöffnung teilweise versperrendes Hautläppchen und nutzloser als der Blinddarm oder die Mandeln; ist es noch unbeschädigt, wird es nämlich grundsätzlich beim ersten Geschlechtsverkehr einer Frau zerrissen, was etwas weh tut und blutet. Wie das ebenfalls nur beim Menschen anzutreffende, mit Tränen verbundene Weinen des Erwachsenen spielt das Hymen eine eher dunkle physiologische Rolle – wenn überhaupt eine. Im sich entwickelnden Körpertext allerdings kann es als Zeichen gelten: herausgezüchtet wurde es wahrscheinlich von jenen eifersüchtigen und besitzergreifenden Männern, die sich gegen sexuelle Untreue absichern wollten.

Manche Fische und Insekten erleiden ein genitales „Trauma", bei dem die Genitalien zerreißen; Entwicklungstheoretiker haben das als eine – freilich grausame – Methode gedeutet, mit der weiteren potentiellen Besamern der Zugang verwehrt wird; wie jemand, der die Brücken hinter sich abbricht, hindern die selbstsüchtigen Männer andere daran, ihnen auf das heiß begehrte Gebiet zu folgen. Das Hymen funktioniert umgekehrt und garantiert Treue nicht nach, sondern vor dem Geschlechtsverkehr. Das unbeschädigte Hymen ist der perfekte Beweis für das Fehlen der Schwangerschaft, wobei die Frau natürlich nach der Defloration durchaus von einem anderen als ihrem Freund oder Ehemann schwanger werden kann. Einem mit der Monogamie nur schwer versöhnten Mann der Urzeit verschaffte das unbeschädigte Hymen vielleicht die Gewißheit, daß die Frau mit seinem Samen erfolgreich geschwängert werden konnte. Wie die Brüste wäre das Hymen dann ein körperlicher Signifikant, ein Körperteil mit Bedeutung, der auf etwas anderes, hinter ihm Liegendes verweist.

Das Hymen zeigt die Jungfrau an. Jungfräulichkeit heißt, daß die Frau bis dahin noch nicht untreu, ehebrecherisch war, daß dem Mann keine Hörner aufgesetzt wurden. Untersuchungen, die von den Yanomami-Indianern im venezolanischen Regenwald bis zu Bewohnern des Mittleren Westens der USA reichen, zeigen, daß etwa zehn Prozent der Männer, die sich für Väter halten, es letztlich gar nicht sind.[17] Vielleicht gab es unter unseren Vorfahren kräftige und respektheischende polygyne Männer, die ausschließlich junge, durch ihr Hymen als jungfräulich ausgewiesene Frauen schützen oder ernähren wollten. Ein wohlhabender Mann, der für mehrere Frauen aufkommt, kann ja noch leichter zum Hahnrei gemacht werden als ein Ehemann mit nur einer Frau. Ein Australopithecus oder ein Frühmensch, der über ausreichend Besitz und Macht verfügte, um mehrere Frauen zu bekommen, hatte mehr Aussicht, Vater zu werden, wenn er nur Jungfrauen nahm. Noch heute ist es in den Vereinigten Staaten so, daß eine schwangere, aber mittellose Schülerin in der Großstadt als Vater ihres Kindes den Attraktivsten oder den besten Ernährer benennt.[18] Diese Taktik, bei der die Gene der Frauen fortgepflanzt und zugleich doch die Aussichten des neuverheirateten Mannes auf maximale Zeugung beschnitten werden, steht für eine Ausbeutung durch die Frauen, die der genetisch kluge Mann von vornherein ausschaltet, wenn er sich weigert, seine Kräfte und Fähigkeiten an eine Frau zu verschwenden, die nicht mit der symbolischen Haut eines unbeschädigten Hymen ihre Jungfräulichkeit unter Beweis gestellt hat. Das Hymen spielt also eine ähnliche Rolle wie der kastrierte Eunuch, der einen ganzen Harem voller Nebenfrauen bewacht. Das männliche Mißtrauen gegenüber der schwer deutbaren weiblichen Gestalt hat eine lange Geschichte, in der sowohl der Eunuch wie das intakte Hymen die größtmögliche sexuelle Treue sicherstellen sollten. Vielleicht ist es kein Zufall, daß im Französischen das Wort „hymen" früher auch Ehe bedeutete.

Wenn es stimmt, daß die Monogamie, vom günstigeren Standort des Mannes aus gesehen, nur widerstrebend als Mittel akzeptiert wurde, das – angesichts des listenreichen weiblichen Körpers mit seiner versteckten Ovulation, seiner ununterbrochenen sexuellen Bereitschaft und seinen Brüsten – immer mögliche Risiko des Betrogenwerdens in den Griff zu bekommen, dann haben die schlauen Männer in der Schlacht um die Polygamie Terrain zurückerobert, als sie aus dem Hymen eine

Art angeborenen Keuschheitsgürtel machten, so etwas wie einen „Garantieschein" dafür, daß man ihnen nicht – zumindest noch nicht – die Hörner aufgesetzt hatte. Unser männlicher Vorfahr sorgte nur für diejenige Braut, deren Hymen er selbst zerrissen hatte, und erhöhte damit die Chance, daß seine Gene in den nachfolgenden Generationen vertreten waren. Die Töchter einer Mutter mit Hymen hatten dann mit hoher Wahrscheinlichkeit ebenfalls ein Hymen, und die Männer haben ihre sexuelle Vorliebe für Jungfrauen mit Hymen so lange weiterverfolgt, bis nahezu alle kleinen Mädchen mit dem Häutchen geboren wurden.

So ist das von zuweilen erbarmungslos eifersüchtigen Männern als klarer und unzweideutiger Indikator für Jungfräulichkeit ausersehene Hymen vielleicht schon nach einigen Generationen in den menschlichen Urfamilien regelmäßig vertreten gewesen.

NEON-DSCHUNGEL

Nach unserer Auffassung haben die Primatenvorfahren der Frauen ihre Fruchtbarkeit früher einmal durch farbenprächtige Schwellungen angezeigt, dann aber gaben sie diese Brunst auf und entwickelten Brüste, um die stärkeren, ausbeuterischen Männer, deren Interesse ausschließlich der Paarung galt, in die Irre zu führen. Vielleicht aber sprechen die Menschen doch nach wie vor auf die für Primaten spezifischen Anzeichen der Koitusbereitschaft an; mit Hilfe der Kleidung nämlich können die Frauen, wenn und wann immer sie wollen, die Brunst markieren.

„Das Wesen der Naturwissenschaft liegt in der Philosophie der Kleidung", schreibt Edward Nobles in einem in der erotischen Zeitschrift ‚Yellow Silk' publizierten Gedicht.[19] Die Menschen beginnen ihr Leben zwar als hilflose Säuglinge, in der Pubertät jedoch entpuppt sich der junge Erwachsene verstärkt als Tier, das heißt physisch – und vielleicht auch psychisch – wieder mehr als Affe. Das für sie als Menschen vielleicht typischste Merkmal – die Nacktheit, die kindliche Blöße, die schutzlose Unschuld – lassen die Heranwachsenden hinter sich. Scham- und Achselhaar ähneln ihr körperliches Erscheinungsbild dem der wilderen Säugetiere an; oft genug geht der unsichere Eintritt der Menschen ins Erwachsenenalter einher mit einem neuen Interesse an modischer Kleidung, an einem attraktiven Äußeren, das sie sexuell begehrenswert macht.

Paviane (die nicht zu den Menschenaffen gehören) haben eine noch farbenprächtigere Brunst als die Schimpansen. Beim Kampf um brünstige Weibchen entblößen Pavianmännchen ihre Zähne mit derselben eifersüchtigen Gewalt, die Männer bisweilen in ihre Kneipenschlägereien treibt. „Kaum etwas", gestand Darwin, „fesselte und verblüffte mich so sehr wie die farbenprächtigen Hinterteile mancher Affenarten ... Ich halte es ... für wahrscheinlich, daß die leuchtenden Farben im Gesicht oder am Hinterteil – oder, wie beim Mandrill, an beiden – der sexuellen Verschönerung bzw. Attraktivität dienen." Daß Farben – vom Make-up bis zur Kleidung – sexy wirken, könnte womöglich gar auf eine alte Liebe der Primaten zu Blumen und Früchten zurückgehen. Die Entwicklungsbiologin Nancy Burley zeigt (sehr zum Kummer und zur Überraschung vieler Vogelkundler), daß Zebrafinken die für ihre Art typische rote Hautfarbe so sehr lieben, daß sie sich sogar bereitwillig mit Vögeln paaren, deren Beine durch den von Wissenschaftlern angebrachten Erkennungsring künstlich orangerot gefärbt sind. Mit ihren leuchtenden Farben und verführerischen Düften locken die Pflanzen umherziehende Säugetiere und Vögel an, die sie essen und damit automatisch ihren Samen verbreiten. Mädchennamen wie Rose, Lily und Iris deuten darauf hin, daß Frauen in der Vorstellungswelt vieler Menschen mit farbenprächtigen Blumen assoziiert werden. Leuchtende Farben verbindet man mit der Süße und dem Rausch der sexuellen Liebe. Fast alle baumbewohnenden „Arten des Cercopithecus (Meerkatzenartige) haben auf Fell und Haut sowohl im Gesicht wie am Körper Muster und Farben entwickelt und verfügen über leuchtend bunte Schnurrbärte, Bärte, Kinnbärtchen und

Haarkämme", schreibt die Primatologin Linda Marie Fedigan. „Manche Arten haben sogar einen großen Farbfleck mitten im Gesicht, der auf alle Betrachter wirkt wie die grell angemalte Nase eines Zirkusclowns."[20] Vielleicht sind Make-up, Haarefärben, farbige Kontaktlinsen und was die Zukunft uns sonst noch an Moden bescheren mag gar nichts anderes als die menschliche Erscheinungsform des bei den Primaten verbreiteten Schönheitskults, der durch sexuelle Auslese die Faschingsgesichter dieser Menschenaffen hervorgebracht hat.

Unserer Annahme zufolge hatten die Urmütter in regelmäßigen Abständen leuchtend bunte und geschwollene Schamlippen und Gesäßbacken, büßten sie dann aber irgendwie ein. Mit dem allgemeinen Übergang zur Bekleidung – inklusive der „Bekleidung" der dauerhaft vorstehenden Brüste – wurde der Östrusverlust vom Körper an die Psyche weitergegeben und führte von der Physiologie zyklisch brünstiger Weibchen zum Bewußtsein von Frauen, die selbst bestimmten, wann sie besonders attraktiv sein wollten. Tatsächlich gibt es eine geradezu gespenstische Ähnlichkeit zwischen dem anschwellenden und glänzenden Hinterteil bei brünstigen Affen und den eng anliegenden, phosphoreszierend-rosafarbenen Hot pants einer Straßenprostituierten, ihrem – nicht vorübergehend wie beim brünstigen, das Männchen zum Besteigen einladenden Weibchen, sondern durch die Stiftabsätze ihrer hochhackigen Schuhe die ganze Nacht über – leicht angehobenen Gesäß. Vielleicht täuschen wir uns. Vielleicht ist der Östrus gar nicht spurlos verschwunden. Fast scheint es, als wäre in den verwirrenden Dschungeln der Großstädte, die unter dem Namen Rotlichtbezirk bekannt sind, der Geist der Brunst noch unbeirrt lebendig.

4: *Eidechsentänze*

> Wer zu den Ursachen vorzudringen sucht, will etwas ins Unbewußte Abgedrängtes wieder bewußt machen; wer dabei zu weit geht, wird mit ziemlicher Sicherheit auf Irritierendes und Verstörendes stoßen.
> Samuel Butler[1]

Die Tänzerin, nach Abstreifen der menschlichen Gestalt nunmehr ein Primat mit vage schimpansenähnlichem Gesicht, schwarzer Iris, Krallen und Schwanz, fährt in wirbelnden Kreisen über den Boden und verwandelt sich allmählich in ein zischendes grünes Reptil – mit intelligentem, allerdings boshaftem Gesichtsausdruck.

EIDECHSENLIEBE

Unter der nackten Menschenhaut unserer Stripperin liegt das Fell eines Menschenaffen. Unter der Hülle dieses Primaten wiederum finden wir eine Reihe ausgestorbener, in den Wäldern lebender Säugetiere, die noch halbe Reptilien sind. Die Reptilien-Sexualität unserer paläozoischen Vorfahren ist denn wohl auch unterschwellig im menschlichen Bewußtsein erhalten geblieben. Aus diesem Grunde wollen wir in den instinktiven Reaktionsmustern der Reptilien – insbesondere der Eidechsen beziehungsweise Eidechsenartigen – nach der Erklärung für „primitive", biologisch eingewurzelte Züge des menschlichen Sexualverhaltens suchen.

Eine von Tierverhaltensforschern häufig übersehene Tatsache ist, daß Reptilien als die entwicklungsgeschichtlichen Vorgänger der Säugetiere mit den Menschen enger verwandt sind als Vögel und Fische, die in der zoologischen Literatur eine viel größere Rolle spielen. Die artenreiche Klasse jener ausgestorbenen Kriechtiere, die sich zu Säugern weiterentwickelten, sind die sogenannten Synapsiden. Von allen Reptilien, auch den vielen, die es gar nicht mehr gibt, weisen die noch lebenden Eidechsenartigen die größte Ähnlichkeit mit den ausgestorbenen Synapsiden auf. Das stumme, hieroglyphische „Denken" ihres ritualistischen Gehirns wirft – vorausgesetzt wir können uns damit vertraut machen – ebenso viel Licht auf uns Menschen wie auf sie selbst. Dennoch sollte die Geschichte von den eidechsenähnlichen, geistig immer noch ein bißchen reptilienhaften Menschen nicht einfach, nur weil sie anatomisch fundiert ist, für bare Münze genommen werden. Wir dürfen nicht denken, die uralten Reptilienmerkmale, die wir nachweislich noch haben, wären etwa nicht veränderbar. Das mit dem „schockierten Zuschauer" gemeinte enorme Problem – man ist hypnotisiert von scheinbar fremden, in Wahrheit aber eigenen Handlungen, von Handlungen, die der eine Teil der Person bereut, obgleich „ein anderer" sie ausführt – nimmt zwar im Begriff des archaischen Gehirns wissenschaftliche Gestalt an. Hier wie anderswo aber muß man bedenken, daß auch Geschichten, die die Wissenschaft erzählt, nicht frei von Mythischem sind.

Die folgende, reichlich verdrehte Anekdote aus dem Sexualleben der Eidechse erhellt unser mutmaßliches Reptilienerbe mit einem Schlag. Manche der im Südwesten der Vereinigten Staaten lebenden Schienen- bzw. Rennechsenarten pflanzen sich geschlechtlich fort; andere aber – wie etwa der Cnemidophorus uniparens – haben in ihren Populationen ausschließlich Weibchen, parthenogenetische Geschöpfe mit nur einem Elternteil, die zu einer rein weiblichen, spermienlosen Gesellschaft gehören. Dennoch kennen die Weibchen die Körperbewegungen der Paarung: einige von ihnen verhalten sich nämlich wie Männchen und besteigen die fruchtbaren Weibchen, die daraufhin ihre Eier legen. Obgleich es in den Populationen des Cnemidophorus uniparens keine Männchen gibt und diese Eidechsen daher niemals heterosexuellen Geschlechtsverkehr ausüben, sind die ihr Leben lang jungfräulichen Weibchen doch alles andere als die Puritaner unter den Kriechtieren. Sie vollziehen eine „Pseudokopulation". Mit gewölbtem Rücken und geringeltem Schwanz beißt das eine Weibchen das andere in den Hals, und dabei bilden beide mit ihren Körpern genau dasselbe Rad wie die Männchen und Weibchen verwandter heterosexueller Arten. Offenbar wird durch diese Imitation der heterosexuellen Paarung die Fortpflanzung erleichtert: während der gesamten Brutzeit legen nämlich die der Pseudokopulation frönenden Weibchen dreimal so viel Eier wie ihre sexuell inaktiven Schwestern.[2] Diese Pseudokopulation hat sich denn auch als hormonell gesteuert erwiesen, als Teil des veränderten Fortpflanzungsmusters einer Art, die zwar die geschlechtliche Fortpflanzung, nicht aber den Geschlechtstrieb hinter sich gelassen hat.

Aus Untersuchungen geht hervor, daß die Cnemidophorus-uniparens-Weibchen wahrscheinlich von einer gemeinsamen zwittrigen Mutter abstammen. So wie Esel und Pferd sich paaren und das unfruchtbare Maultier zeugen können, paaren sich bisweilen die Vertreter zweier unterschiedlicher Eidechsenarten und zeugen ein genetisch neuartiges Lebewesen. Anders als das Maultier allerdings setzte die Mutter dieser ausschließlich weiblichen Art auch ohne Paarung weiterhin Nachwuchs in die Welt: Während der männliche Vorfahr in den Chromosomen- und Genuntersuchungen nicht ermittelt werden konnte, machte man mit Hilfe der Molekularbiologie als Urahnin des Cnemidophorus uniparens ein Weibchen der – beide Geschlechter umfassenden – Rennechsenart Cnemidophorus inornatus aus.

Der Rekurs auf die zweigeschlechtlichen Vorfahren liefert eine Erklärung dafür, warum das männliche Paarungsverhalten auch nach dem Verschwinden des männlichen Geschlechts fortbestehen kann. Beim Cnemidophorus inornatus beginnt die Paarung damit, daß das Männchen sich dem Weibchen nähert und seinen Körper mit der Zunge abtastet. Ist die Partnerin bereit, so beißt das Männchen sie entweder in den Hals oder in den Vorderfuß. Beim Besteigen schrabbt es mit den Hinterbeinen an ihren Flanken entlang und drückt sie zu Boden. Dann praktiziert es seinen Schwanz unter ihren Körper und preßt seine Kloake auf die ihre. (Die Kloake, in der sich sowohl die Exkremente wie auch die Ei- respektive Samenzellen befinden, ist ein mit den Genitalien und den Nieren verbundenes Organ, ineins Blase, Dickdarm und Uterus bei den Weibchen, beziehungsweise Blase, Dickdarm und Hoden bei den Männchen.) Unterhalb der Kloake hat das Cnemidophorus-Männchen einen Doppelpenis. Einen der beiden gleichartigen Penisse (Hemipenisse) führt es ein und penetriert das Weibchen. Dann nimmt es die Zähne von dessen Hals, verdreht den Körper zu einem Rad und stemmt den Kiefer auf die Beckengegend seiner Sexualpartnerin. In dieser verschraubten Stellung ejakuliert es. Faszinierenderweise sieht nun die „Paarung" beim rein weiblichen Cnemidophorus uniparens zum Verwechseln ähnlich aus. Die kreisförmig verdrehte Stellung wird eingenommen, doch ohne Penetration oder Ejakulation. Übrig bleibt die reine Sexualstellung, in der die Rolle des Männchens überzeugend von einem der Weibchen gespielt wird.

Bei der ausschließlich weiblichen Eidechsenart wird das Besteigen à la Männchen ausgelöst durch das weibliche Steroidhormon Progesteron. Nach Auffassung des Herpetologen David Crews ist das Progesteron gekoppelt an eine Gehirnregion, die bei den zweigeschlechtlichen Vorfahren dem männlichen Hormon Androgen vorbehalten war.[3] Beim rein weiblichen Cnemidophorus uniparens fehlt dieses Androgen des Männchens. Die progesteron-bindenden weiblichen Proteine machen sich also im Gehirn am vorderen Hypothalamus fest mit dem Ziel, das Androgen zu ersetzen und männliches Verhalten auch ohne Männchen fortzusetzen.

Sollte es eine vergleichbare Sexualität einmal beim Menschen geben, dann sähe sie wohl etwa so aus wie das, was Ursula LeGuin in ihrem Roman ‚Winterplanet' (‚The Left Hand of Darkness') vor Augen hatte (dessen Geschichte rankt sich um den surrealistischen Satz „Der König war schwanger", der der Autorin vor Beginn der Niederschrift plötzlich durch den Kopf gegangen war). In diesem mit Preisen ausgezeichneten Buch begeben sich auf dem Planeten namens Winter geschlechtslose menschenähnliche Lebewesen in regelmäßigen Abständen in „Kemmer", eine körperliche Verwandlung, aus der sie als Mann oder Frau hervorgehen.[4] Nun sind Menschen zwar keine geschlechtslosen Wesen, die sich einem immer wieder umkehrbaren, hormonell induzierten Geschlechtswechsel unterziehen; gleichwohl reagieren sie in Verhalten, Physiologie, ja sogar Körperformen außerordentlich sensibel auf wie immer winzige, quantitative oder qualitative Schwankungen der steroiden Sexualhormone. Die Transsexuellen, die mit Hilfe chirurgischer und hormoneller Behandlung ihr Geschlecht wechseln, betrachten diesen Wechsel durchaus nicht als oberflächlich; im Gegensatz zum effeminierten Mann oder zur maskulinen Lesbierin halten sie ihn vielmehr für eine echte Veränderung. Hormone können uns irrational oder launisch, sexuell erregt oder frigide machen; wahrscheinlich lösen sie auch Ungeduld und Wut, ja sogar gewalttätige Eifersucht aus. Diese Bereitschaft zu hormon-induzierten Veränderungen nicht bloß des Körpers, sondern auch der Wahrnehmung und des Verhaltens war schon im Sexualleben unserer entwicklungsgeschichtlichen Vorgänger tief eingewurzelt und reicht daher über die Ursprünge der Menschheit hinaus weit zurück in unsere Urvergangenheit.

Mögen wir uns heute an sexueller Eifersucht, Gewalt zwischen Vertretern desselben Geschlechts, Vergewaltigung und hierarchisch fixierter Unterwerfung stören – gleichwohl spielte all das einmal eine Schlüsselrolle für das Überleben jener fruchtbaren und artenreichen Reptilien, die noch vor den Säugetieren, in den Millionen Jahren des späten Paläozoikums lebten. Blutdurst, listiges Verhalten und der schnelle Rekurs auf

Drohgebärde und Kampf dienten den Männchen zur Abwehr von Konkurrenten. Andere Verhaltensweisen wiederum zielten auf riskante Bündnisse, mit denen rivalisierende Gruppen ausgelöscht werden konnten. Zwischen Sexualität und Gewalt herrscht im Körperbewußtsein der Reptilien offenbar ein sonderbarer Einklang. Dennoch: die Feststellung, daß tierische Verhaltensweisen – ja teuflische Instinkte – immer noch lebendig sind, soll keineswegs besagen, daß diese, nur weil sie das Überleben unserer tierischen Vorfahren sicherten, auch gerechtfertigt wären. Intendiert ist damit vielmehr, auf einige unserer anscheinend besonders tief eingewurzelten Wesenszüge aufmerksam zu machen – Wesenszüge, die man erst einmal zur Kenntnis nehmen muß, wenn man sie ändern will.

URFLÜGEL

Einer der an den Reptilienanteil unseres Gehirns gekoppelten Züge ist zweifellos das Hochstapeln, das Prahlen, mit dem wir vorgeben, mehr oder anders zu sein, als wir wirklich sind. Den Reptilienanteil des Vorderhirns, den sogenannten R-Komplex, haben wir mit Reptilien und Säugetieren gemeinsam. Versuche an heute lebenden Tieren, von Eidechsen bis zu Pinseläffchen, haben die Existenz dieses archaischen Hirnteils nachgewiesen. Beschädigt man bei der grünen Anolis-Echse durch einen chirurgischen Eingriff die eine Hälfte eines bestimmten Vorderhirnabschnitts und deckt das eine Auge ab, während das mit dem verletzten Vorderhirnstück verbundene Auge mit einem Eidechsenrivalen konfrontiert wird, so nimmt die Eidechse den Rivalen zwar wahr, verzichtet aber auf alles rituelle Imponierverhalten. Deckt man hingegen das andere Auge ab und das mit dem noch gesunden R-Komplex verbundene nicht, reagiert das Männchen mit der artspezifischen Herausforderung, der gegen den Rivalen gerichteten Imponierstellung. Das Anolis-Männchen richtet sich auf den Vorderfüßen auf, bläht seinen Kehlsack auf und stellt sich so, daß der Gegner es in seiner ganzen imponierenden Länge, im Profil, sieht. – Es macht sich groß.

Wie ein Mann, der einen psychologischen Vorteil darin sucht, daß er die Brust bläht und den Kopf reckt, verhält sich auch der normale, mit einem gesunden R-Komplex ausgestattete Anolis-Leguan in der Regel nach „Macho"-Art.

Das alles andere als aufgeklärte Reptilienbewußtsein hält nun wohl den Teil für das Ganze. Das Aufblähen des Kehlsacks oder die Seitwärtsdrehung ins Profil, welches das Gesichtsfeld des Gegners zu einem Großteil ausfüllt, ist so etwas wie ein protolinguistisches Täuschungsmanöver. Potentielle Feinde werden per Imponiergehabe in Angst und Schrecken versetzt; die List soll sie nämlich zu der Annahme verleiten, vor ihnen stehe ein riesiges Tier, weit größer als das wirkliche. Heute lebende Eidechsen wenden sich gegenseitig das Profil zu – ganz sichtlich mit dem Ziel der Drohung und Abschreckung durch ein trügerisches Größerwerden. Vielleicht ist die typisch amerikanische Anbetung der Größe, großer Körperteile, großer Häuser, großer Autos – die ganze „je-größer-desto-besser"-Manie – nur Ausdruck eines archaischen, von den Reptilien überkommenen und nach wie vor im menschlichen Gehirn auf der Lauer liegenden Imperativs.

Sich als groß auszugeben macht Eindruck; noch mehr Eindruck aber macht es, wenn man tatsächlich groß ist. Das im Aussterben der Art vor etwa 65 Millionen Jahren kulminierende Dinosaurierdrama handelt von Tieren, die ihren Vorteil im Größerwerden suchten. Gibt es im menschlichen R-Komplex einen Kode für das Streben nach Größe? In unsere Sprache übersetzt, warnt die Drachensprache des R-Komplexes vielleicht: „Meide Tiere, die größer sind als du" und „Versuche so groß wie irgend möglich zu erscheinen". In Versteinerungen hat man „gefiederte Schlangen" entdeckt: zuerst das fliegende Reptil Archäopteryx, dann vor nicht langer Zeit Riesennester mit Eiern, die nicht von Vögeln, sondern von Dinosauriern stammen. Malen wir uns einmal das gigantische Imponiergehabe solcher Tiere aus, so kommen wir automatisch zu einer neuen These über den Ursprung der Flügel.

Wenn unsere schuppenbedeckten Reptilienvorfahren tatsächlich in einer solchen Welt des Zitterns, der verschleierten Drohungen und simulierten Körpergröße zu Hause waren, dann könnten die Vögel – die nach Ansicht mancher Evolutionstheoretiker noch immer so dinosaurierähnlich sind, daß sie eigentlich in die Klasse der Dinosaurier gehören – ihren Ursprung einfach in den Tricks haben, mit denen das leichtgläubige Reptilienbewußtsein getäuscht wurde. Die Entwicklung der Vögel galt lange als Rätsel. Vögel bildeten ihre Flügel nicht aus, „um zu" fliegen; die ersten Flügel müssen mutierende, höchstwahrscheinlich zu anderem als zum Fliegen dienende Extremitäten gewesen sein. Manche Evolutionstheoretiker vertreten die These, die Vögel hätten ihre Urflügel sowie mutierende gefiederte Schuppen eigentlich zum Isolieren, zur Erhaltung der Körpertemperatur benutzt. Aber muß nicht die plötzliche Entfaltung flügelartiger Extremitäten bei den vogelähnlichen Reptilien deren Rivalen auch gehörig geängstigt haben? Sollten die drohenden Schatten die Reptilien nicht ebenso erschreckt haben, wie uns ein lautes unerwartetes „Buh" zurückprallen läßt? Das Hochrecken der Schuppen-Flügel war, nicht anders als das Hochhalten großer Fahnen mit dem Bild des Führers, ein Imponiergehabe vor dem Kampf. Die dergestalt ihren Körper ausdehnenden Reptilien haben ihre Feinde einfach über ihre wirkliche Größe getäuscht. Dabei haben die großen Flügel große, im hellen Tageslicht für andere Tiere furchterregende Schatten geworfen. Wurden die Urflügel plötzlich ausgebreitet, so konnten sie wohl das Nahen weit größerer Tiere vortäuschen. Die frühen Flügel standen – wie die polternde Lautgebung, mit dem ein kleines Tier die Bodenerschütterungen eines größeren imitiert, oder die plötzliche Fehlzündung eines Autos an einem heißen Sommertag – für eine nicht vorhandene Gewalt. Nicht zum Fliegen, sondern zum Lügen waren solche Flügel da.

SCHLANGENAUGEN

Die Romanliteratur veranschaulicht, in welche Konflikte Menschen durch ihr Reptilien-Erbteil gestürzt werden können. So alt und eingewurzelt ist dieser R-Komplex, daß er noch unser Urteilsvermögen über den Haufen wirft und uns buchstäblich das Bewußtsein spaltet. In Walker Percys Roman ‚Lancelot' wird der an Amnesie leidende inhaftierte Protagonist von einem Geistlichen oder Gefängnispsychologen (das bleibt unklar) nach und nach dazu gebracht, seine Geschichte zu erzählen.[4] Lancelots Frau hat ihn betrogen, die Blutgruppe seiner Tochter paßt nicht zu seiner eigenen, sein Sohn ist homosexuell, und so hat ihm die sexuelle Revolution der sechziger Jahre – gelinde gesagt – nur herbe Enttäuschung beschert. Als echter Südstaatler sehnt sich Lancelot nach einer Zeit zurück, in der Streitigkeiten noch, nach dem Muster der Duelle zwischen Ehrenmännern, ordentlich ausgetragen wurden. Stattdessen bekommt er elektronisch verzerrte Videobänder mit den promisken Vergnügungen von Frau, Tochter und Mitgliedern eines zu Gast gewesenen Filmteams in die Hände. Noch als Lancelot den Liebhaber seiner Frau mit dem Bowiemesser umbringt, rationalisiert er das, was da geschieht. Es ist, als formuliere der jüngere, dem Säugetier nähere, menschlichere Anteil des Gehirns, dem die Beherrschung des R-Komplexes nicht gelingt, nun Entschuldigungen für ein gräßliches Schauspiel: Als er schließlich unter Mordverdacht verhaftet wird, vergleicht er das mörderische Eindringen des Messers in die Adern mit dem sexuellen Eindringen der männlichen Samenzellen in die Eizellen der Frau.

Expliziter thematisiert wird der R-Komplex in ‚Snake-Eyes' (‚Schlangenaugen'), einer in der Zukunft angesiedelten „Cyberpunk"-Erzählung. Der Protagonist George, ein Mensch, dessen Reptilienhirn man elektronisch in den Militärcomputer Aleph integriert hat, scheint von beiden gleichermaßen programmiert. Als er mit einer Frau zusammen ist, starrt er „in ihre geweiteten Pupillen, ihre goldgefleckte Iris und das ungetrübte

Weiße des Auges, alles Zeichen, die so leicht zu erkennen und so schwer zu begreifen sind: Schlangenaugen".[5]

Die Beibehaltung von Reaktionsweisen, die früher einmal lebensnotwendig waren, nunmehr aber die betreffenden Lebewesen eindeutig in Gefahr bringen, gehört zum „Evolutionsballast". Ein geläufiges Beispiel dafür ist das Bedürfnis nach Zukker und Salz, eine Reaktion des Geschmackssinns, die unsere Tierahnen auf wichtige Nahrungsquellen hinwies. Dieses Bedürfnis wird noch mitgeschleppt, obgleich sein Nutzen längst gegen Null geht. Salz erhält das chemische Gleichgewicht von Lebewesen, die aus dem Salzwasser stammen; Zucker war als unverzichtbare Quelle der Stoffwechselenergie im Urwald ein seltener Festschmaus. Zucker zeigte die reifen Früchte und damit die in der früheren Umwelt so wichtigen Kohlenhydrate an. Heute indessen sind beide Stoffe in den raffiniertesten Formen weltweit verbreitet und keine Seltenheit mehr; als Quelle guter Ernährung haben sie ausgedient.

Die berauschende Wirkung leuchtender und bewegter Farben geht vielleicht auf unsere noch vor den Affen liegende Vergangenheit zurück, in der farbenprächtige fleischige Pflanzen ein Hauptnahrungsmittel für die auf Bäumen lebenden Säugetiere und deren Reptilienvorfahren bildeten. Wir essen salzhaltige Imbißhappen und künstlich gefärbte Süßigkeiten, und die vom grellbunten Plastikspielzeug faszinierten Kinder starren wie hypnotisiert auf den Bildschirm des Farbfernsehers. Percys Lancelot wiederum gibt sich barbarischen Affekten hin und führt damit die eher düstere Seite des vom Reptilienhirn mitgeschleppten Evolutionsballasts vor. „Triebverbrechen" wurden in vormenschlicher Zeit genetisch belohnt, weil sie den sexuellen Rivalen ausschalteten oder doch seinen Aktionskreis einschränkten. Ungeachtet seiner früheren genetischen Effizienz stellt sich das Reptilienerbe aber heute durchaus selbst ein Bein: Ein gewalttätiger Mann wie Lancelot, der im späten Holozän (in der Erdneuzeit) eine Gefängnisstrafe absitzen muß, wird wenig Nachwuchs zeugen können. In dieser unserer neuen Welt, in der das Verhalten gesetzlich festgelegt und der Verstoß gegen die Gesetze bestraft wird, werden unbewußte Überlebenstechniken aus der Urzeit zur gefährlichen Last. Obgleich Lancelot weiß, was er sich mit seinem rasenden Eifersuchtsanfall antut, ist er ihm ohnmächtig ausgeliefert.

Verhaltensweisen wie Eifersucht, Raubgier, Nötigung zum Geschlechtsverkehr, Kindesmord oder die Mordzüge von Horden und Banden, die bei unseren Reptilienvorfahren die Überlebenschancen erhöht haben mögen, sind wahrscheinlich aufgrund eines genetischen Antriebs haften geblieben. Womöglich war sogar Vergewaltigung – ein zumal in Kriegszeiten häufiges, abscheuliches Verbrechen, das kein zivilisierter Mensch rechtfertigen wird – einmal für manche, von anderen Wegen zu Geschlechtsverkehr und Reproduktion dauerhaft ausgeschlossene Männer das zwar nicht einzige, aber doch wirksamste Mittel der Fortpflanzung. Dieser Drang zur gewaltsamen Befruchtung der Frauen ist dann noch zusätzlich verstärkt worden, wenn die Kinder der Vergewaltigungsopfer die gefährlichen Strebungen ihrer Väter erbten.

John Alcock zufolge hat die feministische These, Vergewaltigung diene ausschließlich der sozialen Unterdrückung von Frauen – der gewaltsamen Aufrechterhaltung männlicher Herrschaft unabhängig von der Biologie – nur eingeschränkte Geltung. Alcock verweist darauf, daß in der Regel nicht Frauen in sozialer Machtstellung, sondern eher junge, oftmals arme und vergleichsweise wehrlose, auf dem Höhepunkt ihrer Gebärfähigkeit befindliche Frauen vergewaltigt werden. Wäre die Vergewaltigung in erster Linie ein grausamer Akt sozialer Unterdrückung, dann wären nach seiner Ansicht ältere, mit mehr Macht ausgestattete Frauen unter den Hauptopfern der Vergewaltiger. Mit seiner These behauptet Alcock nicht, daß bei einer Vergewaltigung nicht auch Haß und Gewalt gegen Frauen ausagiert werden, die womöglich auf die frühe Übermacht der Mutter über das Kind zurückgehen. Vielleicht werden Frauen im gebärfähigen Alter besonders häufig vergewaltigt, weil auch die – vom Kleinkind mit gottgleicher Macht ausgestatteten – Mütter der Vergewaltiger in der Regel jung waren. Da Kinder, alte Frauen, Schwangere und Männer ebenfalls vergewaltigt werden, wäre es natürlich schwachsinnig zu behaupten, Vergewaltigung sei *nur* ein Relikt früherer, brutalerer, den Säugetieren weniger gemäßer Formen der Fortpflanzung. Nichtsdestotrotz bleibt die Frage, ob sexuelle Gewalt nicht zum Teil auf die Entwicklung – bzw. Fehlentwicklung – des Reptilienhirns bei sexuell erregbaren jungen Menschen zurückgeht.

DER SPIEGEL DES PINSELÄFFCHENS

Nicht nur bei Reptilien, sondern auch bei Primaten hat der intakte R-Komplex Bedeutung für das soziosexuelle Verhalten. Die Pinseläffchen, die ja unserem Entwicklungsstrang erheblich näher stehen als die ausgestorbenen Reptilien oder die Anolis, kommunizieren mit ihrem Penis. Auch ohne eigentliche Sprache kommunizieren sie auf einer vorsprachlichen – „physiologischen" – Ebene. Dieses nicht-verbale, lautliche, körperliche und chemische Zeichengeben nennt der Neurobiologe Paul MacLean „Vorwarnen". Er wies nach, daß das Zeichengeben mit dem ostentativ erigierten Penis eine herausragende Rolle bei Verführung und Angriff, bei Herrschafts- und Unterwerfungsakten spielt. Diese Affen präsentieren ihre Erektionen nicht nur zum Zeichen des Geschlechtstriebs, sondern auch zur Begrüßung und zur Abschreckung. Bei einer bestimmten Pinseläffchenart recken die Männchen ihren erigierten Penis sogar dem eigenen Spiegelbild entgegen. Diese Affen erkennen im Spiegel offenbar ihren Rivalen und versuchen ihm Angst einzujagen. Da sie vor ihrem Spiegelbild regelmäßig in Imponierhaltung gehen, konnte MacLean die Auswirkungen von Gehirnamputationen – der sorgfältigen Entfernung verschiedener Hirnteile – auf ihr Verhalten studieren. Dabei entdeckte er, daß das Imponiererigieren nicht an die säugetierspezifische Großhirnrinde gekoppelt ist. Die beidseitige Entfernung oder Zerstörung der auf fossile oder rezente Säuger zurückgehenden Teile des Primatengroßhirns wirkte sich kaum auf die Imponiererektion aus. Beidseitige Beschädigungen von Teilen des alten R-Komplexes hingegen führten zu einem „Kurzschluß" im betreffenden Verhalten. Ein Pinseläffchen mit beschädigtem R-Komplex reagiert nicht mehr mit erigiertem Penis auf sein Spiegelbild! Besonders fasziniert war MacLean von dem Befund, daß abgesehen vom Verzicht auf die Penisexhibition gegenüber dem Spiegelbild sich das Pinseläffchen nach der Operation faktisch normal verhielt.

Ein Blick in den Evolutionsspiegel zeigt also, daß Affen – zumindest MacLeans Pinseläffchen – einem bestimmten rituell fixierten soziosexuellen Exhibitionismus nicht auf Befehl ihres Säugetier-Hirns, sondern unter dem Einfluß ihres R-Komplexes frönen. Als integraler Bestandteil unseres menschlichen Gehirns mahnt dieser dem normalen Großhirn von Seeschildkröten, Eidechsen und Krokodilen so ähnliche R-Komplex daran, daß im sexuellen Zentrum unseres Verhaltens noch immer das Reptil steckt. Wir mögen noch so kultiviert, geordnet und rational handeln, ein Teil unseres Gehirns lauert im Dunkel wie eine giftige, zischende Schlange mit gespaltener Zunge. (Wohl nicht zufällig stecken in den schlimmsten Beschimpfungen, den aggressivsten Beiwörtern Flüche, die auch mit der Sexualität zusammenhängen; derlei Doppelbedeutungen sind für das Reptil in uns offenbar zweite Natur.) Für diesen Teil hat weder die Evolutionstheorie noch irgendein anderes Abstraktum, wie etwa die Zeit, wirklichen Sinn. Es ist sogar denkbar, daß unser Reptilienhirn sich wiedererkennt, wenn wir von ihm sprechen. Vielleicht bildet dieser anatomisch und neurochemisch gesonderte Teil des Gehirns ja auch die materielle Grundlage der von Sigmund Freud als „Primärprozeß" bezeichneten unbewußten Funktionen. Obgleich Freud sich von der Biologie löste und einen neuartigen Diskurs entwickelte, hielt er stets an der Hoffnung fest, seine Spekulationen über die psychischen Funktionsabläufe würden eines Tages durch anatomische Erkenntnisse belegt.

DER DRACHE IN UNS

Säugetiere haben ihr Reptilienerbteil nicht verloren. Es ist praktisch ein Grundsatz der Evolution, daß ein für die Vorfahren wichtig gewesener Körperteil oder chemischer Prozeß niemals spurlos verschwindet, obgleich solche Merkmale radikal umgebildet werden können. Das Leben ist extrem konservativ; Lebewesen verkörpern geradezu ihre eigene Geschichte. So können auch typische Verhaltensformen der Reptilien bei den Menschen überdauern. Zu ihnen gehören Suche und Einrichtung eines Wohngebiets, Abstecken und Markieren des Reviers (häufig durch das Plazieren von Fäkalien) sowie Anlegen der Fährte. Zur Verteidigung des Reviers bringen die Reptilien ihre farbenprächtigen und ausgeschmückten Körper nach einem festen Ritual in Imponierhaltung. Manche nehmen im Triumph markante Körperhaltungen ein oder signalisieren Sieg respektive Niederlage mit wechselnder Färbung. Ganze Reptilienhorden können an der von Herpetologen so genannten Isopraxis, am Imitationsverhalten, beteiligt sein: Meerechsen begeben sich gemeinschaftlich zu ihren Futterplätzen auf dem Meeresgrund und kehren zusammen zum Sonnenbad zurück. Geckogesänge und Krokodillaute beginnen und enden immer als vielstimmiges Konzert. Seeschildkröten gehen in endlos langen, dicht gedrängten, bedächtigen Zügen auf Wanderschaft. Im Frühjahr kommen die Schlangen aus ihren Winterlöchern und paaren sich in großen Gruppen. Dabei liegt jedes Weibchen mit ihrem Partner aufgerollt zur „Schlangenkugel", beide sind in der typischen Kopulationshaltung ineinander verschlungen.

Zu den Kriechtieren gehören auch die Seeschildkröten (Chelonidae); allerdings haben sie sich mit ihrem harten, den Kopf schützenden Panzer und dem langsamen Gang kaum verändert, seit sie zu einer Ordnung jener Stammreptilien wurden, von denen nicht nur die See-, Sumpf- und Landschildkröten, sondern ebenso unsere direkten Vorfahren, die Synapsiden oder „säugetierähnlichen" Reptilien abstammen. Andere Urkriechtiere wurden zu Dinosauriern und Vögeln.

Obgleich Reptilien aufgrund ihres Kollektivverhaltens stark typische Züge erhalten, sind bei ihnen doch auch Individualität und persönliche Eigenart beobachtet worden. Die steinalte Riesen-Landschildkröte Rotumah von den Galapagos-Inseln starb an „sexueller Übererregung", wie Lord Walter Rothschild, Verfasser einer Monographie über diese Schildkröte, 1897 schrieb.[6] Offenbar konnte Rotumah nach einem etwa 150 Jahre währenden Erwachsenenleben die Trennung von seiner lebenslänglichen Sexualpartnerin, die zwei Jahre zuvor versehentlich im australischen Sydney zurückgelassen worden war, nicht ertragen. Mit Sicherheit stand und steht die Sexualität, die für die Reproduktion der Reptilien nicht weniger wichtig ist als für die unsere, bei ihnen im Zentrum des Interesses.

Die größten noch lebenden Reptilien sind die sogenannten Komodo-„Drachen" von den zu Indonesien gehörenden Kleinen Sundainseln, Warane der Art Varanus komodoensis. Bei einem Gewicht von etwa 1350 Kilogramm kann ein Komodo bis zu drei Metern lang werden. Von allen heutigen Lebewesen hat dieser Waran vielleicht die größte Ähnlichkeit mit den Reptilienvorfahren der Säugetiere. Die Weibchen versenken ihre Eier in zwei bis zehn Meter tiefen Gräben. Die geschlüpften Jungtiere leben in Bäumen. Diese „Drachen" fressen alles von Insekten bis zu Wasserbüffeln. Bei Gelegenheit lauern sie sogar einem Hirsch auf, begnügen sich aber auch mit dem Aas. Manchmal zischen sie.

Das Sexualleben dieser Monsterreptilien läßt sich leicht beobachten. Allem Anschein nach können die Komodos untereinander differenzieren und bilden treue Paare. Mit ihrem für Reptilien ungewöhnlich feinen Geruchssinn und ihrem Partnerverhalten haben sie vermutlich einen kognitiven Vorsprung gegenüber ihren (und unseren) Reptilienvorfahren gewonnen. Das Liebesvorspiel besteht in ausgiebigem Züngeln, wobei die Zunge über den Kopf und die Oberseite der Hinterbeine fährt; die Paarung vollzieht sich in der Regel nicht allzu weit von den Futterplätzen entfernt.

Wie Alligatoren und Krokodile können auch Komodo-Warane bösartig sein. Wenn Männchen von Männchen bestiegen werden, signalisiert das wohl weniger die größere Fortpflanzungsfähigkeit als vielmehr den höheren sozialen Rang. Bei der heterosexuellen Paarung wurde auch beobachtet, daß das Männchen seine Krallen tief in den Hals des Weibchens vergräbt und sich in dessen Nacken und Schultern verbeißt. Eine Studie berichtet davon, daß ein 2,3 Meter langes Weibchen ein 1,8 Meter großes vagabundierendes Männchen zerfleischte, als dieses es besteigen wollte. Danach begab sich das Weibchen zum Brutrevier zurück, wurde aber dort von ihrem Partner, einem noch größeren Männchen, wie gewohnt von der gemeinsamen Futterstelle vertrieben.[7] Derlei Berichte deuten darauf hin, daß die eigentümlich enge Verkoppelung von Sexualität und Gewalt womöglich damit zusammenhängt, daß beide früher gleichermaßen lebensnotwendig und in dem einfacher gebauten, also schneller ausgewachsenen Gehirn miteinander verknüpft waren.

SCHLANGENMYTHEN

In der Mythologie aller menschlichen Kulturen wimmelt es von Reptilien: von Quetzlcoatl, der gefiederten Schlange der Azteken, bis zu der vor der Vertreibung von Adam und Eva aus dem Garten Eden auftretenden bösen Schlange namens Satan. In einer anderen biblischen Geschichte wirft Moses einen Stab von sich, der dann als Schlange fortkriecht. Auch zu den Gestalten, in denen die Große Mutter angebetet wurde, gehörte die Schlange. Von allen Reptilien hat die Schlange in der Kultur des Westens wohl am häufigsten symbolische Bedeutung erhalten. Ist sie lediglich ein Freudsches Phallussymbol unter vielen, oder steht sie für mehr?

Anders als ihre unsterblichen Schwestern war Medusa zwar nur ein Mensch, aber eine schöne junge Frau: viele Männer stellten ihr nach, doch allen verweigerte sie sich, bis endlich der Meeresgott Poseidon um sie warb. Als sie dann allerdings mit Poseidon auf einer blühenden Wiese lag, erregte sie den Zorn

Athenas, die Medusa um ihre Schönheit beneidete. Aus Rache verwandelte die Göttin Medusas herrliche Locken in ein wildes Geringel von Schlangen und gab ihr ein so häßliches Antlitz, daß man bei seinem bloßen Anblick zu Stein erstarrte. Aber Athenas Zorn war noch nicht verraucht, und sie brachte Perseus dazu, Medusa das Haupt abzuschlagen. Aus ihm machte sie sich nun nach dem Vorbild von Zeus' Wetterwolke einen Schild, eine Aegis, die so grauenerregend war, daß jeder, der sie anzublicken wagte, urplötzlich erstarrte wie eine aufgeschreckte Eidechse. Aus Medusas abgetrenntem Hals sprang das geflügelte Pferd Pegasus, und die Blutstropfen, die in den Wüstensand fielen, verwandelten sich in rasch davongleitende Giftschlangen.

Nach Freuds Auffassung stellt der Anblick des Schlangenhaars für den Betrachter eher eine Beruhigung dar: Wer mit Schrecken feststellen muß, daß die Frau keine äußeren Genitalien besitzt, und sie deshalb für kastriert hält, der empfindet die vielen schlangenförmigen Phallussymbole auf dem Haupt der Medusa als tröstliche Entschädigung.

Stammt unsere zwischen Anziehung und Abstoßung – Erstarrung und Faszination – hin und her schwankende Reaktion auf den Reptilienanblick einfach nur aus einer ererbten Doppelnatur, aus der Überlagerung der alten Reptilienpsychologie durch die neue Säugetiermentalität? Unsere entwicklungsgeschichtlichen Vorfahren waren die Stammreptilien, die Väter der säugetierähnlichen Reptilien, der Synapsiden. Von diesen letzteren finden sich Fossilien auf allen Kontinenten, einschließlich der Antarktis; ihre Blütezeit hatten die säugetierähnlichen Reptilien vor etwa 250 bis 150 Millionen Jahren in Perm und Trias, noch vor Entstehung der meisten Dinosaurier. Danach allerdings lassen sich keine Synapsiden-Fossilien mehr nachweisen; man nimmt daher an, daß die meisten dieser säugetierähnlichen, eierlegenden Arten von den Thekodontiern, den flinken Vorläufern der Dinosaurier, in großen Massen aus ihren Schlupflöchern vertrieben und gefressen wurden. Die Stammreptilien verzweigten sich nun und entwickelten sich einerseits zu Dinosauriern, andererseits zu deren Säuger-Verwandten; zum Reptilienstammbaum gehören also nicht bloß Komodo-Drachen und Dinosauriermonster, sondern auch die säugetierähnlichen Vorläufer, die sie zig Millionen Jahre lang terrorisierten. Der gigantische Brachiosaurus etwa, der so viel wiegt wie zwölf afrikanische Elephantenbullen, muß einen solchen Terror ausgeübt haben, daß Säugetiere in der Nachbarschaft gefährlicher Reptilien keine Angst- und Fluchtreaktionen mehr zeigten und früh starben, ohne Nachkommen zu hinterlassen.

In Videospielen, Spielzeug, Comics und Fernsehsendungen wird das Riesenreptil häufig und mit großem Erfolg porträtiert. Kinder möchten die Dinosauriermonster, die sie so sehr fürchten, gleichwohl in der Phantasie zum Freund haben. Und Erwachsene besitzen ein nicht weniger ambivalentes Bild vom Reptil. Ureinwohner des westlichen Australien haben auf ihren Felsmalereien Frauen dargestellt, die beim Tanzen durch fließendes Menstruationsblut miteinander verbunden sind. Ausgemalt ist dieses Blut so, daß es wie eine zusammengerollte Schlange aussieht. Der entsprechende Mythos erzählt, daß am Beginn der Zeit zwei von Schlangen bezauberte Schwestern jedem Ding seinen Namen gaben. Beide Frauen, die sogenannten Wawilak-Schwestern, wechseln sich ab bei dem Tanz, mit dem sie das Auge der phallischen Schlange fesseln, obgleich beide ziemlich müde sind. So bezaubern die Schwestern den im Mythos als „Regenbogen-Schlange" bezeichneten Python, der sich, betört vom Geruch des Menstruationsblutes, ziellos mal der einen, mal der anderen zuwendet. Am Schluß dieser von den Aborigines erzählten Geschichte schwankt die jüngere Wawilak-Schwester heftig hin und her und menstruiert dabei so stark, daß „der Python, der neues Blut roch, sich entschlossen vorwärtsbewegte".[8] Durch das wechselseitige Menstruieren gelingt es also den Schwestern, eben jene gefährliche, aufsässige Schlange hervorzubringen, deren Kräfte sie fürchten.

Gewiß haben dergleichen Mythen auch sexuelle Bedeutung, dennoch liegt ihr Zauber in anderem beschlossen: vielleicht in der Transformation des Sexus, vielleicht darin, daß der grauenerregende Drache hier nicht erschlagen, zerstückelt, sondern *gezähmt*, daß das wilde Tier in die Vielfalt der Säugetiere integriert wird. Wie in dem berühmten Trick der indischen Schlangenbeschwörer, zu deren Flötenspiel die Schlange sich entrollt, und dem ganz ähnlichen Trick, bei dem ein in die Luft geschleudertes Seil so steif wird, daß ein kleiner Junge daran hochklettern kann – so erscheint auch im alten Kundalini-Yoga die kosmische und weibliche Kraft im Bild einer um das Ende des Rückgrats etwas unterhalb der Geschlechtsorgane gerollten schlafenden Schlange. Im Moment der Vergeistigung schießt das Kundalini wie ein Blitz durch einen schmalen, bis zum Gehirn führenden, „Susumna" genannten Kanal im Rückgrat hinauf. Das Ergebnis ist ein erschlaffter („passiver, kalter und lebloser") Körper und ein erleuchtetes Gehirn: „Samadhi", ein Zustand höchster Verzückung, in dem es keinen Tod gibt.[9] Zum Problem der Transformation schreibt Walter Kaufman, Übersetzer und Kommentator philosophischer Texte:

> Zu den erstaunlichsten Eigenschaften des Sexualtriebes gehört es, daß er trotz seiner unleugbar körperlichen Basis in der Lage ist, sich andere Bedürfnisse und Wünsche zu assimilieren; zum Beispiel das Verlangen nach Sicherheit, nach Rückhalt oder Neueroberungen sowie das Bedürfnis, eine furchterregende Leere zu füllen. Derlei Wünsche und Bedürfnisse werden häufig als Sexualbedürfnisse mißverstanden, obgleich sie auf nicht-sexuellem Wege befriedigt werden können.[10]

So hat auch das Bild von der entfesselten beziehungsweise gefesselten Schlange in uns fraglos sexuelle Bedeutung; zugleich aber bildet es ein mythologisches Ganzes, das auf einen bloßen evolutionären Erklärungszusammenhang nicht zu reduzieren ist.

Die Schönheit der Mythen hängt vermutlich an ihrer Verwandtschaft mit dem Traum. Wie Träume können auch Mythen nur um den Preis des Sinnverlusts gebildet werden: sie sind per se irreduzibel, kristallin und dienen dem Erklären eher als epische Quelle, als daß sie selbst nach Erklärung verlangen. Aus diesem Grunde vielleicht befaßte Freud sich so intensiv mit den Mythen von Ödipus und Narziß, mit Träumen und paläontologischen Sagen. Solche flutenden Geschichten sind wie ein Kreisel im Herzen des Logos, der Logik, gleichsam der sprudelnde mythologische Kern im Innern der „wissenschaftlichen" Erklärung. Evolutionsgeschichten mit ihrer linearen Zeitvorstellung und ihrer logischen Ableitung des Gegenwärtigen aus dem Vergangenen suchen vor allem zu überzeugen. Mythen hingegen haben etwas Zeitloses und sind aufrichtiger darin, daß sie nicht unbedingt für bare Münze genommen werden wollen. Alle Mythen bleiben in zeitlicher Schwebe und ähneln damit dem schlüpfrigen Uroboros, der kreisförmigen Schlange, die in sich verschwindet und doch aus sich hervorgeht, der Traumschlange, die ihren eigenen Schwanz, ihre eigene Geschichte [im Englischen klingen „tail" und „tale" gleich. A.d.Ü.] verschlingt, um sich ewig neu zu erschaffen.

SYNAPSIDEN-BEWUSSTSEIN

Mit seinen Versuchen, aus fossilen Schädeln die Größe des Gehirns abzuleiten, gehört der an der Universität Kalifornien (UCLA) tätige Harry Jerison zu den wenigen Wissenschaftlern, die genügend Mut, ja Tollkühnheit besaßen, um sich an die Rekonstruktion der Ursprünge des Bewußtseins zu machen. Die ersten Voraussetzungen für die Entstehung der menschlichen Sprache – „an der sich die ganze Komplexität der vom Homo sapiens geschaffenen Wirklichkeit ermessen läßt", wie es bei ihm heißt[11] – liegen wahrscheinlich schon etwa 70 Millionen Jahre zurück, datieren also aus einer Zeit lange vor den Anfängen der Menschheit. Sprache definiert Jerison dabei als die Kodierung vieler, oftmals gleichzeitiger Geschehnisse in Symbolreihen, in Geschichten.

Vor etwa 245 Millionen Jahren am Ende des Perms gingen die säugetierähnlichen Reptilien fast ausnahmslos zugrunde. Viele sind wohl von ihren schnellen und grausamen Verwandten, den Thekodontiern, den Vorgängern der Dinosaurier, gefressen worden. Einige wenige Synapsiden blieben am Leben. Sie haben sich vielleicht nachts, im Schutz der Dunkelheit hervorgewagt und von unbewachten Reptilieneiern oder -jungen ernährt. Wie Blinde, die ein schärferes Gehör entwikkeln, fanden sich unsere Synapsiden-Vorfahren in der unheimlichen Dunkelheit zurecht. In der Tat hat man entdeckt, daß diese überlebenden Synapsiden die vornehmlich ans Tagessehen gebundene Wahrnehmung der Reptilien aufgaben und sich auf die im Dunkel der Nacht vor allem am Hören orientierte Wahrnehmung der frühen Säuger umstellten.

Jede Tierart besitzt ihre je eigene Wahrnehmungswelt. Die Geruchswelt eines Hundes zum Beispiel unterscheidet sich erheblich von der farbenprächtigen visuellen Welt eines Vogels und von der ultravioletten Welt des zwischen schimmernden Blütenblättern umherflatternden Schmetterlings. Die heutige „Vorstellung von der Wahrnehmungswelt", schreibt Jerison, „besteht in einer Konstruktion des Nervensystems, die die vom Gehirn verarbeitete sensorische und motorische Information erklären soll."[12] Die Arbeit des Gehirns zielt auf Bewußtsein, und Bewußtsein impliziert endloses, vielleicht unaufhaltsames „elektrochemisches" Verbrennen der mit Nervenschaltungen ausgestatteten Nervenzellen.

> Gelingt es, eine signifikante Zahl dieser Vorgänge erneut als „Objekte" in „Raum" und „Zeit" zu kodieren, ... hat das die Information verarbeitende Gehirn sichtlich leichtere Arbeit. ... Wir können nun schließen, daß Wirbeltierarten mit weniger entwickeltem Gehirn bei der Umwandlung von Sinnesinformation in Bewegungsnervinformation fast oder ganz ohne jenes Modelldenken auskommen, das mit dem Bewußtsein und dem Aufbau von Wahrnehmungswelten verbunden ist.

Bei Reptilien ist das Sehen vermutlich ein Netzhautreflex, ein „Reaktionsmuster", bei dem ein bestimmter Impuls oder Reiz regelmäßig dasselbe instinktive Verhaltensmuster auslöst. Reptilien und Amphibien sehen, ohne zu sehen. Dreht man durch einen chirurgischen Eingriff das Auge des Frosches in der Höhle, so daß alle von ihm produzierten Bilder auf dem Kopf stehen, gelingt es dem Tier nicht, sich dem neuen Gesichtsfeld anzupassen; vergeblich versucht es nun, eine auf seinem Fuß sitzende Fliege mit der nach oben schnellenden Zunge zu fangen. Zwischen der Umwelt bzw. Sinneswelt des Frosches und der unsrigen liegen Welten: Bei Versuchen mit Spezialbrillen läßt sich nachweisen, daß wir Menschen die Bilder von unserer Umgebung nur vorübergehend auf den Kopf stellen. Bei längerem Tragen der Brille korrigiert das umgedrehte Bild sich von selbst (wobei nach dem Absetzen der Brille eine erneute Korrektur zum Normalzustand hin erforderlich ist). Die optischen Bilder werden also nicht vom Auge allein, sondern auch von Teilen des Gehirns verarbeitet. Bei Reptilien hingegen „wird die räumliche Wahrnehmung von einem in der Retina selbst angesiedelten Analysator kodiert".[13] Jerisons Rekonstruktion zufolge entwickelten sich die Säugetiere aus Nachtreptilien. Während die Vorfahren noch auf visuelle Reize instinktiv reagierten, überlebten die neuen säugetierähnlichen Reptilien mit Hilfe des Gehörs.

Zuerst war das Aufspüren des Raubtieres mit dem Gehör gar nicht leicht. Das Tier mußte längeres Getapse im Dunkeln mit dem Ohr aufnehmen und dann zu einer dem Gesichtsfeld vergleichbaren Landkarte zusammenstellen, auf der der Weg des näherkommenden Räubers oder des fliehenden Beutetiers eingezeichnet war. Damit das Nachthören an die Stelle des Tagessehens treten konnte, „mußten die neuralen Regelkreise die zeitlich kodierten Muster der akustischen Nervenreize in entsprechende räumliche ‚Landkarten' übersetzen, wie sie bei den Reptilienvorfahren auf direkterem Wege von den räumlich angeordneten Sinneszellen der Netzhaut entworfen worden waren".[14] Die Landkarten indessen waren noch nicht das wirkliche Revier. Will man sich eine Vorstellung davon machen, wie schwierig es für unsere Vorfahren war, entfernte Vorgänge allein mit dem Gehör ohne die Hilfe des Auges wahrzunehmen, dann muß man einmal versuchen, einen Ton zu „hören", indem man auf den Bildschirm einer Stereo-Oszillographenröhre mit ihren flatternden Kurven blickt. Die gewaltigen Probleme, die mit der Übersetzung einer zeitlichen Abfolge akustischer „Momentaufnahmen" in eine verläßliche räumliche „Landkarte" verbunden waren, führten vor etwa 200 Millionen Jahren in der Spättrias bei den Säugetieren zur Vergrößerung der akustischen Hirnrindenfelder.

Jerison zufolge gab es im Wahrnehmungssystem unserer urzeitlichen Vorfahren tiefgreifende Veränderungen. An deren Beginn stand die Verschiebung zum säugetierspezifischen Gehör. Aus dem visuellen System der Reptilien machten die Nachtsäuger die Stäbchenretina der Säugetiere, „die in Dämmerung und Mondlicht für grobe Entfernungsmessung bei feststehenden und perfekte Entfernungsmessung bei bewegten Gegenständen sorgte". Und was noch wichtiger war: „Mit der neuen Funktion des Gehörs wurde eine neurale Repräsentation der Zeit in mindestens Sekundenabständen sichergestellt, die die ‚Zeitverkopplung' zeitlich disparater Ereignisse zu einem einheitlichen Handlungsauslöser ermöglichte."[15] So begannen unsere Vorfahren, auch die hinter ihrem Rücken befindlichen Objekte räumlich zu situieren und bewußt wahrzunehmen. Mit den nunmehr von einem feinen Gehör und einem visuellen System *gemeinsam* gelieferten Daten konnte der akustisch lokalisierte Standort der Objekte visuell bestätigt werden und umgekehrt. Das Nebeneinander des von den Reptilien stammenden Netzhautsehens und des von den frühen Säugern entwickelten Gehörs wirkte integrierend und synergistisch. Jerison vermutet, daß selbst Namengebung und Nomenbildung letzten Endes auf diese Verschmelzung der Sinne zurückgehen, mit deren Hilfe unsere Vorfahren ihre Umwelt präzise „kartographieren" konnten. Nach der Herausbildung des Säugetier-Gehörs war es dann wahrscheinlich äußerst vorteilhaft, die aus den zeitlich wahrgenommenen Tönen angefertigte räumliche Karte in das Ensemble der über die Augen aufgenommenen visuellen Reize zu integrieren. All jene Tiere, die ihre visuellen und akustischen „Landkarten" zu einem einheitlichen audiovisuellen Wahrnehmungsraster verschmolzen, konnten mit Erfolg jagen, kämpfen und fliehen. Sie hinterließen folglich mehr Nachkommen.

Vor etwa 70 bis 60 Millionen Jahren waren die meisten am Tag lebenden, schnellen Riesenreptilien einschließlich aller Dinosaurier ausgestorben. Dieses dramatische Artensterben in der späten Kreidezeit schuf Raum für die Evolution vieler neuer Säugetierarten. Es bildete sich nun ein differenziertes Farbensehen für das Tagleben heraus. Die außerordentlich farb-und lichtempfindlichen Zapfen der Retina stammen allem Anschein nach aus der Umgestaltung der säugetierspezifischen Netzhautstäbchen und ihrer Verbindungen und nicht aus dem alten System der Reptilien. Es war eine Rundumerneuerung des Säugetierhirns. Der wiedererstehende Gesichtssinn wurde zur Basis eines neuen, auf die Hirnrinde, in das Hirn hinein verlagerten Sehens. Andere Verschiebungen folgten. Das ins Gehirn hinübergewanderte Hören, das aufeinanderfolgende Töne zu Umgebungskarten zusammensetzen konnte, wurde nun wiederum für den Gesichtssinn genutzt. Das heißt,

> zusätzlich zu seiner normalen „kartographischen" Funktion übernahm das Sehen die Aufgabe der Zeitverkopplung, ähnlich wie das Gehör, wenn es eine komplexe Tonfolge zu Melodien zusammenschließt. Dieser neue Gesichtssinn der Säugetiere war weitgehend ins Gehirn verlagert. ... Ein derartiges System konnte visuelle Bilder sekundenlang oder länger in irgendeiner Form speichern und so hinter den zeitlichen und räumlichen Veränderungen das „Beständige" festhalten.[16]

Zu einer weiteren Verbesserung des Gehörsinnes kam es „im Laufe der letzten Millionen Jahre. ... Das Gehörsystem war nun ... in der Lage, Töne und Tonmuster in Objekte umzusetzen und die Wahrnehmungswelt – zumal mit Rücksicht auf die Zeit – erheblich zu differenzieren." Zu Recht vermerkt Jerison, daß „das Spezifikum der Sprache weniger in ihrer Bedeutung für die soziale Kommunikation als vielmehr in ihrer Rolle bei der Evokation der kognitiven Bilder liegt";[17] nach seiner Ansicht sollte es uns eigentlich stutzig machen, daß der Erfahrungswechsel als Bewegung der Person und nicht als Veränderung einer von einem unbewegten Betrachter angeschauten Welt begriffen wird. Letztlich „war die Schwelle zur Evolution der Wahrnehmungswelt erreicht, als die ‚Zeit' eine zentrale Stelle im Analysesystem der Entfernungsinformation erhielt".[18] Ein Zeitbewußtsein gibt es nach Jerisons Überzeugung erstmals bei den frühen Säugetieren, denen nach der Entwicklung eines scharfen Gehörs auch noch die erneute Entwicklung des Gesichtssinnes gelang; die Zeiterfahrung wird zum synthetischen Nebenprodukt einer neuen Form der audiovisuellen Wahrnehmung.

SPRUNG IN DIE ZEIT

Als Einstein wieder einmal von Journalisten belagert war, die ihn zum xten Mal drängten, seine Relativitätstheorie in einem Satz zusammenzufassen, bat er die Verehrer, seine Antwort eher als einen Scherz zu nehmen. Dann erklärte er, daß die Menschen vor ihm der Ansicht waren, selbst nach Vernichtung aller im Weltall vorhandenen Materie würden Zeit und Raum weiter bestehen bleiben. Mit der „Relativität", so erläuterte er, habe er zeigen wollen, daß mit dem Verschwinden der Materie auch Raum und Zeit verschwinden würden. Analog dazu möchten wir die These vertreten, daß die Zeit überhaupt erst im Laufe der menschlichen Entwicklungsgeschichte entstanden ist. Diese Feststellung soll kein bloßer Scherz sein, gemeint ist sie vielmehr als Paradox, als Aporie (wie es die Philosophie nennt) – als Zwiespalt und unvermeidlicher Widerspruch, der besagt: Hier gibt es (k)ein Zurück.

Nach Ansicht des Neurobiologen William Calvin hätte unsere Gattung Homo sapiens eher den Namen „Homo seriatum" verdient: Besteht unser eigentliches Kennzeichen doch darin, daß wir seriell, in Reihen-Folgen berichten, Geschichten erzählen, fortlaufend-lineare Texte schreiben und vorausplanen.[19] Da nun aber die Evolution selbst nichts anderes ist als eine solche Geschichte, bleibt auch unsere Version, die menschliche Gattung sei entstanden, um die eigene Geschichte zu erzählen, unbestreitbar beherrscht von einer irgendwie mysteriösen Zirkelbewegung. Calvin allerdings leitet den menschlichen Hang zum Fortlaufend-Linearen ab, und zwar von dem Umstand, daß unsere Vorfahren die von Darwin zum Maßstab gemachte Zeugung zahlreicher Nachkommen tatsächlich zuwegebrachten: Sie entwickelten Konzentrations- und Kalkulationsfähigkeit und verschafften sich ihre Nahrung vornehmlich dadurch, daß sie ihr Jagdwild mit großen Steinen und anderen Gegenständen bewarfen. Die Flugbahn der von ihnen geschleuderten Steine oder mit Widerhaken versehenen, vergifteten Stöcke planten sie voraus. Als sie dann im Laufe der Entwicklungsgeschichte zunehmend geschickter im Werfen wurden, vergrößerte sich der für die Treffsicherheit bei beweglichen Objekten verantwortliche Hirnabschnitt, mit dem auch Rechtshändigkeit und Arbeitsteilung zwischen den Großhirnhälften zusammenhängen. Mehr noch: Nach Calvins Darstellung arbeiteten die für das Töten kleinerer Tiere durch Steinwürfe erforderlichen Rechenoperationen mit eben jenen Gehirnfunktionen, die später eine entscheidende Rolle in der Sprachlogik spielten. Der wachsende Erfolg, mit dem die Menschen (in der Regel mit der rechten Hand) ihre Steine nach Kaninchen, Hirschen und Vögeln warfen, brachte eine adaptive Zunahme der für das Werfen zuständigen Hirnstrukturen mit sich, die zugleich den Sitz des Sprachvermögens in der linken Hemisphäre bilden. Calvin schildert, wie junge Mütter mit dem linken Arm ihr Baby ans Herz drücken, damit es ruhig bleibt, und in der rechten Hand ein Wurfgeschoß halten. Werfen hieß zielen, und zielen hieß planen; mit dem Tun entstand auch dessen Berechnung. Die Zunahme der seriell verarbeitenden Fähigkeiten war dann ihrerseits Bedingung dafür, daß die Menschen im Laufe ihrer Entwicklungsgeschichte Voraussicht und Antizipation lernen konnten; nach Calvins Überzeugung nämlich brachte sie nicht allein Fertigkeiten wie Baseballwerfen hervor, sondern auch die exquisite Kunst des Homo sapiens: die Sprache.

Bei Hegel gibt es einen Unterschied zwischen philosophischer und wissenschaftlicher Erkenntnis. *Richtigkeit* im Sinne der Wissenschaft ist für ihn etwas anderes als *Wahrheit* im Sinne der Kunst, Philosophie oder Ästhetik. Dem Maler Picasso, der den Anspruch erhob, jedes von ihm geschaffene Bild sei Ausdruck der Wahrheit, könnten manche vorhalten, seine Darstellung des spanischen Bürgerkriegs in ‚Guernica' habe keinerlei *Richtigkeit*. Von der Wissenschaft aus gesehen ist das Bild etwas ganz Abstraktes: keine Photographie, keine Abbildung wirklicher Geschehnisse. Und dennoch fängt ‚Guernica' den Geist des spanischen Bürgerkriegs wohl besser ein als jeder Dokumentarfilm.

Was Calvin und Jerison erzählen, ergibt wissenschaftlichen Sinn: es ist zwar nicht exakt, aber doch immerhin plausibel. Im philosophischen Verstande hingegen stellen die geradlinigen Geschichten dieser Wissenschaftler, die nichts Geringeres tun wollen als den Ursprung des menschlichen Zeitempfindens zu erklären, einen allzu glatten Zusammenhang her. Folgt man behutsam den unsichtbaren Nahtlinien solcher wissenschaftlichen Texte und entdeckt – auf der Suche nach *Wahrheit*, nicht nach *Richtigkeit* – ihre Textur, so stößt man unweigerlich, überall wo innerhalb einer diskursiv-erklärenden *Geschichte* vom *Ursprung des Linearen* die Rede ist, auf einen gewaltigen Riß in diesem Flickenteppich.

Die Geschichte, die darüber Auskunft gibt, wie Tiere die Zeitwahrnehmung lernten, ist keine gewöhnliche Geschichte: sie hat ja die Geschichten selbst zum Gegenstand, sie erzählt, woher der Hang zum Geschichtenerzählen kommt, wie er entstanden ist. Und da Geschichtenerzählen im evolutionären Diskurs immer für Erklären steht, ist die Entstehungsgeschichte der Zeit zugleich eine Erklärung des Erklärungsvermögens, deren Selbstbezüglichkeit an die sich selbst verschlingende Schlangengestalt des Uroboros erinnert. Das liegt daran, daß die entwicklungsgeschichtliche Logik die Gegenwart von der Vergangenheit her erklärt, mit der Suche nach dem Ursprung der Zeitwahrnehmung bei den Tieren aber die Entstehung dieser Logik selbst historisch verankert und dabei stillschweigend erklärt wird.

Bewußtseinsbilder scheinen oftmals alle gleichzeitig aufzutauchen, die Wissenschaft hingegen ist mit ihrer Darstellung – gleichgültig ob für Fachkollegen oder das breite Publikum – an lineares Nacheinander, logische Entwicklung gebunden. Agnes Arber, Pflanzenmorphologin an der Universität Cambridge und Mitglied der Royal Society, erläutert, worin „die Schlußphase des biologischen Denkens" besteht. Ganz am Ende nämlich, am Ende seiner Untersuchung, „tritt der Biologe zurück von der Detailforschung, um sie in ihrem Zusammenhang mit dem Denken im allgemeinen zu sehen".[20] In dem Kapitel „Der Biologe und das geschriebene Wort" räumt die englische Botanikerin jeden Verdacht aus, die Vagheit oder Abstraktheit ihrer Darstellung könne etwa einem Mangel an Wissen geschuldet sein:

> Ein anderes Hindernis – aber dies betrifft nicht nur die Wissenschaft – ist, daß die Wörter nach den einschränkenden Konventionen von Sprache und Schrift nur in einer einfachen linearen Folge angeordnet werden können, welche – zeitlich in der Rede – beim Schreiben ins Räumliche übersetzt wird. Unsere eigene Erfahrung läßt uns aber vermuten, daß das Denken in Wirklichkeit eher netzförmig verläuft (wobei das Netz vielleicht sogar mehrdimensional ist) als längs einer einfachen Linie. Selbst wer mit diesem Vergleich nicht einverstanden ist, wird zugeben, daß das Denken wie ein Strom ist mit Stromschnellen und stillen Wassern, obwohl es als Ganzes gesehen in einer Richtung fortschreitet. Weder ein Netzwerk noch ein Strom können durch eine lineare Wortfolge in adäquater Weise symbolisiert werden. Der schriftliche Bericht bleibt ein einzelner Faden, künstlich zu einer Kette gesponnen, während in dem Gedankengewebe, aus dem er stammt, die Verknüpfung der Elemente untereinander um vieles komplizierter ist. Haller hat das vor mehr als zweihundert Jahren richtig erkannt: „Die Natur", sagt er (von der Verwandtschaft zwischen den verschiedenen Monokotylen sprechend), „verknüpft die Arten nicht zu einer Kette, sondern zu einem Netz. Aber die Menschen sind unfähig, etwas anderes als eine Kette zu verfolgen, da sie nicht mehr als ein Ding auf einmal durch Worte ausdrücken können."[21]

Die linear verlaufende Zeit – die Zeit der Bücher, der Worte – schränkt uns ein. Sie ist deutlich unterschieden von der Zeit der Träume, des „Unbewußten". Es gibt also vielleicht eine „Reptilien"-Zeit. Bestimmte Traummerkmale – darunter etwa die Verzerrung des Zeitempfindens, die Vorherrschaft der irgendwie mit der Sexualität verknüpften Bilder, die surrealistische Bewegung und das kinematographische Sehen – haben sichtlich etwas von einer reptilienähnlichen Wahrnehmung. Seltsamerweise kennen nur Säugetiere und Vögel – eben jene beiden von den Reptilien abstammenden Klassen – das Bedürfnis zu träumen. Reptilien träumen nicht, ihr Wachbewußtsein aber könnte Ähnlichkeit mit unserem Traumbewußtsein haben.

Entschiedene Gegner der vermeintlich unwissenschaftlichen Psychoanalyse wenden sich gegen deren Versuch, die Bedeutung der Träume herauszufinden. Nach Ansicht des britischen Biologen Peter B. Medawar sind Träume einfach Unsinn, und sie zu interpretieren zeugt von kindischer, „dunkelmännischer" Schwäche für das Mysteriöse. „Alle", schreibt er, „die so gern im Fruchtwasser herumplanschen, sollten einmal einen Augenblick innehalten und sich (vielleicht zuerst nur unbewußt) mit dem Gedanken anfreunden, daß Träume vermutlich nicht den geringsten ‚Sinn' haben. In unserem Jahrhundert der Radioapparate und elektronischen Geräte müßte sich eigentlich der Hinweis erübrigen, daß viele Träume wohl nur Kombinationen von Gedankenelementen ohne den geringsten Informationswert sind: ein bloßes *Rauschen*."[22]

Medawar führte erbitterte Angriffe gegen die Psychoanalyse, die nach seiner Ansicht voreilige und pseudowissenschaftliche Versuche macht, Leiden wie etwa die Schizophrenie, die für ihn eher organische Erkrankungen des Gehirns darstellen, in die Sprache der Psychologie zu übersetzen. An der Psychoanalyse sei zwar hier und da Wahres

> wie an Mesmerismus und Phrenologie (zum Beispiel deren Vorstellung von der Lokalisierung der Funktionen im Gehirn). Als ganze aber bringt sie nichts. Außerdem ist sie ein ‚Endprodukt' wie der Dinosaurier oder der Zeppelin; eine bessere Theorie läßt sich auf

ihren Trümmern nicht aufbauen: für immer werde sie der trostloseste und merkwürdigste Meilenstein im Denken des 20. Jahrhunderts bleiben.²³

Trotz dieser harten Worte wäre es nach unserer Überzeugung wenig ratsam, Psychoanalyse und Philosophie als pseudowissenschaftlich, antiquiert oder dunkelmännisch zu verabschieden.

Nietzsche zufolge ist die Welt bildhaft, und „Bilderrede" sind schon die aus den Nervenreizen entstehenden Vorstellungen. Die Vorstellungen werden ihrerseits in Worte umgesetzt, und so fort in einer Kette metaphorischer Verwandlungen, deren Beginn bei unserem derzeitigen Wissensstand in Sachen Neurobiologie und Bewußtseinsvorgänge nur schwer – wenn überhaupt – festzumachen ist. Nietzsche schreibt:

> Das wache Leben hat nicht diese *Freiheit* der Interpretation wie das träumende, es ist weniger dichterisch und zügellos, – muß ich aber ausführen, daß unsere Triebe im Wachen ebenfalls nichts anderes tun als die Nervenreize interpretieren und nach ihren Bedürfnissen deren „Ursachen" ansetzen? daß es zwischen Wachen und Träumen keinen *wesentlichen* Unterschied gibt? ... daß auch unsere moralischen Urteile und Wertschätzungen nur Bilder und Phantasien über einen uns unbekannten physiologischen Vorgang sind, eine Art angewöhnter Sprache, gewisse Nervenreize zu bezeichnen? daß all unser sogenanntes Bewußtsein ein mehr oder weniger phantastischer Kommentar über einen ungewußten, vielleicht unwißbaren, aber gefühlten Text ist? ... Was sind denn unsere Erlebnisse? Viel *mehr* das, was wir hineinlegen, als das, was darin liegt! Oder muß es gar heißen: an sich liegt nichts darin? Erleben ist ein Erdichten?²⁴

HIEROGLYPHENTRÄUME

In einem Buch über Schriften von Freud und anderen versammelt Jacques Derrida Belege dafür, daß Träume in eigentümlicher Weise hieroglyphisch sind. Gleich einem Rebus vermischen sie Bilder und Silben, Symbole und Klänge nach einer für jeden Träumer spezifischen „Grammatik". In den ägyptischen Hieroglyphen zum Beispiel bezeichnet ein Auge sowohl ein Auge wie auch den ersten Buchstaben des ägyptischen Wortes für „Auge". Die Bedeutung verweist auf das, was über sie hinausgeht. Träume, so Derrida, sind vermutlich „wie eine Schrift konstruiert" und nichts anderes als „eine Handhabung von Elementen ..., die im Hieroglyphenschatz eingeschlossen sind, in der Weise etwa, wie ein geschriebenes mündliches Wort einer geschriebenen Sprache entlehnt würde".[25] Nach seiner Überzeugung „(denkt) Freud zweifellos, der Traum bewege sich nach dem Vorbild einer Schrift fort, die die Wörter inszeniert, ohne sich ihnen zu unterwerfen".[26] Die Traumbilder werden von den beweglichen, aber geschlossenen Augen des Träumers angeschaut.

Wie eine ägyptische Hieroglyphe oder ein chinesisches Schriftzeichen hat auch die sichtbare Erscheinungsform des Traumbilds die Tendenz, dessen vielfältige und potentiell grundverschiedene, vom jeweiligen Kontext abhängige Bedeutungen in den Hintergrund zu drängen. „Mein Verfahren", schreibt Freud, „ist ja nicht so bequem wie das der populären Chiffriermethode, welche den gegebenen Trauminhalt nach einem fixierten Schlüssel übersetzt; ich bin vielmehr gefaßt darauf, daß derselbe Trauminhalt bei verschiedenen Personen und in verschiedenem Zusammenhang auch einen anderen Sinn verbergen mag."[27]

UN-SINN

In der Bevorzugung der Bilder- gegenüber der Wortsprache, des Sichtbaren gegenüber dem Laut, spiegelt sich der Unterschied der Reptilien- gegenüber der Säugetierwahrnehmung. Wo immer Reptilien das Hören beibehalten haben, ist es etwas Autonomes, nicht wie bei Säugetieren eine vom gesamten Gehirn getragene und lebensnotwendige Funktion. Die empfindlicher als andere Kriechtiere auf akustische Reize reagierenden Seeschildkröten sind nahezu taub für alle durch die Luft übertragenen Töne. Statt dessen legen sie beim Hören ihren Kopf auf den Boden. Sie hören weniger mit den Ohren als mit den Knochen: Der Laut wird durch das „Trommelfell" des Panzers übertragen. Die meisten noch lebenden Reptilien sind außerdem stumm. Die zu den Eidechsenartigen gehörenden Geckos sind die einzigen, bei denen man Stimmbänder gefunden hat. Die Vertreter einer Geckoart (Hemidactylus frenatus) – und unter ihnen zumal die Männchen – „zwitschern". Geckos können auch „zirpen": dabei lassen sie Luft zwischen ihre gespannten Stimmbänder strömen, die dann im rechten Winkel zum Luftstrom schwingen. Außerdem machen sie einen Zischlaut, indem sie die Schwanzschuppen aneinander reiben. Andere Eidechsenartige, die Chamäleons, zischen beim Herannahen von Raubtieren; bei Kämpfen mit Angehörigen der eigenen Spezies sollen sie nach Auskunft mancher Beobachter auch „bellen". MacLean zufolge „war in der Geschichte der Säugetiere die Entwicklung der Lautgebung und des Gehörs deshalb so dringlich, weil sie helfen mußte, noch in der Dunkelheit die Verbindung zwischen Eltern und Jungtieren aufrechtzuerhalten".[28] Aus den Fossilbelegen schließt er auf die prähistorische Existenz säugetierähnlicher Knochen bei den Reptilien und bemerkt dazu: „Bei den entwickelteren Arten wurden die Kiefergelenkknochen Quadratum und Articulare zwar kleiner, waren aber von ihrer Umwandlung in die beiden, im Innenohr der Säugetiere sitzenden Gehörknöchelchen Amboß und Hammer noch weit entfernt."[29] Nach wie vor bewohnt das Reptil zwischen all dem Geschnatter des mit Sprache und Bewußtsein begabten Gehirns ein weitgehend geräuschloses und stummes Reich, in dem es aber seine eigenen, von der traditionell gehörgebundenen Logik unterschiedenen Ausdrucksformen zu finden scheint. Das Reptil lebt mit einem doppelten – akustischen und logischen – Un-Sinn.

Das von dem französischen Schriftsteller und Dramaturgen Antonin Artaud entworfene „Theater der Grausamkeit" sollte nicht voyeuristisch und wortreich, sondern auf Partizipation und Sichtbarwerden gerichtet sein. „Das abendländische Theater", schreibt Artaud in ‚Das Theater und sein Double', „anerkennt nur die artikulierte, grammatisch artikulierte, das heißt die Sprache des Wortes, des geschriebenen Wortes, des Wortes, das ausgesprochen oder nicht ausgesprochen, nicht mehr Bedeutung hat, als wenn es lediglich geschrieben stünde, ... erlaubt nur ihr, Sprache sich zu nennen, und zwar mit jener Art von geistiger Würde, die man gemeinhin mit diesem Wort verbindet."[30]

Über die Traumdeutung schreibt Freud: „Es ist sehr bemerkenswert, wie wenig die Traumarbeit an den Wortvorstellungen festhält; sie ist jederzeit bereit, die Worte miteinander zu vertauschen, bis sie jenen Ausdruck findet, welcher der plastischen Darstellung die günstigste Handhabe bietet"; und: „Der Trauminhalt ist gleichsam in einer Bilderschrift gegeben."[31] Freud weist auch darauf hin, daß Wörter im Gesamtaufbau des Traumes gar nicht die wesentliche, sondern eher die Rolle beiläufiger Einsprengsel spielen, ganz als ob sie aus einer anderen Welt kämen. „Wenn wir daran denken, daß die Darstellungsmittel des Traumes hauptsächlich visuelle Bilder, nicht Worte, sind, so wird uns der Vergleich des Traumes mit einem Schriftsystem noch passender erscheinen als der mit einer Sprache. In der Tat ist die Deutung eines Traumes durchaus analog der Entzifferung einer alten Bilderschrift, wie der ägyptischen Hieroglyphen."[32] All diese Passagen von Artaud und Freud hat Derrida in seinem Buch ‚Die Schrift und die Differenz' zitiert. Gegen die „Metaphysik der Präsenz", die dem gesprochenen Wort eine Vorrangstellung einräumt, besteht Derrida darauf, daß Artauds Theater der Grausamkeit – nicht anders als die von Freud untersuchten Träume – in erster Linie sichtbar gemacht und nicht gesprochen wird; auf dieser Idealbühne ebenso wie im Traumbewußtsein ähnelt die Schrift sich der Gestik an und hat mehr von Ritual und Kabbala als von bloß sekundärer Darstellung, von der Re-Präsentation einer einmal präsenten Stimme. Im Traum werden die Wörter wie Rohmaterial, wie Dinge behandelt, sie gleichen aufgenähten und hervorstehenden Fadenstückchen. Diese Wahrnehmung der Wörter in einzelnen

Buchstaben und kleinen Stückchen, bei der sich ihre bildliche und ihre buchstäbliche Seite als ein und dasselbe entpuppen, *könnte auch* als Reptilienwahrnehmung bezeichnet werden. Das Reptil *sieht*; in mythologischer Weise ist sein Gesichtssinn immer Bildsehen und nie Sinn im Sinne der Logik. Im Herzen der Bewußtseinsvorgänge hat das Reptil überlebt: zwar kann es verdrängt, nicht aber beiseitegeschafft werden. Es ist das Herz der Evolutions-Stripperin und bezeichnet die Stelle, wo Körper zu Geist wird. Am Tage vergessen wir unsere Vergangenheit, unterdrücken unsere befremdliche Geschichte mit ihrem erstarrten Kern: der Zeitlosigkeit des Reptils. Nachts aber, wenn wir unserer Traumliebe leben, kommt das, was wir wirklich sind, zurück und quält oder bezaubert uns. Die verdrehte Eidechsenlogik, der Schlangensinn verläßt uns nicht.

ROBOFRAUEN

Vielleicht wird in eines weiteren Drehung des Evolutionsschicksals das mit der Säugetierhülle bekleidete Reptilienhirn sogar eine Verbindung mit hypermoderner Technologie eingehen. Daß man einen dank der Fortschritte in der Chemie der Polymere wie echt wirkenden Körper mit der künstlichen Intelligenz sexueller Surrogate, die womöglich eines Tages für die niederen Bedürfnisse einsamer Menschen zur Verfügung stehen, koppeln kann, liegt – auch wenn es erschreckend ist – durchaus im Bereich des Möglichen. Nach den Worten eines zukunftsorientierten Chauvis, der ganz scharf darauf war, seine Gedanken in einer Talk-Sendung mitzuteilen, könnten „Robofrauen" nicht bloß kochen, putzen und unermüdlich das Haus in Ordnung halten, während die Ehefrau schläft, sie könnten auch eine reife, emotional anspruchsvolle erwachsene Beziehung simulieren – sofern man sich, wie dieser Mann, vorstellen kann, daß man mit einer lebensechten Puppe, deren Kopf austauschbar ist, um das Bedürfnis nach sexueller Abwechslung zu befriedigen, tatsächlich eine reife Beziehung hat! Dem selbsternannten „Futuristen" zufolge wird die Massenproduktion solcher Ersatzmenschen ihren Anfang mit großer Wahrscheinlichkeit in bestimmten asiatischen Ländern wie etwa Korea nehmen, da diese mit Shintoismus und Buddhismus, in denen die Produktionen des Menschen als Teil seiner Seele gelten, aufgeschlossene Glaubenslehren bereithalten und zusätzlich hervorragende industriekapitalistische Voraussetzungen bieten. Die Robofrau wäre die materielle Einlösung der uralten, von den Upanishaden her bekannten Vision, in der Gott sich, der Langeweile und Einsamkeit des ewigen Seins überdrüssig, in Mann und Frau aufspaltet.

Über die undurchsichtige Zukunft der menschlichen Sexualität läßt sich durchaus spekulieren, auch wenn sie hinter unserem Rücken liegt, wie etwas, das wir spüren, aber nicht sehen. Auf dem einen breiten Strang der menschlichen Evolution wird die alte Kopplung von Fortpflanzung und Sexualität beibehalten. Ohne Schwierigkeiten kann man sich vorstellen, wie Menschen sich mit trägen Bewegungen in der Schwerelosigkeit der Raumstationen lieben, und zwar in Positionen, die auf der Erde undenkbar sind; auch wie außerirdisch gezeugte Kinder, deren Gehirn sich womöglich unter den Bedingungen des Weltraums anders entwickelt, in einer durch die geringere Schwerkraft erleichterten Geburt irgendwo im All zur Welt gebracht werden. Auf einem zweiten Strang wird die Kopplung vielleicht aufgelöst und der Sexualtrieb freigesetzt. Da zukünftige Nationalstaaten zum Zweck der Machterhaltung versuchen könnten, die Kontrolle über die Fortpflanzung zu bekommen, würde die Sexualität aufgrund ihrer uralten Verknüpfung mit der Reproduktion ebenfalls reglementiert; Beispiele für diesen „ersten Strang" sind schon jetzt jene Länder, in denen Geburtenkontrolle oder Sterilisierung gesetzlich vorgeschrieben wird. Solche nationalstaatliche Beschränkung unserer individuellen Fortpflanzungsfreiheit wäre nur eine – auf höherer Ebene angesiedelte – Wiederholung der „totalitären Biologie" des Tierkörpers, in dem die Totipotenz (das gleiche, noch undifferenzierte Reproduktionspotential aller Zellen) dem Fortpflanzungsziel des Ganzen geopfert wird. Die Menschen als Zellen im Zusammenhang nationalstaatlicher Körperpolitik: Das ist, sub specie der eskalierenden Übergriffe auf die Freiheitsrechte des einzelnen, zweifellos eine beängstigende Aussicht; man denke nur an die Wehrpflicht, die gesetzlich verankerte Einziehung der für das Land entbehrlichen jungen Männer im Krieg, sowie überhaupt an alle von Ländern (oder Banden) geltend gemachten „Rechte" über die in ihnen zusammengefaßten einzelnen.

In A. E. Van Vogts phantastischem Zukunftsroman ‚The Human Operators' haben die Erdbewohner ihre Ursprünge völlig vergessen. Abgeschnitten von ihrer Geschichte, sorgen lebendige Menschen aus Fleisch und Blut für die mechanische Wartung – und das bedeutet im wesentlichen Hausmeisterdienst – der mit kybernetischem Selbstbewußtsein begabten Raumfahrzeuge. Intakt bleibt einzig die alte Kopplung von Säugetier-Sexualität und Fortpflanzung. In dieser Version der sexuellen Zukunft macht die Reproduktion der Maschinen ein Festhalten an der geschlechtlichen Fortpflanzung der Menschen erforderlich – genauso wie die Reproduktion der Menschen an der meiotischen Sexualität der zwei Milliarden Jahre alten Mikroorganismen festhält.

Jeder der beiden großen Stränge könnte den Weg der sexuellen Zukunft der Menschheit bezeichnen – vielleicht auch beide gemeinsam. Beim einen bleiben Fortpflanzung und Sexualität unlösbar verknüpft, beim andern werden sie nach und nach voneinander abgekoppelt und trennen sich, bis die eine schließlich kaum noch etwas mit der anderen gemein hat. Natürlich kann es überraschend auch zu weitaus dramatischeren Szenarios kommen. Die Möglichkeiten der sexuellen Zukunft der Menschen lassen sich nur verschwommen wahrnehmen. Die rekonstruierte Vergangenheit dagegen gewährt mehr Einblicke und ist besser zugänglich. Um nun hinter der Maske des Tiers eine noch tieferliegende Ebene des Lebens freizulegen, nehmen wir der Tänzerin die verführerische Hülle der Reptilien- und Säugetiersexualität fort. Wir steigen weiter hinab in unsere Wirbeltiervergangenheit und machen dabei im folgenden Kapitel einen Umweg über die Psychoanalyse, mit dem wir zweierlei leisten möchten: wir wollen erstens den entwicklungsgeschichtlichen Ursprung des Penis bei den Amphibien- und Fischvorfahren der Reptilien nachzeichnen und zweitens den Phallus in seiner Eigenschaft als Grenzpunkt der Realität, als blinder Fleck im menschlichen Bewußtsein, studieren.

5: *Phallische Psyche*

> Wie der Turm zu Babel wußten sie erst nachträglich, was sie sind.
> Patti Smith[1]

> Sexualität ist der Punkt, an dem die Bedeutung verschwindet.
> Jacqueline Rose[2]

Die Evolutionsstripperin dreht sich um und präsentiert einen erigierten Penis. Aus „Sie" wird „Er". Dann ist mit einem Mal der an vielen Ur-Körpern deutlich sichtbare Phallus verschwunden. Wo er war, schweben nun zwei Fisch-Hologramme, schwimmen verträumt in der Luft. Den Fischen voran treiben schimmernd grüne Amphibien und quecksilbrig glitzernde Teiche, in denen sich der über der Bühne stehende Lichtstrahl spiegelt.

Die Evolutions-Tänzerin hat Männer und Frauen holographisch entkleidet, um schließlich unser Säugetier- und Reptilien-Inneres bloßzulegen. Aber angesichts der in Dunkel getauchten Bühne mit ihrem bunten Gemisch von Körpern und ihrer Navajo-Zeit konnten wir nie recht sicher sein, welche der Gestalten ein Abbild unserer wirklichen Vorgeschichte und welche bloß lebendig gewordene Phantasiegebilde sind. Überdies wird, wenn wir dann in das mehr als hundert Millionen Jahre zurückliegende

Reich der Reptilien hinabsteigen, immer unklarer, welcher Teil des tanzenden Hologramms den Körper und welcher den Geist repräsentieren soll. Wie um diese Konfusion auf die Spitze zu treiben, verwandelt sich die Stripteasetänzerin nun in einen Amphibiensumpf in Form eines geschmeidigen Frauenkörpers, dann birst sie auseinander und zerfällt in unzählige glibbrige, wie Millionen von Perlen glitzernde Eier. Dieser glitzernde Amphibienkaviar löst sich auf, vermischt sich und wird zum glatten Silberspiegel. In dem glänzenden, lasergefertigten Kristall suchen die Zuschauer den Hinweis auf eine verborgene Bedeutung, doch finden sie nichts als ihre eigenen forschenden Gesichter. Der Spiegel schmilzt zu Quecksilber, das in einen auf dem Bühnenboden befindlichen Teich fließt. Als der Quecksilberteich zusammenschrumpft, schweben zwei Fische mit mutierten Gliedmaßen über die Bühne, landen auf ihr und schnappen laut vernehmbar nach Luft, während sie mit rhythmischen, stilisierten Bewegungen hochhopsen und versuchen, um den närrisch tanzenden Scheinwerferstrahl herumzuschauen.

PSYCHOANALYSE

Phallische Psyche: In diesem Kapitel wollen wir uns behutsam vom relativ gesicherten Boden der Wissenschaft entfernen und auf das Gebiet der eher spekulativen Psychoanalyse vorwagen. Hier werden wir einige Grundgedanken der heutigen Psychoanalyse kennenlernen. Wir werden nicht nur etwas über die Entwicklungsgeschichte des Penis als eines Körperteils, sondern auch über den Phallus als den Ursprung von Symbolik und Bedeutung im „zeitlosen" Unbewußten erfahren. Da der Phallus das sichtbarste Organ der geschlechtlichen Fortpflanzung ist, wird er zum Ausgangspunkt der Kindheitsphantasien und zum Hauptgegenstand des von der Psychoanalyse erforschten magischen Denkens. Auf dieses magische Denken – das sich im Witz, im Traum, in Freudschen „Fehlleistungen" manifestiert – wollen wir einen kurzen Blick werfen und uns anschauen, wie es mit Hilfe von Zauberformeln und Zauberspiegeln zu funktionieren scheint. Danach werden wir zu einer mehr empirischen Darstellung der Vorgeschichte der Sexualität zurückkehren.

Ist die Psychoanalyse einfach nur Literatur und Poesie im repräsentativen Gewand des seriösen wissenschaftlichen Diskurses? Nein, nicht „nur". Nach weit verbreiteter britischer und US-amerikanischer Auffassung ist die Psychoanalyse eine bestimmte therapeutische Disziplin. Doch läßt sie sich auf eine Heilmethode nicht reduzieren. Die Psychoanalyse ist lebendig und wohlauf, sie gedeiht in „verschnittener" Form unter Namen wie „Dekonstruktion" oder „Textkritik". Die zumal den französischen Intellektuellen geschuldete Renaissance des Freudschen Werks stößt bei englischen und amerikanischen Lesern nicht unbedingt auf Begeisterung, ja nicht einmal auf besonderes Interesse. Eine Anekdote, die der kanadische Psychoanalytiker François Peraldi erzählt, gibt ein anschauliches Bild der verschiedenen Vorstellungen von der Psychoanalyse. Peraldi berichtet von einem transatlantischen Kolloquium, einer Begegnung zwischen französischen und amerikanischen Psychoanalytikern. Die schriftlichen Beiträge der Teilnehmer waren bereits vor der Veranstaltung verteilt worden, doch als die Diskussion beginnen sollte, legte sich tiefe Stille auf die Versammlung. Nach einigen Augenblicken des Schweigens sagte ein amerikanischer Psychoanalytiker: „Also, wir haben alle Ihre Beiträge gelesen und müssen leider feststellen: Das ist nicht Psychoanalyse, das ist Literatur." – „Wir haben Ihre Beiträge ebenfalls gelesen", erwiderte ein französischer Analytiker, „und auch das ist nicht Psychoanalyse, das ist Medizin." Trotz divergierender Interpretationen scheint uns der Geist wissenschaftlichen Forschens in der Psychoanalyse gleichwohl unbeirrt lebendig. In dem von Freud begründeten psychoanalytischen Denkgebäude ist die Biologie eine tragende Säule. Doch die Psychoanalyse geht über die Biologie hinaus. Freud selbst sagte von ihr, sie sei unendlich; nie komme sie zum Abschluß, sie werde beendet, ohne fertig zu sein, und fordere Geduld und Kraft von allen, die sich ihr ernsthaft unterziehen.

Die Psychoanalyse spielt sich aber nicht allein zwischen Analytiker und Analysand im behaglichen Privatissime des Sprechzimmers ab. Die Vereinbarung einer kostspieligen und exklusiven Sitzung, der bequem auf der Couch liegende und „frei assoziierende" Patient, das Privatkabinett des mit unbewegter Miene Notizen machenden Analytikers, – all dies sind gewissermaßen Ornamente, Stereotype der Psychoanalyse, Freudsche Klischees. Echte Psychoanalyse, also die forschende Demontage der „Seele" oder Psyche, kann auch zwischen Autor und Leser stattfinden; unter anderem etwa auf dem Wege über einen in Autoritätsabbau mündenden Bewußtseinsstrom – eine Geistes-Gegenwart. Mit der Demontage der Psyche, der autoritären Antworten, wird unklar, wer zu wem spricht. Auch ein Buch ist ein psychoanalytisches Werkzeug; Kommunikation stellt es her, indem es den Leser zum Nachdenken über sich drängt. Die Worte auf einer Buchseite nämlich antworten ebensowenig – sind ebenso unver-antwortlich – wie der aufmerksame, aber schweigsame Psychoanalytiker. Freud hat immer betont, daß Geldzahlungen persönliche und emotionale Bindungen qualitativ verändern und die professionelle Distanz des Analytikers unterstreichen. Allerdings ist die Geldsumme nicht bloß wichtig für den Erfolg der Analyse, sondern auch für den Erwerb eines Buches wie des unsrigen: also „p(l)ay attention". Eine der ersten Patientinnen gab der Psychoanalyse den Beinamen „Sprechkur". Könnte sie nicht ebensogut, wenn man bei der Parallele bleibt, eine „Schreibkur" sein?

DER PHALLUS IM MAGISCHEN DENKEN

Für die Psychoanalyse ist der Phallus, der Penis in seiner Eigenschaft als Symbol, „etwas, das fehlt" – jenes ewig sich entziehende Objekt der Triebbefriedigung, welches das Begehren wachhält, weil es ja nie wirklich erlangt werden kann. Unsere Suche nach dem entwicklungsgeschichtlichen Ursprung des Penis ergibt, daß er zum ersten Mal bei den Vorfahren der Reptilien auftritt. Wir wollen auch den hinter den äußeren Genitalien liegenden übrigen Körper durchforsten und in den mikroorganischen Schichten, die physiologisch beziehungsweise biologisch gesehen das „Herz" des Sexus bilden, nach etwas suchen, das fehlt. Allerdings warnt uns die Psychoanalyse: eine solche Suche kann durchaus unendlich sein und am Ende aller Nachforschungen keine endgültige Lösung, keinen Goldschatz bescheren. Um diese Ziel-losigkeit zu begreifen, machen wir einen Umweg über jenen von der Psychoanalyse gebahnten Pfad, der zu keinerlei Substanz führt.

Evolutionsbiologen vertreten, wie wir oben sahen, die These, daß der Penis wegen seiner entscheidenden Funktion bei der Fortpflanzung größere Bedeutung für das Überleben hat als die Klitoris. Kann aber dieser dem Penis zugestandene Überlebenswert ein Beweis für das freudsche Konzept „des" Unbewußten sein? Nicht anders als die Evolutionsbiologie betont die Psychoanalyse, wie ausschlaggebend die kindlichen Anschauungen vom Penis sind – oder besser: vom Phallus, also dem Penis in seiner Eigenschaft als Symbol. Nach Freuds Auffassung sind phallische Symbole allgegenwärtig, und zwar gerade da, wo sie nicht sind. Der Anblick des männlichen Genitales nämlich verleitet das kleine Mädchen zu der Annahme, es selbst sei unzulänglich, kastriert, ihm fehle etwas ganz Lebenswichtiges. Freud zufolge erhält nun diese Kastration eine ganz besondere Bedeutung. Den weiblichen Wunsch nach Ersetzung des verlorenen Phallus nennt er „Penisneid". Das phallische Symbol aber ist nicht einfach ein Ding, das in beliebig viele andere zylindrische Formen zu schlüpfen vermag. Auf die Frage, ob seine Zigarre ein Phallussymbol sei, antwortete Freud einmal, manchmal sei eine Zigarre auch einfach nur eine Zigarre.

Nach Auffassung von Jacques Lacan ist der Triebwunsch, das Begehren immer das Begehren des anderen, und oft genug heißt das: der Mutter, die das erste Liebesobjekt überhaupt bildet; da die Mutter keinen Phallus besitzt, wünscht das Kind unabhängig von seinem Geschlecht ursprünglich nichts geringeres, als für sie der Phallus zu sein. Dem Kind ist klar, daß es genau dort herausgekommen ist, wo der väterliche Penis eindringt. Selber der Phallus zu sein, wünscht es deshalb aus einem ganz einfachen Grund. Auf magische Weise kann es sich so per Assoziation dem männlichen Organ gleichsetzen. Dabei gilt die Kastration auch für denjenigen, der wie der Knabe im Besitz des Phallus ist, denn er kann ja den Triebwunsch der Mutter gar nicht befriedigen. In ihrem magischen Denken identifizieren die Kinder sich mit dem, was in den mütterlichen Körper eingeht oder aus ihm herauskommt. Zugleich aber sehen sie, daß diese Identifikation unangemessen ist. Über weite Strecken besteht die Psychoanalyse in dem Versuch, das im Erwachsenen fortlebende magische Denken des Kindes zu erforschen.

Die männliche Entsprechung zum Penisneid ist der „Kastrationskomplex". Der kleine Knabe hat zwar seine Freude am Penis und betet ihn an, doch empfindet er ihn als unzulänglich und fürchtet, ihn zu verlieren, wie (so meint er) die Mutter ihn verloren hat. Da er sich nach Vereinigung mit der Mutter sehnt, stellt der Penisverlust die gerechte Strafe für seine Vernichtungswünsche gegen den Vater dar. Aber der Penis des Knaben kann sich dem wirklichen von der Mutter begehrten Organ nur annähern, und daher – so Lacans Schluß – sind nicht bloß die Mädchen, sondern „jeder ... ist kastriert"[3]. Psychische Gesundheit setzt voraus, daß man diese magischen Kastrationsgedanken akzeptiert: und zwar nicht, indem man das Fehlen der Genitalien anerkennt, sondern indem man sich einer im Reich des Begehrens und zumal auf der Ebene der Sprache herrschenden unaufhebbaren Inadäquanz bewußt wird. Annahme der „Kastration", das heißt: Auseinandersetzung mit den verdrängten Kindheitsgefühlen der Unzulänglichkeit und des Verlusts.

Der Phallus der Psychoanalyse braucht also kein Penis zu sein. Da er etwas anderes als sich selbst meint, ist er nicht mit sich selbst identisch. In dem von der Psychoanalyse freigelegten Unbewußten ist der Phallus eigentlich immer schon etwas anderes. Einen Eindruck von solcher „surrealen" Traumlogik gibt René Magrittes 1942 entstandenes Gemälde „La Mer" (Das Meer): Man sieht dort einen etwas zurückgelehnten männlichen Akt, dessen Penis eine Frau ist. Nach Freuds Worten bedeutet der Schuh des Schuhfetischisten „das einst verehrte, seither vermißte Glied des Weibes"[4] . In der Nachfolge Freuds schreibt Lacan: „Der unbewußte Kastrationskomplex hat bekanntlich die Funktion eines Knotenpunkts." Witzigerweise bedeutet das von Lacan für „Knotenpunkt" benutzte französische Wort „noeud" im Argot „Penis".[5] Beide, Freud und Lacan, tun in ihren Schriften mehr, als nur die Psychoanalyse darzustellen: sie inszenieren nämlich eine Analyse mit ihren Lesern. Dagegen sind englische und amerikanische Veröffentlichungen zur Psychoanalyse in einem knochentrockenen, wissenschaftlichen Stil geschrieben, bei dem den Wörtern oder Zeichen ganz unbedarft eine feste – und kontrollierbare – Bedeutung unterstellt wird. Die Psychoanalyse aber ist gar nicht imstande, sich vom magischen Begreifen des Kindes einen objektiven Begriff zu verschaffen. Die unbewußten, surrealen, unlogischen Gedanken, die sie untersucht, stecken sie ja selber an. Wenn manche Apologeten der Psychoanalyse deren wissenschaftliche Rationalität betonen, hat man oft den Eindruck, sie tun zu viel des Guten. Auch die Chemie hat ihre Wurzeln in den irrationalen Formeln und endlosen Experimenten der Alchimisten; und die Astronomie täuscht sich, wenn sie meint, sie habe nichts zu tun mit dem astrologischen Bedürfnis der Antike, den kosmischen und mathematischen Korrespondenzen zwischen dem Universum und dem einzelnen nachzuspüren.[6] Keine Wissenschaft – und insbesondere keine wissenschaftliche Schrift – ist immun gegen magisches Denken.

(VOR)SPIEGELUNGEN

Der Phallus ist der Signifikant „ohne Signifikat". In seinem Vortrag „Die Bedeutung des Phallus" unterstreicht Lacan, daß Freud eine „essentielle Störung der menschlichen Sexualität" entdeckt hat. Und diese Störung sei durch „keinerlei Reduktion auf biologische Gegebenheiten ... aufzulösen"[7] . Gleichwohl erklärt Lacan das Begehren – dessen Ursache nach der einen

Seite der fehlende Phallus ist – mit Hilfe einer biologischen Parabel. Wenn das Kleinkind sich im Spiegel als einheitliches Ganzes, als geschlossenen Körper wahrnimmt, wird es nach Lacans Überzeugung überwältigt von freudigtriumphierenden Allmachts-, Unabhängigkeits- und Autonomiegefühlen. Das ganzheitliche Spiegelbild steht in schroffem Gegensatz zur Fragmentierung, Unkoordiniertheit und psychischen Zerstükkelung aller vorangegangenen Wahrnehmungen des Kleinkindes. Für Lacan ist aber gerade die Bodenlosigkeit, Wahnhaftigkeit das Hauptcharakteristikum dieses freudigen Triumphs: Die eigene Einheit, die das Kleinkind wahrnimmt, entspricht in nichts seiner wirklichen Existenz als eines abhängigen, zersplitterten Wesens in einer Welt von Fehlschlüssen. Das Baby sieht sich dort, wo es nicht ist: auf der Fläche eines Spiegels. Die Ekstase des Kindes vor dem Spiegel ist der konstitutive Trick der triumphalen, aber letztlich scheinhaften Selbsterfahrung. Nach Lacans Überzeugung ist das Selbst „dezentriert", es ist nicht dort, wo es zu sein scheint. Das Bild der Ganzheit ist eben nur - ein Bild.

Lacans „Spiegelstadium" bedarf keines echten Spiegels. Das Bewußtsein der Identität und Autonomie wird auch auf anderem Wege erworben: zum Beispiel in der Identifikation mit der wohlkoordinierten Mutter oder einem anderen als ganzheitlich identifizierbaren Körper. Wann immer Allmachts- und Autonomiegefühle im Erwachsenen sich regen mögen, stets basieren sie auf den konstitutiven Selbsttäuschungen des Spiegelstadiums. Allmacht ist Lacan zufolge grundsätzlich etwas „Imaginäres" – etwas Bildhaftes im Gegensatz zum „Symbolischen" und „Realen". Erzeugt wird sie durch die das Spiegelstadium beherrschende Assoziation und Identifikation. Das wirkliche Ich ist gar nicht vorhanden oder nur in wechselnder Gestalt; es ist ein Wort, das literarische Äquivalent eines Hologramms.

Das von Lacan vorausgesetzte Spiegelstadium beruht auf jenem Spezifikum der menschlichen Entwicklung, das wir weiter oben unter dem Namen „Neotenie" behandelt haben. Die neotenen Menschen hatten ja als Erwachsene kindliche Merkmale ihrer Affenvorfahren – zum Beispiel breite Stirn, kleine Wangen, Hundegebiß und unbehaarte Haut – beibehalten. „Eigentlich", schreibt der Nobelpreisträger François Jacob, „gehen einige der dramatischsten stammesgeschichtlichen Ereignisse darauf zurück, daß die Geschlechtsreife nach und nach schon auf einer früheren Entwicklungsstufe erreicht war, so daß ehemals embryonale Züge beim Erwachsenen fortbestanden, während ehemalige Erwachsenenkennzeichen verloren gingen."[8] Auf dieser „tatsächlichen, spezifischen Vorzeitigkeit der menschlichen Geburt"[9] beruht das Spiegelstadium. Viele Säugetiere können Minuten oder Stunden nach der Geburt bereits laufen, ja sogar fliehen; die Menschen indessen bleiben trotz der schnellen Entwicklung des Gesichtssinns mehr als ein Jahr lang hilflos und hoffnungslos unkoordiniert. Kein zweijähriges Kind könnte allein überleben. Noch das fünfjährige vermag sich nicht selbst zu ernähren oder gegen Kälte zu schützen. Menschenkinder werden zu früh geboren – auf einer Entwicklungsstufe, auf der die Affenverwandten noch sicher in der Gebärmutter stecken. Alleingelassen, unfähig, sich selbständig zu bewegen oder für sich zu sorgen, sieht sich das Kleinkind eingetaucht in eine überwältigende Flut visueller Eindrüke, die sich seiner Verfügung entziehen – gleichsam in eine psychedelische Light-Show für ein körperloses Bewußtsein. Im Spiegelstadium nimmt das verwirrte Kleinkind, noch immer auf Gedeih und Verderb abhängig von einem anderen, dessen Brust und Blick es nicht einmal recht von sich selbst unterscheiden kann, sich mit einem seligen Identitätsgefühl im „Spiegel" des mütterlichen Körpers wahr. Aber die Seligkeit beruht auf falschen Eindrücken.

Aus der Begegnung mit dem Spiegel bezieht das Kind freilich nicht nur dieses ekstatische, imaginäre „Ich"-Gefühl. Es tritt zugleich in einen zeitlichen Bezugsrahmen ein. Die furchterregende Entdeckung des Babys, daß es „zerstückelt" ist (wie im Alptraum oder einem Gemälde von Hieronymus Bosch) kommt erst retrospektiv, nach der freudigen Begegnung mit einer imaginären Ganzheit zustande. „Was dem Spiegelstadium scheinbar vorausgeht", schreibt die amerikanische Textkritikerin Jane Gallop, „ist in Wahrheit bloße Projektion, bloßer Reflex. Auf der anderen Seite des Spiegels ist nichts."[10] Und bei Lacan heißt es: „Das, was zählt, wenn man eine Erfahrung herauszuarbeiten sucht, ist nicht so sehr das, was man versteht, als vielmehr das, was man nicht versteht."[11]

Wer sich an Lacans Begriffen wie Spiegelstadium oder phallischer Signifikant stößt, möge bedenken, daß die Lacanschen Schriften so etwas wie ein Rebus, ein Bilderrätsel sind und daß die Anstrengung, die es kostet, ihnen zu einem Sinn zu verhelfen, nämlich einen Subtext zu (er)finden, wichtiger ist als der oberflächliche Inhalt. Um es in der Sprache der Textkritik zu sagen: es sind „semiotisch offene Texte". So gesehen stellt das Spiegelstadium eine Metapher für Nichtwissen; es ist, als sagte Lacan: „Schaut her, ich will euch zeigen, wie dieser Trick mit dem Selbst, mit der Identität funktioniert: über Spiegel." Schauen wir dann aber in den Spiegel hinein, den Lacan uns zur Erklärung vorhält, so bleibt das unsichere Gefühl, als führe er uns doch weiterhin an der Nase herum – als sei die Verfertigung des Spiegels selber ein Trick.

SYMBOLE

Erkannt wird das Spiegelstadium dank der heftigen Spaltung, die das nachfolgende Symbolstadium mit sich bringt. Die glatte „imaginäre" Beziehung des Ich zu seinen Bildern, des Kindes zur Mutter findet sich durch die Zersplitterung und Fragmentierung des mit Phallus und Symbolen ausgestatteten Vaters urplötzlich zerstört. Im Reich des Symbolischen bricht die das Spiegelstadium beherrschende Vergleichung und Identifikation, und die scheinhafte Ganzheit des Spiegelbilds weicht dem fragmentarischen Sprechen und der Erkenntnis der Partialität. Genauso wie der Penis des kleinen Knaben nicht der Penis des Vaters, sondern nur ein phallischer Signifikant ist, so sind die für das Symbolische charakteristischen Symbole und Wörter nicht die begehrten Objekte selbst, sondern lediglich Zeichen für sie.

Die Identifizierung des Psychoanalytikers mit dem Vater oder der Mutter oder sonst einem „bedeutsamen anderen", die als sogenannte „Übertragung" in der traditionellen freudschen Analyse eine so wichtige Rolle spielt, gehört Lacans Imaginärem an. Das Ich identifiziert sich mit Imagos, mit psychischen Idealbildern. Aber auch diese Bilder brechen auseinander: Der Analytiker ist nicht mein Vater, mein Kind ist weder ich selbst noch mein jüngerer Bruder. Mit dem Eintritt in Lacans Reich des Symbolischen erkennen wir die Künstlichkeit und das Verschwimmende unserer ureigensten Identifikationen, und vielleicht nehmen wir auch die anderen nun bewußter wahr.

Lacans Kategorie des Symbolischen ist dem freudschen Ödipuskomplex vergleichbar und ihm nachgebildet. Trotz der mit ihm verbundenen Spaltung und Fragmentierung ist das Symbolische als Nachfolger des Imagostadiums ein notwendiger psychischer rite de passage. Lacan zufolge hat die Symbolisierung Ähnlichkeit mit dem Entwöhnen; so wie der Schnuller das geängstigte Kind beruhigt, wenn die Mutter nicht da ist, so sorgen die gesprochenen Worte des Vaters für zweideutige Erleichterung. Das Kind beginnt den Sprachtrick zu durchschauen. Wörter ergänzen und ersetzen, sie bezeichnen die Objekte und treten zugleich an ihre Stelle. Mit dem Erlernen der Symbolisierung lösen die Kinder ihre Bindungen; mit der versöhnungsbereiten Resignation angesichts der chronisch ausbleibenden Befriedigung durch die Mutter erkennen sie, daß das Begehren nie aufhört. Sie können sich nun mit dem sprechenden Vater identifizieren – ein Wechsel, der das einstmals Ängstigende zu ihrem Eigenen macht.

Sobald Wörter an die Stelle der Dinge treten, tritt auch das gesprochene und geschriebene Gesetz des Vaters an die Stelle der Mutter. Dieses Gesetz hat ausschließlich Verbotscharakter; in Lacans Jargon bedeutet le nom du père zwar wörtlich „der Name des Vaters", beim Sprechen aber klingt er für das französische Ohr wie „das Nein des Vaters", „le non du père". Durch ihr schieres Dasein tritt die Gestalt des Vaters dazwischen und sagt dem Kind: Nein. Der Teil, der bei diesem störenden Dazwischentreten für das Ganze steht, ist der Phallus, der noeud, der Knotenpunkt. Der Phallus setzt Lacan zufolge den gesamten Prozeß des Bedeutens respektive Bezeichnens in Gang. Wie ein symbolisches Schwert, das das ständige Zusammensein mit der Mutter beendet, vollstreckt er die Strafe. Allerdings schneidet dieses phallische Schwert nach zwei Seiten: durch den Umgang mit den phallischen, väterlichen Symbolen nämlich eignet sich das Kind die Macht des Vaters an und kann so den Ödipuskomplex mildern, wenn nicht gar lösen.

Der amerikanischen Psychoanalyse hält Lacan vor, sie habe Freuds Einsichten verraten. Nach seinen Worten hat sie die freudsche Theorie entstellt, indem sie von dem besonderen Stellenwert des Unbewußten und der kindlichen Sexualität abrückte. Die amerikanische „Ich-Psychologie" betrachtet den Ödipus-Komplex als eine Kindheitsphase, die durch die Weiterentwicklung zu einem reifen und gesunden Ich überwunden wird, und leugnet dergestalt die fortdauernde psychische Realität des phallischen Bedeutens oder Bezeichnens. Dabei ist Sprache per se phallisch. Sie durchbricht die primäre Einheit von Mutter und Kind. Die Sprache, die das Begehrte pausenlos ersetzt und verschiebt, die unaufhörlich Zeichen substituiert, arbeitet per Metapher und Metonymie. Zwischen den Zeilen, im Subtext – auch auf diesen Seiten, zwischen diesen Buchdekeln – steckt das Verlangen nach etwas, was sich letztlich nicht greifen läßt. Ähnlich wie das jüdische Verbot, den Namen Gottes auszusprechen, schließt jedes beliebige Geschriebene bereits alles andere aus, ist recht eigentlich Verrat, gedankenloses Verschreiben, Fehlleistung der Schreibhand. Nach Lacans Überzeugung hat Freud eine weit größere kopernikanische Wende zuwege gebracht als Darwin: Das Bewußtsein ist exzentrisch, es hat kein Zentrum. Ça parle: Es (das Unbewußte) spricht. Im Zentrum des menschlichen Seins findet sich ein „(w)hole", ein Ganzes und ein Loch, wie es im Englischen homonym heißt, alles und nichts. Bei der Versöhnung mit unserer unvermeidlichen „Kastration" hilft uns eine entstellende – poetische, mit abartiger Interpunktion versehene, abbrechende oder überbordende – Sprache. Und zwar deshalb, weil sie jede Vorspiegelung einer Ganzheit sorgfältig vermeidet. Wie es im Show business heißt: sie macht uns Lust auf mehr ...

PHALLISCHE VIELFALT

Wie wir sahen, spielt der Phallus eine zentrale Rolle im frühen magischen Weltbild der Psyche. Wie aber verhält es sich mit seinem biologischen Verwandten, dem Penis? Wie ist er entstanden? Samt seiner relativen Größe beim Menschen ist der Penis vermutlich ein Resultat der Spermienkonkurrenz. Wir wollen uns zunächst den menschlichen Penis selbst anschauen. In den sexuell sehr aktiven frühmenschlichen Gesellschaften hatten Männer mit großem erigiertem Penis (der freilich nicht länger als der Vaginalgang sein mußte) vermutlich bei der Schwängerung der Frauen einen leichten Vorteil. Mit großer Wahrscheinlichkeit wuchsen dann auch die männlichen Kinder dieser Frauen aufgrund der ererbten väterlichen Gene zu Männern heran, deren Penis dem väterlichen vergleichbar und größer als bei den Affenvorfahren war.

Eigentlich finden wir also in der Spermienkonkurrenz eine passende Erklärung für den relativ größeren Penis beim Menschen. Doch die Evolutionstheoretiker hatten schon andere Thesen aufgestellt: erstens, daß die Frauen unter den Männern, die sie nackt sahen, diejenigen mit dem größten Penis als Liebhaber auswählten; zweitens, daß Männer mit großem Penis ihn ostentativ zeigten, um Rivalen mit kleinerem Penis abzuschrecken; und drittens, daß die Frauen Männer mit großem Glied vorzogen, weil sie ihnen beim Geschlechtsverkehr von vorn besser zum Orgasmus verhelfen konnten. Alle Thesen sind recht unbefriedigend. Da die meisten Frauen – zumindest wenn man der Umfrage einer Frauenzeitschrift glaubt – behaupten, ein großer Penis sei für sie weniger anziehend als andere männliche Körpermerkmale, ist die „Attraktionsthese" wohl leicht zu entkräften. Dieser Untersuchung zufolge gaben auf die Frage nach den von ihnen als besonders sexy empfundenen männlichen Merkmalen nur zwei Prozent der Frauen den Penis an, 39 Prozent hingegen die Gesäßbacken; breite Schultern und Gesäß waren einfach anziehender für sie als der große Penis. Obgleich es interkulturelle Vergleiche über Penisgrößen nur in begrenztem Umfang gibt, ist möglicherweise in tropischen Zonen die Schwäche der Frauen für Männer mit großem Penis am ausgeprägtesten. Und zwar einfach deshalb, weil sie die Männer dort häufiger nackt sehen und ihren Penis begutachten können. Auch die „Abschreckungs-These" ist unwahrscheinlich: Starke, muskulöse Männer mit kleinem Penis fürchten sich wohl nur selten vor einem Hänfling mit großem Glied. Anders als manche Primatenmännchen bedrohen Männer einander bekanntlich nicht mit dem erigierten Penis.

Noch weniger verführerisch ist die These, ein großer Penis steigere die weibliche Lust beim Sexualverkehr. Weder hängt die sexuelle Befriedigung der Frau in erster Linie von der Penisgröße ab, noch wird sie durch einen großen Penis garantiert. Mit allem Nachdruck besteht Stephen Jay Gould darauf, daß das Vorhandensein eines anatomischen Merkmals nicht zwangsläufig besagt, daß es aus einer Adaption hervorgegangen ist, also seinen Besitzern irgendeinen Überlebensvorteil verschafft hat. Die Spermienkonkurrenz bietet einfach die eleganteste Erklärung für die Penisgröße. Die Vagina ist nämlich, man höre und staune, den Spermien ausgesprochen abhold: ein saures Milieu, ein wahres Hindernisrennen, eine Folterkammer, so voller Fallgruben, daß in den meisten Fällen von den hundert und aberhundert Millionen ejakulierten Spermien nicht ein einziges überlebt. Ein bis an die Rückwand der Vagina reichender Penis hat es daher leichter als einer, der weiter von der Eizelle entfernt ejakuliert. Daß es vorteilhafter ist, große Mengen Sperma nahe bei der Eizelle abzuladen, schafft die entwicklungsgeschichtlichen Bedingungen für die Zunahme der Penislänge – wobei allerdings ein Penis, der weiter reicht als bis zur Rückwand der Vagina, keinerlei zusätzlichen Vorteil bietet. Anders als bei manchen Primaten sitzt beim Menschen der Penis außerhalb der Körperhöhle und ist deshalb ungewöhnlich anfällig für Verletzungen. Unsere männlichen Vorfahren besaßen, wie noch heute viele Säugetiere, Penisknochen, die sie aber zusammen mit der am Unterleib sitzenden und den Penis schützenden Hautfalte verloren.

Nach Aussage des Arztes Barry McCarthy, der ein Buch über das männliche Sexualbewußtsein[12] verfaßt hat, halten zwei von drei Männern ihren Penis für zu klein. Diese Angst um die Penisgröße hat McCarthy zufolge verschiedene Ursachen. Erstens erblicken Knaben den Penis ihres Vaters in einem höchst sensiblen Alter und befürchten sogleich, sie könnten da niemals „mithalten". Zweitens ist der Anblick anderer Männer in Umkleideräumen eher entmutigend: der Penis eines anderen sieht immer größer aus, weil man auf den eigenen von oben schaut und er in dieser Perspektive kleiner wirkt, was die Malerei schon seit langem als sogenannte „Darstellung in Verkürzung" kennt. Drittens weichen schlaffe Penisse in der Größe erheblich voneinander ab; in erigiertem Zustand freilich werden die Unterschiede sehr viel geringer: der durchschnittliche erigierte Penis des Menschen ist dreizehn Zentimeter lang. Viertens haben Männer einfach keine Ahnung, weil sie sich untereinander generell mit dem offenen Gespräch über sexuelle Intimitäten schwertun; über ihre Penisprobleme sprechen sie, wenn überhaupt, dann eher mit Frauen als mit anderen Männern; und so hält sich der Mythos, daß ein langer Penis der Frau mehr Lust verschafft.

In der Welt der Biologie gibt es eine große phallische Vielfalt: den Aedeagus der Fliegen, Mücken und Schmetterlinge; die Kloakenausstülpung einiger Froscharten; den Begattungsapparat des einheimischen Honigbienendrohns (der sich selbst auseinandersprengt und so alle Nachfolger an der Paarung mit der Königin hindert); den Embolus, die Geschlechtsteil-Endung der Webspinnen; die Bauch- bzw. Afterflossen (Gonopoden) mancher Fischarten; den paarigen Hemipenis der Schlangen; die Begattungsorgane von Fischen und Nagern; die löffelförmige Ligula der zu den Libellen gehörenden Schlankjungfer. Alles Penisse oder phallische Organe, mit denen der männliche Samen auf das Weibchen übertragen wird. Die phallische Vielfalt reicht von winzigen Ausstülpungen bis zum Walpenis, der zwar für gewöhnlich im Körperinnern versteckt wird, aber bis zu zwei Meter lang sein kann. Auch Straußenmännchen sind gut ausgestattet, nämlich so gut, daß man aus ihren Genitalien Spazierstöcke gemacht hat.

Bei den Insekten weisen die Genitalien mehr Formenreichtum auf als bei den Säugetieren. Die Weibchen vieler Insektenarten besitzen „Samentaschen", spezielle Speicherorgane, die die Spermien bebrüten und sie selbst monatelang bis zur Befruchtung am Leben erhalten. Wegen der großen Entfernung zu diesen weiblichen Organen haben die Insektenmännchen ein besonderes kanneliertes, löffelförmiges Glied entwikelt, das wenig formale Ähnlichkeit mit einem Säugetierpenis hat. Bei höchst unterschiedlichen Tieren haben sich immer wieder nichtpaarige Spermalöffel oder -pumpen herausgebildet, mit dem zuvor abgelegtes Sperma entfernt werden kann. Bei den Wasserjungfern (Zygoptera) zum Beispiel, den wie die Schlankjungfern zur Ordnung der Libellen (Odonata) zählenden Raubinsekten, hat der Penis am Ende einen löffelförmigen Fortsatz, der dazu dient, die Spermapakete der Rivalen aus einer der beiden Samentaschen des Weibchens wieder herauszuziehen. Auch der Penisknochen vieler Säugetiere, das Baculum, kann als Reinigungsinstrument benutzt werden, um das Weibchen vom Sperma des Rivalen zu säubern. Die Penisse einiger Nager- und Schmetterlingsarten weisen so skurrile Unterschiede in der Kombination von Stacheln, Windungen und Kannelierungen auf, daß sie als ein wichtiges taxonomisches Hilfsmittel zur Unterscheidung ansonsten zum Verwechseln ähnlicher Tiere dienen. Manche Spezies läßt sich am besten klassifizieren mit Hilfe der – beim Konkurrenzkampf der Männchen um den Zugang zu den weiblichen Eiern herausgebildeten – Penisform. Und tatsächlich sind die Penisse der Wasserjungfern nach Größe, Form und Funktion derart unterschieden, daß ein versierter Entomologe eine bestimmte Art allein aufgrund des männlichen Organs identifizieren kann.

Die große Vielfalt der Sexualorgane bei Insekten geht zurück auf das bei ihnen übliche Paarungsverhalten und die damit verbundene sexuelle Auslese. Die schwedische Langwanze (Lygaeus equestris) hat gegen Coitus interruptus vorgebeugt: Das Männchen besitzt nämlich ein Glied, das nicht bloß bis zu zwei Drittel seiner Körperlänge erreichen kann, sondern auch gespickt ist mit Widerhaken, die verhindern, daß es von dem einmal erwählten Weibchen wieder vertrieben wird. Die Langwanzenpartner bleiben dank dieses sicher plazierten Gliedes bis zu 24 Stunden verbunden. Entstanden sind derlei ausgetüftelte Merkmale und Machokniffe vermutlich, um die Kontrolle über bisweilen renitente weibliche Körper zu gewinnen; selbst wenn also die Sexualität dieser Tiere zum Opfertod des Männchens während der Kopulation führt, ist der gewaltige Preis doch entwicklungsgeschichtlich gerechtfertigt, sofern nur er garantiert, daß potentiell unsterbliche Gene an die nächste Generation weitergegeben werden. Auch das Sperma selbst hat deshalb manchmal Stachelschmuck angelegt. Die Spermatophore der Schnecken ist besetzt mit Stacheln, deren Spitzen nach hinten gerichtet sind: wie eine Pfeilspitze mit Widerhaken halten sie die Samenzellen des Männchens auch bei nachfolgender Begattung durch andere Anwärter im Weibchen fest.

Im Laufe der Evolution tauchen von Zeit zu Zeit Verhaltensweisen und Biotechnologien auf, angesichts derer – nicht anders als bei der Militärtechnologie – die hoch entwickelten Strategien der Vergangenheit im Handumdrehen veraltet sind. Das Repetiergewehr, das Gatling-Gewehr und der Stacheldraht machten die Kavallerie überflüssig, nachdem diese steigbügelbewehrte Kavallerie ihrerseits das Fußvolk zurückgedrängt hatte. Ähnliche Neuerungen markieren im uralten und immer wieder neue Blüten treibenden Geschlechterkampf die Kehren und Schwenks des Fortpflanzungsschicksals. Man nehme nur einmal die sexuelle Bewaffnung, zu der es der zu den Plattwürmern gehörende Hakenwurm (Moniliformis dubius), ein im

Verdauungssystem der Wirbeltiere lebender Parasit, gebracht hat. Diese Hakenwürmer verstöpseln nicht bloß den Geschlechtskanal der Weibchen, sondern verschließen auch das Genitale anderer Männchen – beinahe wie wenn im Mittelalter die Hersteller von Keuschheitsgürteln vor lauter Liebe zur eigenen Kunstfertigkeit ein Modell für beide Geschlechter entwickelt hätten.

Ein besonders bizarres Beispiel für die sexuellen Verrücktheiten der Insekten ist die afrikanische Bettwanze (Xylocoris maculipennis). Die Männchen besitzen einen lanzenförmigen Penis, den sie in den Hinterleib des Weibchens stoßen. Mit dieser drastischen Prozedur schaffen sie an verschiedenen Stellen des weiblichen Körpers Quasi-Scheiden, die eigentlich nichts als Stichwunden sind. Durch eine solche Stichwunde tritt das Sperma in die Hämolymphe, den blutähnlichen Körpersaft des Weibchens über und bewegt sich durch das Kreislaufsystem, bis einige Samenzellen die Spermatasche erreichen. Dort werden sie dann ordnungsgemäß gespeichert. Die Gene dieser Messerstecher werden von männlichen Nachkommen weitergegeben, die ebenfalls einen dolchförmigen Penis besitzen.

Ein solches Verhalten muß für die Bettwanzenweibchen früher tödlich gewesen sein. Heute hingegen haben die Weibchen der afrikanischen Bettwanze ein besonderes Gewebepolster im Hinterleib entwickelt (das „Berlese-Organ"), das die Heilung der Wunden befördert. Die weiblichen Bettwanzen nutzen wahrscheinlich sogar das im Ejakulat enthaltene Protein als Nahrung zum Aufbau ihrer Eier. Diese blutsaugenden Bewohner drittklassiger Hotels haben die Regeln des Paarungsspiels aber noch in anderer Weise verändert. Mit ihren lanzenähnlichen Genitalien bringen nämlich die Männchen der afrikanischen Bettwanze auch anderen Männchen Stichwunden bei und spritzen ihren Samen gewaltsam in den Hinterleib des Opfers. Natürlich sind derlei homosexuelle Zwangspaarungen gänzlich unfruchtbar; im großen darwinschen Spiel um die meisten Nachkommen scheint solche Sexualität auf den ersten Blick weder Sinn noch Zweck zu haben. Doch die Spermien der

Bettwanze können, anders als die Säugetier-Zellen, in der Hämolymphe des Opfers jahrelang überleben. Der Samen des Vergewaltigers vermischt sich mit dem des Opfers und wird über diesen Stellvertreter, durch dessen Penis ejakuliert. Und so kommt es, daß die Gene der Bettwanze letztlich sogar über die – wie wir Menschen sagen würden – homosexuelle Vergewaltigung an die nächste Bettwanzengeneration weitergegeben werden.

Die nach Form und Funktion größte phallische Vielfalt findet sich bei den Insekten, während sie bei den Säugern sehr viel weniger ausgeprägt ist. Bei Wirbeltieren wandert das Ejakulat zwar in der Regel durch den gesamten Genitalapparat des Weibchens, aber die Spermien werden nicht gespeichert.

LÄNGERER PENIS UND VERKLEBENDER SAMEN

Der menschliche Penis hat sich weder aus der „Spritze" der Bettwanze noch aus dem Körperanhang anderer Insekten entwickelt. Die Fortpflanzungsorgane der Männer stammen vielmehr von den Fischen und den auf sie folgenden Amphibien her. Die ersten Penisse, die mit der Evolution schließlich zum menschlichen Penis ausdifferenziert wurden, waren wohl selektionsbegünstigt, weil sie in höherem Maße die Befruchtung der Eier sicherstellten.

Vor der Entstehung des Penis schütteten Fische und Amphibien, die Vorgänger von Reptilien und Säugetieren, ihr Sperma mehr oder weniger aufs Geratewohl im Wasser aus. Auf die äußere Besamung, die Entleerung des Spermas über die im Wasser schwimmenden Eier, folgte dann die innere Besamung, bei der die mit Penissen ausgestatteten Männchen das Sperma direkt in den Körper des Weibchens ejakulieren. „Auch der Penis ist vielleicht unter dem Druck der Spermienkonkurrenz entstanden, das heißt selektionsbegünstigt wurden Männchen, die ihr Sperma weiter in den Geschlechtskanal des Weibchens einführen und deshalb näher an das Ei heranbringen konnten", schreibt Geoff A. Parker, dem wir die Theorie der Spermienkonkurrenz verdanken.[13]

Während der Stripteasetänzer der Evolution sich immer weiter in die Vorgeschichte entfernt, scheint der Phallus in seinem Körper zu verschwinden. Jenseits der Australopithecinen reicht die Stammesreihe des Menschen zurück bis zu baumbewohnenden Primaten und ersten, kleinen, im Dunkel der Nacht jagenden Säugetieren, die ihrerseits auf die mit den Dinosauriern geteilten Ahnen, die Stammreptilien zurückgehen. Jenseits der Halbaffen stoßen wir Menschen auf Säuger von der Art der Spitzmaus, Baumbewohner, die den Nagern nicht unähnlich waren. Interessanterweise hinterlassen die Männchen einiger heute lebender Nagetierarten einen besonderen „Begattungspfropfen" im Weibchen – ein klebriges Sekret, das anderen Nagermännchen den Zugang zu dem bereits besamten Weibchen versperrt, es sei denn, diese haben ihrerseits spezielle Penisstacheln entwickelt, die offenbar einzig und allein der Entfernung der Begattungspfropfen dienen. Geht die eigentümliche Klebrigkeit des menschlichen Samens, der bald nach der Ejakulation wie Kleister wird, an Haut und Haar festtrocknet und sich mit ihnen verfilzt, letztlich auf seine Fähigkeit zurück, andere Ejakulate abzublocken? Drohnen hinterlassen, wenn sie sich unmittelbar vor ihrem Tod mit der Bienenkönigin paaren, zusammen mit ihren Geschlechtsorganen auch eine schleimige Abdichtmasse. Man vergleiche dieses todbringende Verstöpseln bei den Bienen mit dem hartnäckigen Klammergriff, in dem bestimmte Frösche (Atelopus) ihre Weibchen halten: Selbst nachdem die Eier ausgiebig befruchtet worden sind, lassen die Frösche nicht los, noch monatelang klammern sie sich an ihrer Partnerin fest. Vielleicht stammt die klebrige Konsistenz des menschlichen Samens tatsächlich von den fernen Säugetier-Vorfahren, deren Samen „verklebte" und wie ein natürlicher Keuschheitsgürtel wirkte, welcher zukünftigen Möchtegern-Besamern den Zugang erschwere.

Da das erste penisähnliche Fortpflanzungsorgan vermutlich bei den Amphibien – also der Übergangsform zwischen den im

Wasser lebenden Fischen und den auf dem Land lebenden Reptilien – auftrat, können uns die Paarungsmuster der heutigen Amphibien Aufschluß über die Ursprünge des Penis geben. Bei den meisten Fröschen und Kröten, die zur Ordnung der Froschlurche (Anuren) zählen, findet die Besamung außerhalb des Körpers statt; das Männchen umklammert das Weibchen von hinten, gleichsam in einer Dauerumarmung, dem sogenannten Amplexus. Es verbleibt so, bis das Weibchen ablaicht, dann ergießt es das Sperma im Wasser über die Eier. Während des Amplexus kann es von anderen Männchen angegriffen werden, die es wegzustoßen suchen. Mit diesem Paarungsverhalten unterscheiden sich Frösche und Kröten von den beiden anderen noch lebenden Amphibienordnungen, den Blindwühlen und den Schwanzlurchen. Die beiden letzteren kennen die innere Besamung, im Innern des weiblichen Körpers. Männliche Schwanzlurche, zu denen Salamander und Molche gehören, befruchten die Eier im Körper des Weibchens, aber ohne Penis. Stattdessen übergeben die Männchen eine Spermatophore, einen Beutel aus süßer Nahrung, der das bittere Sperma umschließt. Diese Samenpakete sondern sie ab und lassen sie in der Regel auf feuchtem Untergrund als „Geschenk" für die Weibchen liegen, die sie nehmen, verzehren und ihrem Körper einverleiben. (So befremdlich uns ein solches Verhalten erscheint, so haben es doch auch viele Insektenarten in nahezu gleicher Form von sich aus entwickelt.) Salamander und Molche zeigen in ihrem Fortpflanzungsverhalten ein breites Spektrum; zu den Schwanzlurchen gehören ja sowohl Arten, die sich im Wasser, wie auch andere, die sich auf dem Land paaren. Bei den beinlosen Lurchen, den Blindwühlen, wird das Sperma mit Hilfe eines penisähnlichen „Begattungsorgans" direkt in die Kloake des Weibchens befördert.

Die bei den Säugetieren übliche innere Besamung ist aus der äußeren entstanden. Bei der freien äußeren Besamung der Fische – wie etwa der zu den Sonnenfischen gehörenden Blauwange, des Vierstacheligen Stichlings und des Schleimfisches – werden die Eier irgendwo im Wasser ausgestoßen, worauf das

Weibchen sich entfernt; dann werden sie vom Samen außerhalb des Körpers befruchtet. Wenn diese Fische laichen, kommen oft kleine Fische, die die günstige Gelegenheit wahrnehmen wollen, herbeigeschossen und ergießen ihr Sperma über die Eier. Manche Meerestiere, zum Beispiel Knorpelfische (Chondrichthyes) wie Haie und Rochen, besitzen zwar penisartige Organe, doch die meisten Fischmännchen entleeren die Milch noch immer ins Wasser, wo dann die äußere Besamung stattfindet. Mit der Weiterentwicklung der Fische zu Amphibien gewann die Befruchtung im Innern des weiblichen Körpers nach und nach die Oberhand, weil die Männchen darum kämpften, möglichst nahe an die Eier heranzukommen. Diejenigen Männchen, die die Eier noch erreichten, bevor sie ins Wasser ausgestoßen wurden, hinterließen in der Regel auch mehr Nachkommen. Kopulationsorgane, die lang genug waren, um anderen Männchen bei der Samenübertragung zuvorzukommen, boten damit einen Fortpflanzungsvorteil. Die den Reptilien und Säugern vorangehenden Amphibien besaßen mit hoher Wahrscheinlichkeit ein solches als Vorform des Penis identifizierbares Begattungsorgan.

Ein weiterer Grund für die natürliche Auslese der inneren Besamung und der penisähnlichen Organe bei einigen Ur-Amphibien waren die außerhalb des Wassers herrschenden rauhen Witterungsbedingungen. Frühformen von zeitweilig an Land kriechenden Fischen und Lurchen starben, weil Samenzellen und Eier durch die Sonnenstrahlung zerstört, an der Luft ausgetrocknet oder vom Wind auseinandergeweht wurden. Bei Lebewesen, die sich zur Paarung ins Wasser begaben, gelangen Befruchtung und Frühentwicklung der Embryos besser. In anderer Abstammungslinie trat der Penis vielleicht erstmals bei den Ur-Amphibien mit Fischköpfen auf, weil diese, als ihre natürlichen Lebensräume austrockneten, auf dem Land überleben mußten. Obgleich ausgewachsene Lurche auf Baumrinde, am Ufer von Teichen, auf Lilienpolstern oder auf dem Blätterbett des Waldbodens leben, gehen die allermeisten nach wie vor zum Laichen ins Wasser zurück.

Ozeandampfer, Sandstrände und Wasserfälle ziehen noch heute die Liebespaare an. Vielleicht konnte das Wasser solche Verführungskraft behalten, weil es seit Urzeiten mit der tierischen Fortpflanzung verknüpft ist. Die Männchen ejakulieren eine weißliche Flüssigkeit, und in diese eingebettet sind haploide Samenzellen, die an die ersten vier Fünftel der Erdgeschichte mit ihrem ausschließlich mikroorganischen Leben gemahnen: waren damals doch die feuchten, von keiner festen Schale oder Haut umgebenen Einzeller des Proterozoikums der sengenden Hitze und den Winden des trockenen Landes schutzlos preisgegeben. Selbst viele reine Landtiere wie etwa Landschildkröten, Salamander oder Laubfrösche gehen zum Eierlegen wieder ins Wasser. Auch bei uns Säugetieren schwimmt der Foetus in einer so warmen und sorglosen Fruchtwasserwelt, daß sie förmlich ein Symbol für Sicherheit und Wohlbefinden ist. In diesem Wasserparadies entwickelt sich das befruchtete Ei und wiederholt Formbildung und Lebensstil seiner Amphibien-Vorfahren mit solcher Treue, daß es vorübergehend sogar wie eine Kaulquappe aussieht. Ebenso wie die Geburt ist die Sexualität, die ja die Feuchtigkeit unseres Körperinnern buchstäblich nach außen befördert, als „ozeanisches" Erlebnis beschrieben worden. Zu direkter Spermaübertragung kann es allerdings auch im Wasser und ohne Penis kommen. Das Octopusmännchen, also ein Weichtier und kein Säuger, benutzt seine Fangarme, um Sperma in die Geschlechtsöffnung des Weibchens zu befördern. Dabei färbt es sich leuchtend rot. Dieses Beispiel des Kraken zeigt, daß die Besamung innerhalb des Körpers sich nicht notwendigerweise nur bei Landtieren herausbildet. Die innere Besamung ist einfach effizienter und weniger verschwenderisch; ist sie erst einmal entstanden, finden sich Männchen, die sie nicht praktizieren, tendenziell auf dem Müllhaufen der männlichen Sexualevolution wieder. Auch die Vorfahren der Seepferdchen und anderer Knochenfische sind von sich aus zu innerer Besamung übergegangen.

Im Laufe seiner Entwicklung wurde der Penis bei vielen Tierklassen immer skurriler. Manche Penisse können beim

Ejakulieren das Sperma über eine Entfernung ausstoßen, die ihre eigene Länge weit übersteigt. Manche Eidechsen-Penisse sind leuchtend blau. Das Geschlechtsorgan einiger Insektenarten ist länger als ihr übriger Körper. Der Dornhai versprüht eine „Spermiziden-Dusche", die es einem anderen Männchen erschwert, Sperma zu deponieren, zu entfernen oder zu verdünnen. Penisse und sonstige Spermaübertragungs-Organe unterscheiden sich nach Form und Größe weit mehr als eigentlich alle übrigen Körperteile der Tiere.

Entwickelt haben sich aber nicht nur die männlichen Organe. Auch die weiblichen Fortpflanzungssysteme weisen einen überwältigenden Formenreichtum auf. Die uralte Rivalität der Männchen ist nicht immer nach dem Geschmack der Weibchen. Durch die versteckte Lage des Organs, in dem die Befruchtung stattfindet, sowie durch Ausbildung komplizierter Flanschen, Klappen und Schließmuskel werden die weiblichen Geschlechtsapparate mancher Tierarten für die Spermien zu regelrechten Hindernisrennen. Klar ist also, daß sowohl die männlichen wie auch die weiblichen Geschlechtsorgane sich weiterentwickelt haben; aber da beim Menschen der größte Teil der weiblichen Fortpflanzungsorgane im Körperinnern liegt, während beim Mann Penis und Hoden deutlich sichtbar an der Außenseite des Körpers prangen, spielen die männlichen Genitalien eine größere Rolle im magischen, assoziativen Denken des Kindes.

MERKWÜRDIGE BETTGENOSSEN

Da um den Phallus nun allerdings auch das magische Denken des Kindes kreist, bleibt die Suche der Evolutionsbiologie nach den Ursprüngen des Penis ergebnislos und enttäuschend, obgleich sie etwas Zauberhaftes an sich hat. Ergebnislos bleibt sie, teils weil man bei den Urmenschen keine fossilen Penisknochen gefunden hat, teils weil sich das Penisgewebe selbst wohl kaum irgendwo erhalten haben wird. Sogar an Kunstwerken, wie etwa den männlichen Akten der römischen oder florentinischen Bildhauer, hat der Penis die Neigung abzubrechen (und ist von den Christen oftmals abgebrochen worden), so daß man ihn sich in der Phantasie wieder dazudenken muß.

Lacan sah in der Psychoanalyse eine unverändert aufregende, keineswegs verfestigte Halbwissenschaft, die ihre Modelle anderen Wissenschaften wie Archäologie und Sprachwissenschaft entlehnen muß, weil sie selbst noch „kreißt", als neue Wissenschaft mit den soziokulturellen Problemen ihrer Geburt zu kämpfen hat. In ‚Die Topik des Imaginären' mahnt Lacan seine Kollegen: „Sie können sich nicht vorstellen, meine armen Freunde, was Sie der Geologie schulden. Gäbe es keine Geologie, wie könnte man auf den Gedanken kommen, daß man, auf ein und derselben Höhe, von einer rezenten Schicht zu einer sehr frühen gelangen kann? Es wäre nicht schlecht, das sag ich so nebenbei, wenn jeder Analytiker sich ein kleines Geologie-Buch kaufen würde. Früher gab es einen Analytiker, der Geologe war, Leuba, der eins geschrieben hat, dessen Lektüre ich Ihnen nicht genug empfehlen kann." In einem anderen Seminar vergleicht Lacan seinen großen Lehrer Sigmund Freud mit einem behutsamen Archäologen, der – anders als manche seiner Nachfolger – jedes einzelne der faszinierenden Ausgrabungsstücke an der richtigen Stelle wieder einsetzt[14] . Freilich: da haben wir nun unsererseits auf dem Feld der Evolutionsbiologie nach den Ursprüngen des Penis gegraben und fühlen uns doch eigentümlich enttäuscht. Fast als wären wir von umfangreichen Erdarbeiten mit leeren Händen zurückgekehrt. Den Penis der Evolutionsbiologie haben wir gefunden, den Phallus der Psychoanalyse nicht. Wenn der Phallus aber tatsächlich, wie die Psychoanalyse andeutet, ein so verborgenes Objekt ist, daß nicht einmal feststeht, ob es überhaupt eines ist, dann wäre dieses Gefühl des Verlusts – etwa wie wenn man aus einem Traum von funkelnden Geldstücken mit leeren Händen erwacht oder einem Schwarzweiß-Text das Bild eines farbigen holographischen Stripteasetänzers enlocken will – durchaus angemessen. Die grundverschiedenen Diskurse der Psychoanalyse und der Evolutionsbiologie widerstreben ihrer Verschmelzung: Wie in dem Bild vom Geist, der den Körper umschließt, der den Geist umschließt, versuchen Psychoanalyse und Evolutionsbiologie sich wechselseitig zu verschlingen, doch keine kommt – dem besitzhungrigen Liebhaber gleich – je endgültig zum Ziel.

HARTNÄCKIGER PHALLUSKULT

Freud begann seine Laufbahn mit Studien über die Elektrochemie der Nervenzellen, aber solche Untersuchungen konnten ihn nicht zufriedenstellen. Sein Wiener Arbeitszimmer war vollgestopft mit Hunderten von Objekten: archäologische Fundstüke, Skulpturen aus Afrika, Figurinen von Zauberern, Statuetten, die Gestalten der Mythologie darstellten, sowie gläserner Nippes. Seine Entdeckung des Unbewußten und der verborgenen Traumsprache verglich er mit der Entzifferung der auf dem Stein von Rosetta gefundenen Hieroglyphen. Leicht vorstellbar ist, daß es in Freuds Sammlung auch eine Herme gab, eine gliederlose griechische Skulptur, eine aus Stein gehauene Figur mit einem Penis, aber ohne Arme und Beine. Hermen fand man in der Regel außerhalb der Siedlungen im alten Griechenland. Diese quadratischen Steinpfeiler trugen oben eine Büste oder einen Kopf, die vorzugsweise den Gott Hermes darstellten (Hermes – der auch mit dem griechisch-ägyptischen Weisheitskünder Hermes Trismegistos und dem philosophischen Verfahren der Hermeneutik zusammenhängt – war der Götterbote, der Gott der Wege, des Handels, der Erfindungen, der Redekunst und der Diebe, der die Toten zum Hades, zur Unterwelt geleitete). Die Hermen gehörten zu einem im alten Griechenland weit verbreiteten Kult, der sich nicht nur in Bildwerken, sondern auch in phallischen Festen und Kultgesängen äußerte. Doch im Frühjahr des Jahres 415 verwüsteten die Vandalen Athen und zerstörten nahezu sämtliche Hermen.

Auch im alten Skandinavien genoß der Phallus, wie Stein- und Bronzeskulpturen belegen, kultische Verehrung. In Darstellungen von rituellen Szenen sieht man Männer mit Äxten,

Männer mit Pflügen, Männer mit Schiffen; fast immer haben diese Männer sowohl einen erigierten Penis wie auch ein Schwert.[15] Selbst das allererste große, von unbekannten Künstlern geschaffene Kunstwerk der Menschheit, die Höhlenmalereien von Lascaux, zeigt einen Mann mit Vogelkopf und erigiertem Phallus, der neben einem vom Speer durchbohrten Bison umfällt. Zwar ist es heutzutage mit dem stolzen, öffentlichen, unverhüllten Phalluskult vorbei, die verkappte Phallusverehrung indessen bleibt, wie Lacan und Freud betonen, unveräußerlicher, wenn auch unbewußter Teil des westlichen, europäisch-amerikanischen Erbes.

Der nach dem amerikanischen Präsidenten benannte Hoover-Tower auf dem Campus der Universität Stanford wird oft nur Hoovers letzte Erektion genannt. Und hatte Kennedys Raumfahrt-Programm mit dem Flug der Amerikaner zum Mond nicht etwas Phallisches an sich? Handelsgesellschaften und Industrieunternehmen wetteifern darum, wer den höchsten Wolkenkratzer, den größten Turm bauen kann. Bomben, Raketen, Gewehre und Pistolen, die unbestreitbar Knaben und Männer mehr interessieren als Mädchen und Frauen, haben ebenfalls flagrante Ähnlichkeit mit dem erigierten, ejakulierenden Penis.

DIE SONNE

Worin besteht aber dann die Bedeutung des Phallus? Lacan sieht im Phallus ein „Objekt", das eine so zentrale Rolle im magischen Denken spielt, daß seine Bedeutung plastisch, beweglich, schwankend ist. Der Phallus ist ein „Signifikant ohne Signifikat", anders gesagt, ein reines Symbol, das alles und jedes und darum letztendlich überhaupt nichts bedeutet. Bei Pavianen hat man beobachtet, daß Männchen am Rande der Herde Angehörige einer benachbarten Horde erschreckten, indem sie die Beine spreizten und mit den Händen ihren erigierten Penis auf sie richteten. Wie wir selbst schon sahen, zeigt ein Pinseläffchen – auch wenn es jung ist und noch kein anderes

Männchen gesehen hat – seinem Spiegelbild, das es für einen anderen hält, zur Begrüßung den erigierten Penis. Im April 1876 schrieb der Naturforscher J. von Fischer in ‚Der Zoologische Garten‘, daß sich eines seiner jungen Mandrillmännchen, als es sich das erste Mal im Spiegel erblickte, herumgedreht und dem Spiegelbild sein rotes Hinterteil zugekehrt habe. Darwin las den Bericht über diesen „Analstrip" und fragte brieflich bei Fischer an, was ein solches „unschickliches Benehmen" wohl bedeuten könne.[16] Fischer antwortete, noch andere seiner Affen zeigten ein ähnlich peinliches Betragen. Er habe sich große Mühe gegeben, einem Rhesusaffen das unpassende Verhalten abzugewöhnen, aber der Affe lasse sich nicht beirren und streke fremden Personen und neuen Affen weiterhin sein rotes Hinterteil entgegen. Fischer schloß, es müsse sich um eine Art Begrüßung handeln. Nicht weniger dunkel als dieses Affenverhalten bleibt auch die Bedeutung des Phallus. Der Phallus kann ein erotischer Richtungspfeil oder Blinker, eine Urform des Hinweisens überhaupt sein. In ein Kondom gehüllt, funktioniert er gleichsam transzendental, das heißt, sein Sinn löst sich von der Fortpflanzung ab. Der Phallus kann Säule, Erektor, Zigarre, Schlauch, Werkzeug, Knochen, Kot, Körperglied, Person sein. Der bis dato vielleicht originellste Rückgriff auf die besonderen Merkmale der phallischen Bedeutung findet sich bei Georges Bataille, einem der frühen Surrealisten, der sich dann aber von der Bewegung lossagte, weil er sie zu engstirnig fand. Nach Batailles Vorstellung stellt die gesamte stammesgeschichtliche Odyssee des Menschen von den Bakterien bis zum Homo erectus eine einzige Erektion dar; diese Erektion ist allerdings bislang unvollständig, denn noch verläuft der Blick des Menschen parallel zum Boden, und seine Augen können den Anblick der blendend hellen Sonne, die sein eigentliches Ziel bildet, nicht ertragen. Nach Batailles Meinung ist die Sonne das abstrakteste und erotischste Objekt, das wir kennen: wir werden von ihr angezogen, können sie aber nicht anschauen, wir streben ihr entgegen, können sie aber niemals erreichen.

Bataille zufolge ist die Odyssee des Menschen erst dann zum

Abschluß gekommen, wenn die Zirbeldrüse im Vorderhirn sich öffnet und das gesamte menschliche Körperinnere in einer großen Ejakulation zur Sonne schleudert. Dies wäre das logische Ende der phallischen Evolution der Menschheit. Batailles Verkoppelung von Sonne und Sexualität ist nicht einfach bloß ein Gag. Mit ihrer Hilfe können wir nämlich eine provisorische Verbindung zwischen der sexuellen Erregung der „Frühlingsgefühle" (des im Englischen so genannten „Frühlingsfiebers") und der Physiologie herstellen. Zusammen mit der Baumblüte und den Frühlingsdüften kommen auch die längeren Tage; die Spätnachmittags- und Abendsonne aber hat eine ganz besondere Wirkung auf den Menschen. Unter Lichteinfluß regt die Nucleus-suprachiasmaticus-Region des Gehirns die Zirbeldrüse an, weniger Melatonin zu produzieren, das sonst als ein den Sexualtrieb regulierendes beziehungsweise hemmendes Hormon fungiert. Die Einschränkung der Melatoninproduktion wird zumal vom späten Tageslicht ausgelöst, so daß der erotische Rauschzustand durchaus eine jahreszeitlich bedingte Reaktion auf das strahlende Sonnenlicht und die leuchtenden Frühlingsfarben sein kann. Natürlich ist Batailles Vorstellung von der Sonnensexualität, von der Sonne als Zielpunkt menschlichen Begehrens, der ganzen Intention nach unverkennbar eine kosmische Fabel. Eine phallische Phantasie.[17] Weit weniger phantastisch und phallisch, aber ebenso verblüffend sind die als nächstes folgenden Geschichten von der Lust der Einzeller, in denen die Protisten sich gegenseitig auffressen und die Bakterien sich unter der Strahlenflut der prallen Sonne zu wilden, freilich hoffnungslosen, Sexualpraktiken hinreißen lassen.

6: *Mikro-Überlebende*

> Es ist die stürmische Lieblichkeit des Schreckens,
> Weitab von Schlangen schimmert metallischer Glanz,
> Entfacht durch jene unentwirrbare Täuschung,
> Die aus der Luft einen Nebelspuk macht.
> Percy B. Shelley[1]

Mit einem weiteren Schritt in die Tiefe gleitet der Evolutionsstripper aus der Schlangenhaut und den Fischschuppen heraus – und enthüllt eine noch urtümlichere Stufe der Sexualität, nämlich das uralte wechselseitige Verschlingen, das Sich-Krümmen, Verschmelzen und tragikomische Zweiteilen einzelliger Lebewesen. Unter den kabbalistischen Eidechsen wuseln die kannibalistischen Protisten. Zwei paarungsbereite Zellen verschlingen sich im Akt der Befruchtung, ihre Zellkerne verschmelzen. Innerlich zerrissen und feucht, sondert die nunmehr fusionierte Zelle eine sie umschließende härtende Hülle ab, die sie gegen die Unbilden des Winters schützt. Und doch steckt im Innern dieser sich einkapselnden, fusionierenden Protisten eine noch ursprünglichere Sexualität. Der Evolutionsstripper wirft eine blendende, sonnenbeschienene Hülle ab und präsentiert seine allerunterste Sexualschicht: feuchte Kleckse feilschender, in endlosem Fluß ihre Gene austauschender Bakterien. Nun endlich, nach dem allerletzten Entklei-

dungsakt, steht der mit den Geschlechtern jonglierende Stripteasetänzer splitterfasernackt da.

Nach Auskunft von Sprachwissenschaftlern stammt das englische Wort „love" vom nostratischen Wort „luba" (durstig) her. Diese vor etwa vierzehntausend Jahren gesprochene Sprache gilt ihnen als gemeinsame Mutter der indoeuropäischen, west- und nordasiatischen Sprachfamilien. Gewiß: vierzehntausend Jahre sind für den Evolutionstänzer nur ein kurzer Augenblick, aber die Beziehung zwischen Liebe und Durst ist auch bei weitem älter. Schon mehr als eine Milliarde Jahre vor den ersten Ursprüngen der Sprache stillten die Protisten – mit Zellkern ausgestattete Mikroorganismen – ihren Durst durch Zellfusion. Diese Fusion ist, wie wir in der letzten Tanzfigur des Stripteasetänzers sehen werden, Vorläufer und womöglich Vorbild aller späteren Liebe. Protisten in verzweifelter Doppelung und mit erotisch verschmolzenen Zellkernen bilden das Innerste unseres Körpers, unseres Lebens. Ausgetrocknet und durstig, wie sie waren, verschlangen die Protisten einander, manche von ihnen verschmolzen zu einem einheitlichen Ganzen und wurden „diploid". Noch lange vor den Protisten aber frönten die vom Sonnenlicht ausgedörrten Bakterien ihrer eigentümlichen Sexualität. Im folgenden Kapitel behandeln wir deshalb nicht nur die urzeitlichen Protisten, sondern zugleich deren Bakterien-Vorfahren mit ihrer genetischen Rekombination. Aus Gründen der Vollständigkeit werden wir dabei auch der alten Frage nachgehen, warum es Sexualität überhaupt gibt.

ALTERNATIVEN ZUR SEXUALITÄT

Nach der Bedeutung der Sexualität haben neben abtrünnigen Surrealisten und mystischen Philosophen auch schon viele Naturwissenschaftler geforscht. Stutzig gemacht durch das offensichtlich aufwendige Verfahren einer Partnersuche in Konkurrenz mit anderen Suchenden, können die Biologen der Verlokung nicht widerstehen, mit allen möglichen Erklärungen für die Sexualität aufzuwarten. Anders der im 18. Jahrhundert lebende Naturforscher Georges Buffon. Zum Problem der Sexualität schrieb er: „Die einzige Lösung ist das Faktum selbst." Aber Buffon war eine Ausnahme.

Als die darwinsche Abstammungslehre sich durchsetzte, begannen die Biologen zu fragen: „Wie entstand die Sexualität?" und „Warum wurde sie in den Populationen mit geschlechtlicher Fortpflanzung letztlich beibehalten?" Zur Sexualität – so Norton Zinder, Molekulargenetiker an der Rokefeller Universität – wäre es nicht gekommen, „wenn es nur um den Spaß gegangen wäre, mal zwei Bakterien zu verkuppeln. Vielmehr muß sie für die Entwicklung der Gene von fundamentaler Bedeutung gewesen sein – oder aber Gott spielt uns einen Streich". Das absonderliche Sexualleben der Mikroorganismen – Bakterien, Protisten, Pilze – weist in punkto Sexualität und Geschlecht unzählige Variationen auf; bei vielen Arten sind mehr als zwei Geschlechter die Regel. Das in absterbenden Bäumen und abgefallenem Holz lebende transsexuelle Pilzgewächs Schizophyllum zum Beispiel kommt in mehr als siebzigtausend Geschlechtern vor; manche gemeinen Hefezellen ändern nach ein paar Zellteilungen immer wieder automatisch ihr Geschlecht oder ihr Paarungsverhalten. Die Tiere stammen von Protisten, also Mikroorganismen mit Zellkern ab, deren abwechslungsreiche, experimentierfreudige zelluläre Sexualität wichtige Anhaltspunkte für die Rekonstruktion der frühesten Paarungssysteme liefert.

Obgleich die Teleologie – die Vorstellung, daß Organismen sich auf einen Zweck, ein Ziel hin entwickeln – in der Evolutionstheorie weitgehend ausgedient hat, wird die Biologie doch nach wie vor von dem Gedanken verfolgt, daß die Sexualität im Laufe der Evolution letztlich beibehalten wurde und deshalb zu etwas nütze sein muß. Vielleicht hat aber, ganz im Gegensatz zum Glauben der universitären Wissenschaft, die Sexualität keinerlei entwicklungsgeschichtlichen Nutzen. Anders als viele Biologen sind wir der Überzeugung, daß der Sexus in erster Linie eine ungewöhnliche, aus dem Mikrokosmos stammende Hinterlassenschaft des Lebens darstellt. Es gibt ihn, „weil" es ihn gab, und mittlerweile sind viele Formen des Lebens im Innersten ihrer biologischen Existenz auf Gedeih und Verderb von der Sexualität abhängig: Ohne sie können sie weder überleben noch sich fortpflanzen oder weiterentwickeln. Unter mehr als dreißig Millionen Varianten ist die menschliche Sexualität nur ein Beispiel.

Ihrer biologischen Definition nach ist Sexualität der Prozeß, aus dem ein neues Individuum, ein von mehr als einem Elternteil abstammendes, genetisch eigenständiges Ganzes hervorgeht. Dabei muß die Sexualität der Bakterien streng getrennt werden von der Sexualität der Protisten oder beliebiger anderer, aus komplizierteren Zellen mit Zellkern aufgebauter Lebewesen. Das Sexualleben der Bakterien, die die Erde über gut achtzig Prozent ihrer Geschichte hinweg allein bewohnt haben, unterscheidet sich radikal von dem der Protisten, Pilze, Tiere und Pflanzen. Die Einsicht in die Ursprünge des Sexus – in jene Verkettung von Ereignissen, die zuerst zur Gentransfer-Sexualität der Bakterien und später zur Vereinigung und Verschmelzung der Protistenzellen führte – ist etwas ganz anderes als die Beantwortung der Frage, warum sich die Elternpaar-Sexualität bei so vielen Tieren und Pflanzen erhalten hat. Warum haben nicht mehr Tiere (wie die ausschließlich weibliche Rennechse) und mehr Pflanzen (wie der üppig wachsende Löwenzahn) die Elternpaar-Sexualität aufgegeben? Warum sind die Tiere nicht, nachdem sie die geschlechtliche Fortpflanzung entwikelt hatten, wieder (wie die Rädertierchen und der Cnemidophorus uniparens) zur „unaufwendigeren", schnelleren Eineltern-Fortpflanzung zurückgekehrt? Warum entstehen nicht alle Pflanzen aus machtvollen Mutterpflanzen, die ohne die Beihilfe eines männlichen Pollenspenders Keimlinge bilden können?

Es sind viele Versuche unternommen worden, das Geheimnis um das Fortbestehen der Sexualität zu lüften. Unserer Ansicht nach aber führt schon die Frage „Warum Sexualität?" in die Irre. In einem seiner Stücke schreibt Samuel Beckett: „Die Sonne, die keine Wahl hatte, ging heute morgen auf." Tiere und Pflanzen, von Urbeginn an Organismen mit geschlechtlicher

Fortpflanzung, bleiben geschlechtlich, weil sie sich notgedrungen aus Embryos zu Tieren und Pflanzen entwickeln müssen: Ähnlich der Sonne haben sie keine Wahl, keine Alternative. Säugetiere wie der Homo sapiens und Blütenpflanzen wie der Mohn bleiben geschlechtlich, weil sie sich aus Embryos entwikkeln. Kein Embryo entsteht ohne sexuelle Verschmelzung. Als uraltes, von mikroskopisch kleinen Lebewesen überkommenes Erbteil bildet sich der Embryo, wenn der Kopf einer männlichen Samenzelle in eine weibliche Eizelle eindringt; in den Tiefen der Blüte entsteht um den Pflanzenembryo herum der junge Keim, nachdem der Pollen seinen männlichen Samenzellkern an das Ei, den im Embryosack liegenden weiblichen Zellkern, abgeliefert hat. In seltenen Fällen kehren Pflanzen und Tiere zur ungeschlechtlichen Fortpflanzung zurück, niemals freilich durchgängig. Diese Fälle sind Abweichungen von einer absonderlichen Geschichte, die bei den 1,5 Milliarden Jahre alten amöbenähnlichen Zellen ihren Anfang nahm und Menschen wie Mohnblumen in derselben geschlechtlichen Fortpflanzung zusammenschweißt.

DIE SONDERBAREN PROTISTEN

Werbungs- und Liebesverhalten beim Menschen sind nur die hochentwickelte Form eines zwei Milliarden Jahre alten, im wesentlichen absichtslosen, aber entwicklungsgeschichtlich wesentlichen „Überlebenstanzes", der die Verdoppelung der Chromosomen bei der Befruchtung und die Reduktion dieser Chromosomen in der Meiose, der Reifungsteilung, umfaßte. Bei der tierischen Entwicklung bildet sich zunächst aus der befruchteten Zelle ein Körper, danach teilen sich einige der Körperzellen und ergeben entweder die männlichen Samen- oder die weiblichen Eizellen. Der unter dem Namen Meiose bekannte Prozeß mit seiner mikroskopisch kleinen „Choreographie" läuft, wie man heute weiß, tief in den Zellen aller tierischen Organismen ab. Ihren Anfang nimmt die von der wahllosen Sexualität der Bakterien grundverschiedene meiotische

Sexualität bei den Protisten, den ersten mit Zellkern versehenen Mikroorganismen. Diese Vorläufer der tierischen Zelle sind den Zellen im menschlichen und in jedem anderen tierischen Körper strukturell vergleichbar. Die ersten Protisten wiederum entwikelten sich aus einem Konglomerat artverschiedener Bakterien, aus symbiotischen Abenteuern, in denen drei oder vier Bakterienarten schließlich vollständig voneinander abhängig waren, das heißt ihre Merkmale vermischten wie Miniatursphinxe oder -minotauren, ja sogar Stoffwechselsysteme und natürliche Fertigkeiten mit derselben Anmut zusammenwarfen, wie es Chimaira und Vogel Greif mit den Körperteilen von Adler und Löwe tun – wobei allerdings die Bakterienmixturen als stammesgeschichtliche Tatsache genetische Anerkannung fanden, während das Fabelgetier sich nur im nebulösen Reich der menschlichen Phantasie üppig vermehren kann.

Die Symbiose, das langfristige körperliche Zusammenleben verschiedenartiger Organismen, ist eine Grundvoraussetzung des Protisten-, Pflanzen-, Tier- oder Pilzlebens. Die tierischen Zellen entstanden nicht einfach aus größer werdenden Bakterienzellen, sondern aus symbiotischen Bakterienverbänden. Auch ein Computer ist ja nicht bloß ein vergrößerter Rechenschieber, sondern eine Maschine, in der sich Elektro-, Halbleiter-, Maschinenbau- und Fernsehtechnologie miteinander verkoppeln. Tierische Zellen haben also eine zusammengesetzte und komplizierte Geschichte; sie entstanden unter dem Einfluß der in bestimmten Protistenzweigen wirksamen natürlichen Auslese. Die Protisten ihrerseits stammen aus symbiotischen Zellverbänden ehemals selbständiger Bakterien mit ihrer je eigenen Atmung, Gärung und rotierenden Bewegung. Pflanzenzellen haben – einmal abgesehen von ihren Chloroplasten, die sie gesondert von photosynthetisch grüngefärbten, sauerstoffproduzierenden Bakterien erbten – dieselben Ahnen wie die tierischen Zellen.

Selbst in ihrer streng biologischen Bedeutung besteht „Sexualität" aus unzähligen Einzelprozessen: dem Durchtrennen und Neuzusammensetzen der DNA-Stränge (Rekombination), der Zellverschmelzung (Befruchtung), der Vereinigung von Körpern (Kopulation), der Ausbildung von Geschlechtsmerkmalen (Zelldifferenzierung), der Partnererkennung (hormoninduzierte Physiologie der Anziehung) und so fort. Springende Gene, „redundante" DNA, Nukleotiden-Reparatursysteme und viele andere dynamisch-genetische Prozesse sind nichts als Variationen der Flickarbeit beziehungsweise Rekombination aus jener uralten Bakteriensexualität, die es schon gab, als von Pflanzen, Tieren, ja sogar Pilzen oder Protisten auf unserer Erde noch keine Spur zu sehen war. Da die Frage „Warum überhaupt Sexualität?" im Grunde aus mehr als einer Frage besteht, gibt es auch mehr als eine Antwort darauf. Biologisch gesehen, ist Sexualität im Sinne der Fusion zweier, über je eigene DNA-Nukleotidenstränge verfügender genetischer Systeme mit dem Ziel der Hervorbringung eines genetisch neuen Individuums ein irreversibler genetischer Habitus. Nicht bloß besteht der tierische Körper nach wie vor aus denselben organischen Teilchen, die schon zur Zeit des jungen Sonnensystems die mit Wasserstoff gesättigte Erdatmosphäre bevölkerten; auch der gesamte Lebenszyklus der Säuger basiert noch immer auf den feuchten, sensiblen Verhaltensweisen, wie sie für die rotierenden Protisten und ihre begeißelten Bakterien-Vorfahren charakteristisch waren. Ihre Befriedigung in feuchter Umarmung finden die Menschen nicht etwa deshalb, weil Sexualität per se das biologische non plus ultra wäre, das einen unvergleichlichen Evolutionsvorteil verschafft, sondern einfach deshalb, weil unseren Tierahnen von Urbeginn an für die Fortpflanzung gar keine andere Wahl blieb. Auch heute noch gehört zur künstlichen In-vitro-Befruchtung die Ejakulation eines Mannes und das Austragen des befruchteten weiblichen Eis in einer warmen, feuchten menschlichen Gebärmutter. Selbst wenn ein paar Zwischenglieder zwischen Sexualverkehr und Geburt abgetrennt und beispielsweise durch das Klonen ersetzt werden, wird es noch lange Zeit dauern (wenn es überhaupt je dazu kommt), bis alle Bindungen an die fruchtbare Protisten- und Bakterienvergangenheit gelöst sind.

Wäre das Klonen, die Herstellung synthetischer Zwillinge, genetischer Kopien im Reagenzglas, für die Menschen eine wirklich praktikable Fortpflanzungsmethode, dann würde sie mit Sicherheit auch angewandt: Wir könnten uns dann einfach in den Finger stechen und zusehen, wie der Blutstropfen sich gleichsam im Zeitraffer zum eigenen Zwilling ausdifferenziert. Dabei würde sich vielleicht nicht bloß Neugierde regen, sondern zugleich ein irritierend neuer Blick auf das Selbst und die eigenen Gefühle ihm gegenüber, womöglich gar ein Ichrausch und eine Fingerlust einstellen. Im Sinne der Verfertigung von Individuen aus den Genen von mehr als einem Elternteil gibt es die Sexualität bereits seit den promisken Bakterien. Mit der Entstehung der Protisten aber wurde sie, zumindest in einigen Entwicklungsreihen, zur unverzichtbaren Voraussetzung der Fortpflanzung. Wir Menschen selbst sind ja aus einer solchen Ahnenreihe hervorgegangen. Gleichwohl will der heutige biologische Diskurs über Ursprünge und Evolution der Sexualität in aller Regel nichts von jenen wenig bekannten Zellen wissen, in denen die meiotische Sexualität entstand und sich entwickelte. Die mit Kern versehene Ahnzelle der Pflanzen- und Tierzellen gab es von dem Augenblick an, als verschiedenartige, einander zunächst bekämpfende und infizierende Bakterien, sich dann doch zu einem neuen Ganzen zusammenschlossen und chemisch voneinander abhängig wurden. Dieses neue Ganze war der Protist, der einzellige Prototyp des pflanzlichen und tierischen Lebens. Die Protisten-Ahnen der feuchten Samen- und Eizellen von Pflanzen und Tieren haben also eine höchst exotische Geschichte: Sie sind Mikrosphinxe, sie entstammen der dauerhaften Vermischung grundverschiedener Bakterienarten.

Protisten sind die kleineren Einwohner im großen Reich der „Protoktisten". Um die Mitte des 19. Jahrhunderts entdeckte der deutsche Biologe Ernst Haeckel, daß dieses Reich sich von dem der Pflanzen und Tiere erheblich unterscheidet, 1861 gab ihm der Schotte John Hogg den Namen Protoctista, und in jüngster Zeit wurde es noch einmal neu begründet. Es umfaßt alle Amöben (Wechseltierchen), Schimmelpilze, Ciliaten (Wimpertierchen), Leuchtorganismen, Schleimpilze, Rot-, Braun- und Grünalgen sowie eine schier endlose Sammlung anderer ein- und mehrzelliger Organismen. Ihr schwerfälliger Sammelname wird allerdings Lügen gestraft von den juwelenartigen, gefiederten Kieselalgen und den Radiolarien (Strahlentierchen) mit ihrer prachtvollen Symmetrie. Noch heute werden Protoktisten irrtümlicherweise entweder zu Tieren oder zu Pflanzen erklärt. „Protozoen" heißen sie bei Tropenärzten und Parasitologen, die mit dem Studium der wenigen Arten zu tun haben, von denen Tropenkrankheiten wie Schlafkrankheit oder Malaria übertragen werden; als Algen hingegen gelten sie den Umweltforschern. Doch allen terminologischen Bauchschmerzen zum Trotz bilden Algen, Protozoen, Schleimpilze und andere Wasserorganismen eine natürliche Gruppe von etwa 200 000 Arten im Reich der Protoctista. All diese Organismen gab es schon vor dem Reich der Animalia und dem Reich der Plantae: Protoktisten gehören weder der Botanik noch der Zoologie an und sind nicht nur harmlos, sondern ökologisch unverzichtbar. Außerdem bilden sie „lebende Fossilien" aus einer Zeit, in der ein wildes sexuelles Experimentieren unter den Zellen im Gange war. Bei ihnen begann die für Tiere charakteristische meiotische Sexualität, der Chromosomentanz der mit Zellkern ausgestatteten Zellen; zu ihnen zählen also unsere eigenen, mikroskopisch kleinen geschlechtlichen Urahnen. Wie es bei dem australischen Biologen Simon Robson so schön heißt: „Vom Standpunkt der Säugetiere könnte es fast den Eindruck machen, als hätten wir in Sachen Ursprung der Sexualität einen Merkmalskomplex betrachtet, der schon seit drei Milliarden Jahren nicht mehr up to date ist."[2]

Charles Darwin hat betont, wie wichtig beim Studium der Evolution die von der Norm abweichenden Organismen und ihr Verhalten sind. Die „Auffälligkeiten und Extravaganzen" zeigen nämlich, daß die Evolution niemals vorausplant, sondern bei der Verfertigung des Neuen eher wie ein sparsamer Flickschuster mit Versatzstücken arbeitet. Auffälligkeiten wie etwa die fluguntauglichen Flügel des Pinguins erinnern an Aschenbecher in Flugzeugen, in denen man nicht mehr rauchen darf. Blinddärme, funktionslose Augen oder männliche Brustwarzen machen uns auf historische Zufälle aufmerksam und bieten Anhaltspunkte zur Rekonstruktion des kurvenreichen Verlaufs der Entwicklungsgeschichte. Zu den Launen der Evolution gehören unsere funktionell überflüssigen kleinen Zehen, die doch früher einmal, als Finger an den Hinterbeinen unserer Affenvorfahren, für das Festklammern an Baumranken unverzichtbar waren. Andere Auffälligkeiten und Extravaganzen sind die Kieferknochen mancher Fischarten, die bei Reptilien und Säugern zu Gehörknöchelchen wurden; außerdem die Harnblase, der Uterus und der Dickdarm, die bei unseren säugetierähnlichen Reptilien-Ahnen ein zusammengehörendes einheitliches Organ (die Kloake) bildeten. Der von Stephen Jay Gould als Paradigma vorgeführte „Pseudodaumen" des Panda ist in Wirklichkeit ein verlängerter Handwurzelknochen, den der schwarzweiße „Chinabär" neben seinem kleinen Finger trägt; dieser knöcherne Vorsprung entwickelte sich bei den bambusschälenden Tieren erst nach (und gänzlich unabgängig von) dem Daumen unserer Primatenvorfahren. Gould schreibt dazu: „Darwin antwortet, wir sollten nach Unvollkommenem und Auffälligem Ausschau halten, weil Vollkommenheit im Bau der Organismen oder in der Umwelt die Wege der Geschichte nur verdunkelt. ... Dieses Prinzip wurde zu Darwins verläßlichstem Wegweiser. ... Ich möchte es das ‚Panda-Prinzip' nennen."[3] Bei unserer Suche nach den Ursprüngen der Sexualität wollen wir dieses Panda-Prinzip auf die Protisten anwenden, deren Lebensweise tatsächlich ausgesprochen extravagant und auffällig ist. Wenn es stimmt, daß viele Mikroorganismen ihren gesamten Habitus von Urzeiten her beibehalten haben, dann bilden sie eine lebende Bibliothek des sexuellen Formenreichtums. Zu diesem Formenreichtum gehören auch jene Schritte, die zur meiotischen Sexualität der Protoktisten und zu ihren heutigen Ablegern, den in den Tiefen der menschlichen Zellstruktur automatisch ablaufenden Sexualvorgängen geführt haben.

CLEVELANDS GARTEN

1934 beobachtete der Biologe Lemuel Roscoe Cleveland von der Harvard-Universität mit neugierigem Forscherblick ein paar holzfressende Schaben in einem verfaulten Holzstück, das vor der Schwelle seines Häuschens auf der biologischen Forschungsstation in Mountain Lake/Virginia lag. Im Sommer jenes Jahres begann Cleveland mit einem intensiven Studium, das er bis zu seinem Tode im Jahr 1969 weiterbetrieb. Dieses Studium machte ihn mit der zahl- und artenreichen Einwohnerschaft von Schaben und anderen holzfressenden Insekten wie etwa Termiten vertraut. Im geschwollenen Enddarm der großen amerikanischen Schaben entdeckte er eine verborgene Welt von Protisten, die nahezu ohne Sauerstoff lebten. Dort drinnen wimmelte es von schraubig gewundenen Bakterien, den sogenannten Spirochaeten. Noch zahlreicher und noch winziger waren die hier lebenden und sich reproduzierenden Stäbchenbakterien. In dieser Umgebung entdeckte Cleveland aber auch andere, fast einen halben Millimeter lange „Riesenzellen", die kreuz und quer über die kleineren Lebewesen hinwegschwammen wie Flugzeugträger oder gigantische U-Boote.

Das Milieu im Darm jener Schaben und Termiten ähnelt den schlammigen Meeres- und Flußufern, wie ein Betrachter sie vor etwa zwei Milliarden Jahren auf der Erde vorgefunden hätte. Die noch vor den Tieren und Pflanzen entstandenen Mikroorganismen waren damals die einzigen Lebensformen auf unserem Planeten. In der Atmosphäre war Sauerstoff so gut wie nicht vorhanden, nur in verschwindenden Mengen um die ihn absondernden, schleimigen blaugrünen Bakterien herum. Die im Insektendarm vorgefundenen Protisten und Bakterien sind Relikte jener anderen, die im sauerstoffarmen Erdmilieu des Proterozoikums 2500 bis 580 Millionen Jahre vor unserer Zeit am feuchten Grund von Seen oder am Meeresufer herumschwammen. Wurden diese winzigen Schwimmer zusammen mit Algen, Bakterienschleim und Morast von den Ur-Insekten gefressen, dann konnten ihnen die Verdauungssäfte nichts anhaben. Wie blinde Passagiere nisteten sie sich im Körper der Insekten ein und hielten so an einem nährstoffreichen, aber sauerstoffarmen Milieu fest – und damit an jener Ära, in der die meiotische Sexualität entstand.

Wie ein auf Mikroorganismen fixierter Voyeur filmte Cleveland das Sexualleben dieser Lebewesen, ihr Rotieren und Verschmelzen. Er registrierte, wie schlängelnde, kreiselnde Spirochaeten sich zu Schwärmen versammeln, sich berühren und bisweilen in gespenstischem Gleichtakt schwingen. Im Enddarm der Termiten gehen die hin und her flutenden Bakterien bei den Protisten gleichsam ein und aus. Dabei hinterlassen sie Ausscheidungen und nehmen Nahrung mit, das heißt sie beschmutzen ihr Nest zwar, aber sie säubern es auch, denn was für die eine Bakterienart Abfall ist, das bietet der anderen oft genug willkommene Nahrung. In der Natur arbeiten die Mikroorganismen in komplexen Verbänden zusammen und erfüllen so Aufgaben, die die Möglichkeiten einer einzelnen Art überschreiten. Für die gesamte Erde leisten sie gigantische Stoffwechselarbeit, sie halten biosphärische Prozesse und geochemische Zyklen in Gang, die unverzichtbar sind für die Erdökologie. Im sehr viel bescheideneren Rahmen des Insektendarms läuft dieselbe Teamarbeit ab. Das Holz, das für eine einzelne Art unverdaulich wäre, liefert ausreichend Zucker und organische Säuren, wenn die Mikroorganismen beharrlich zusammenarbeiten. Die hungrigen Termiten fressen das Holz und zerlegen es in kleine Späne. Die im Darm schwimmenden großen Protisten nehmen die Fasern durch ihr Hinterteil auf und zerlegen sie ihrerseits zu Zellulose; von dieser ernähren sich einige Bakterien und wandeln sie in Zucker und kleinere Hydrogencarbonate um, die dann durch die Darmwand in den Stoffwechsel der Termite oder Schabe eintreten.

Einer von Clevelands Stummfilmclips zeigt eine orgiastische Kette dreier übererregter Protisten, die sich auf einmal paaren wollen. Bei der Betrachtung der im Insektenkörper herrschenden rastlosen Geschäftigkeit muß man unwillkürlich an die New Yorker „Grand Central Station" auf dem Höhepunkt des

Berufsverkehrs denken. Solange die Termite lebt, wuseln die Mikroorganismen aufgeregt in ihr umher und sind ohne jede Schlafpause damit beschäftigt, das von den Termitenkiefern zerschnipselte Holz zu zersetzen und abzubauen. Sie sind mehr als nur Bewohner der Termite: ein Teil von ihr, ihr Herzblut. Ein sicheres Zeichen für den bevorstehenden Tod des Insekts ist nämlich, wenn – etwa ein, zwei Wochen vor seinem Ende – die Protistenschwärme aus dem Darm verschwunden sind. Ältere Termiten übergeben den frisch ausgeschlüpften Nachkommen durch den After große Schleimmengen, in denen sich gleichsam ein „Startkapital" von Tausenden von Mikroorganismen befindet. Dieser sonderbare proktologische Ritus hat seinen Sinn: Ohne die anale Übertragung der Holzverdauungshelfer würden die jungen Termiten schlichtweg verhungern.

Die stundenlange Beobachtung durchs Mikroskop ergab schließlich, daß das Kleinstgetier sich nicht allein von Zellulose, sondern in entsprechenden Drucksituationen auch von seinesgleichen ernährt. Dieser Kannibalismus gab Cleveland zu denken. Als er einmal unter den (wegen der zahlreichen wallenden Ciliensträngen so genannten) Hypermastigiden oder „Behaarten" eine nervös wirkende Protistenzelle angespannt betrachtete, sah er plötzlich, wie dieses Geschöpf einen Artgenossen verschlang. Die verschluckte Hypermastigiden-Zelle wurde nun aber nicht bis zu Ende verdaut. Vom Hunger ganz benommen, hielt der gierig schluckende Protist die noch halb lebendige Nahrung in seinem Innern offenbar für einen Teil seiner selbst. Nach kurzer Zeit nämlich verschmolzen die beiden kämpfenden Protisten; ihre Zellkerne fusionierten. Dieser eigenartige Vorfall ließ Cleveland nicht mehr los: Hatte er soeben die Spätfassung jener Ereignisse gesehen, die vor mehr als einer Milliarde Jahren zur ersten Befruchtung geführt hatten? In der meiotischen Sexualität verlieren die Zellen zwar zunächst die Hälfte ihrer Chromosomen und werden zu Ei- respektive Samenzellen, später aber verschmelzen sie wieder – wie, ist bekannt – und gewinnen das Verlorene zurück. Im Urschlamm wäre diese Verschmelzung nicht dem sexuellen Bedürfnis, sondern schrecklichem Durst und urtümlichem Hunger entsprungen. Die von Cleveland in seinem Labor beobachtete eigentümliche Verdoppelung und partielle Verdauung war ein lebendiges Zeugnis des Proterozoikums. Die im Labor einander auffressenden Protisten gehörten derselben Spezies an. Die erste Befruchtung in der Frühzeit der Erde könnte ein ähnlicher Akt des „Kannibalismus" gewesen sein.

Beim Menschen kommt es zur Befruchtung im weiblichen Unterleib, wenn die zahlreichen winzigen Spermien des Mannes im Eileiter auf ein relativ größeres Ei stoßen. Die ersten Organismen mit geschlechtlicher Fortpflanzung ähnelten jedoch vermutlich eher heutigen Protisten wie etwa der Grünalge Chlamydomonas oder dem Ciliaten Paramecium (dem Pantoffeltierchen), bei denen der gesamte Protistenkörper aus einer einzelnen Zelle besteht. Der Körper selbst ist hier die nach Fortpflanzung strebende Keim- oder Geschlechtszelle; diese geschlechtslosen, gleich großen Zellen sind ununterscheidbar. Werden sie voneinander angezogen, dann bleiben sie haften und paaren sich. Bei den urzeitlichen Sexualpartnern der Meiose waren die treibenden Kräfte der Verschmelzung wahrscheinlich Hunger oder Durst. Standen also die beiden größten Sinnesfreuden des Lebens, Essen und Sexualität, irgendwann einmal für die Befriedigung eines einzigen Bedürfnisses? Faszinierenderweise läßt sich die Tatsache, daß beide hedonistischen Wonnen vor Urzeiten denselben Hunger stillten, heutzutage wirklich belegen: Biologen, die solche kannibalistischen Sexualfusionen provozieren wollen, schaffen nämlich einfach dieselben äußeren Bedingungen, wie sie vermutlich damals herrschten, als die Mikroorganismen mit ihrem Kannibalismus auf eine verzweifelte Lage verzweifelt reagierten. Zur Untersuchung der genetischen Systeme wird der Grünalge Chlamydomonas der Stickstoff und dem Ciliaten Paramecium jegliche Nahrung entzogen, die zu den Chloroplasten gehörenden Spirogyra werden ausgekühlt beziehungsweise ausgetrocknet. In dieser Situation werden die Protisten voneinander angezogen und kleben mit ihren potentiellen Partnern zusammen. Zu den

„Auffälligkeiten und Extravaganzen" bei Protisten wie etwa der Grünalge Chlamydomonas und bei Pilzen wie etwa dem Hefepilz (Saccharomyces) gehört es nämlich, daß zwar die Fortpflanzung im Prinzip nur ein Elternteil erfordert, also asexuell ist, die sexuelle Vereinigung aber zur Bildung von Cysten und Sporen führt. Die verdoppelten Flitterwöchner bilden resistente Strukturen aus, die auch längere Dürre- und Hungerzeiten überstehen können.

Die Zellfusion oder meiotische Sexualität begann bei feuchten, im Dunkeln lebenden Protisten ohne Mund, Penis, Vagina, Magen und Anus. Wollten wir Menschen die Biologie dieser in regelmäßigen Abständen fusionierenden Protisten und Pilze kopieren, dann hätten wir kein Geschlecht, unser Körper wäre ein Neutrum. Erst nach Absonderung eines regelrechten Aphrodisiakums, eines proteinhaltigen „Schweißes" wäre überhaupt erkennbar, daß wir in zwei verschiedenen Ausführungen zur Welt kommen. Die eine Hälfte würde einen auf den Sexualpartner zugeschnittenen chemischen Stoff ausscheiden, die andere Hälfte würde von dieser Ausscheidung sexuell erregt. Wird der Stoff nämlich ins Wasser ausgeschüttet, so zieht er die Paarungspartner an, die sonst unkenntlich blieben. Wären wir Menschen Algen, würde unser grüner runder Körper einen von zwei verschiedenen Attraktionsstoffen ausschwitzen, und zwar nur dann, wenn wir unter Stickstoffmangel leiden. Das Aphrodisiakum wäre geradezu Indiz für diesen Mangel. Nach einer längeren Zeit, in der wir weder Fleisch noch Tofu noch Gemüse, also keinerlei stickstoffhaltige Nahrung hätten zu uns nehmen dürften, wären wir der Verzweiflung nahe. Zuker und Stärke sind zwar Nährstoffe, enthalten aber keinerlei Stickstoff, der einen Hauptbestandteil von Proteinen und Genen bildet. Diese Kohlenhydrate würden uns anwidern. Voller Ekel und von Stickstoffmangel geschwächt, im Wasser zusammengedrängt mit unseren gleichfalls schmierigen, grünen kugeligen Freunden, würden wir entweder sterben oder verschmelzen. Im Angesicht des Todes würden wir dann mit jedem beliebigen Paarungspartner, der gerade in greifbarer Nähe ist, fusionieren, wir nähmen letztlich jeden, dessen wir habhaft werden könnten. Mit diesem Partner würden wir zu einem Ganzen verschmelzen und damit zum Teil eines Doppelmonsters werden, dessen neu gewonnener Stickstoffvorrat bis zum Frühjahr reichen würde – oder bis zum Eintreffen neuer Stickstoffnahrung.

Eine derart sonderbare Lebensweise zeichnet tatsächlich viele der heute lebenden Protisten aus. Bei Stickstoffmangel kommt es zur Fusion zweier Zellen. Jede von ihnen hat einen Zellkern mit einem einzigen Chromosomensatz. Der ganze Nukleus des einen verschmilzt dann mit dem Nukleus des anderen Paarungspartners in einer Umarmung, die man Karyogamie, Kernverschmelzung nennt. Die durch den Sexualakt der Protisten hervorgebrachte neue Zelle besitzt nun alles in doppelter Anzahl: Zellkern, Mitochondrien und Chloroplasten, auch die Chromosomen-DNA und die daran hängenden Proteine. Gelingt es diesen Protisten nicht, aus dem Doppelstadium wieder herauszukommen, sterben sie ab, zumal dann, wenn sie sich in späteren großen Notlagen durch weiteres Verschmelzen auch noch verdrei- oder vervierfachen. Diejenigen hingegen, die sich aus dem Doppelzustand „befreien" können, überleben in aller Regel. Hier aber drängt sich die Frage auf: Wie gelangen die aus dem urtümlichen kannibalistischen Verschmelzen entstandenen Doppelmonster eigentlich wieder zu ihrer stromlinienförmigen Einzelgestalt zurück? Wie können sie wieder so werden, wie sie waren, bevor sie ihren Artgenossen nolens volens im ganzen hinunterschlucken mußten?

Auch heute gibt es im Erdboden, an Flußufern, in austrocknenden Teichen oder im Wattenmeer immer wieder plötzliche Verschiebungen der Umweltbedingungen, die die Protisten vor die Wahl stellen, entweder zu sterben oder zu fusionieren. Den umgekehrten Prozeß, in dem diploide Zellen sich in die ursprünglichen haploiden Zellen mit einfachem Chromosomensatz zurückverwandeln, hielt Cleveland für den eigentlichen Schlüssel zu den Ursprüngen der Sexualität. So berichtete er vom verzweifelten Bedürfnis der Doppelzellmonster, sich aus ihrer Diploidie zu „befreien". Seinen Hauptartikel über die Ursprünge der meiotischen Sexualität veröffentlichte er in der Zeitschrift ‚Science'; doch fast niemand griff seine Gedanken auf.[4] Seine Kollegen waren noch nicht in der Lage, die weitreichenden Konsequenzen aus dem Privatleben der Protisten zu würdigen.

ORGIEN UND ANDROGYNE

Bei den Protisten verläuft die Begattung keineswegs immer paarweise wie der Gang der Tiere auf die Arche Noah. Heute lebende Protoktisten, die nicht unsere direkten Urahnen sind, haben – wie etwa der Ciliat Sorogena, die Acrasea-Schleimpilze und viele Mastigamöben – ein ausgesprochen orgiastisches Sexualleben. Wenn die Umweltbedingungen unerträglich für sie werden, wenn Hunger- oder Dürrezeiten einsetzen, dann verschmelzen sie zu Zehn-, ja Hunderttausenden. Sie schwärmen und wuseln umher, erkennen und finden sich. Daraufhin stürzen sie sich in eine der Befruchtung vergleichbare Massenorgie. Aus der Verschmelzung all dieser Zellen geht ein riesenhaftes (natürlich nur relativ riesenhaftes) Lebewesen hervor. Die Zellen, die Ernährung mit Sexualität und Sexualität mit Ernährung verwechseln, vereinigen sich zu einem beweglichen Matschklumpen, der weit mehr ist als ein Doppel- oder Dreifachmonster. In dieser den Auffälligkeiten des Sexuallebens gewidmeten, entwicklungsgeschichtlichen Sonderschau aber konnten nur diejenigen bis heute überleben, die in der Lage waren, ihre Verwandlung in ein Monstrum wieder rückgängig zu machen und zum Einzelkörper zurückzukehren. Gleichwohl ist jede Zelle in unserem menschlichen Körper nichts anderes als ein solches Doppelmonster. Auch wir sind nur sonderbar paarige Riesenverbände, eine orgiastische, allerdings organisierte, Vermischung von Lebewesen. Die Gelegenheiten, bei denen wir aus unserem Selbst zur ursprünglichen Einzelheit zurückkehren, sind auf kurze Augenblicke beschränkt: beim Mann auf die Bildung der Samenzellen in den Hoden – mit dem einzigen Ziel, sie im Samenerguß wieder loszuwerden; beim weiblichen Embryo auf die Bildung der Eierstöcke, aus denen fünfzehn Jahre später im monatlichen Rhythmus ein Ei abgestoßen wird. Mit Ausnahme der Ei- und Samenzellen sind also alle unsere Körperzellen gekennzeichnet durch die Verdoppelung des Chromosomensatzes.

Da die Zellsexualität der Protoktisten so zahlreiche und ausgeprägte Unterschiede aufweist, gab es wahrscheinlich viele verschiedene Ansätze zur Entstehung der meiotischen Sexualität.[5] Daß die Lebewesen mit geschlechtlicher Fortpflanzung tatsächlich aus unabhängigen Ahnenreihen stammen, belegt der Blick auf die unterschiedlichen Wege, auf denen viele von ihnen in jeder Generation zur „Unpaarigkeit" zurückkehren. Bei den Menschen ist diese Rückkehr zum Einzelstatus via Meiose ausgesprochen unauffällig. In den vom Hodensack umgebenen Keimdrüsen der Männer wiederholt sich die Meiose das ganze Erwachsenenleben hindurch, nämlich immer wenn sie Samenzellen produzieren; bei der Frau findet sie lediglich einmal in den Eierstöcken statt, und zwar noch während der Zeit im Mutterleib, denn das kleine Mädchen wird mit den fertigen Eizellen geboren. Ei und Spermium des Menschen erinnern an jene Protisten, die am Beginn der tierischen Ahnenreihe stehen. Werden sie nicht in speziellen Konservierungsmitteln eingefroren, können weder die abgestoßenen Ei- noch die ejakulierten Samenzellen länger als ein paar Stunden (maximal zwei Wochen) überleben. Jede reife Gamete – sowohl das Ei wie das Spermium – steht unter dem Zwang, entweder zu verschmelzen oder zu sterben. Verschmelzen beide, wächst das Doppelwesen, das befruchtete Ei, weiter per Mitose, durch ungeschlechtliche Zellreproduktion. Die embryonalen Zellen vervielfachen sich und werden zum Fötus. Aus diesem wiederum entsteht der Säugling, das Kind, der Jugendliche, der Erwachsene. Auf all diesen Entwicklungsstufen bleiben die menschlichen Zellen doppelt, diploid; jede von ihnen trägt als Vermächtnis der Doppelahnen zwei Gensätze in sich.

Daß unser Körper aus Milliarden solcher sexuell doppelter,

mit Zellkern versehener Zellen besteht, legt den Gedanken nahe, wir seien genetische Androgyne, Kombinationen beider Geschlechter. Jedes menschliche Einzelwesen lebt in einem Zustand der Dauerbefruchtung, jede unserer Zellen verbindet das ganze Leben hindurch „Männliches" und „Weibliches". Nur Ei- und Samenzelle zeichnen sich durch eindeutige sexuelle Zugehörigkeit aus. Alle übrigen Körperzellen sind hermaphroditisch: Ohne irrational zu werden, können wir uns aufs Ganze gesehen als zweigeschlechtlich, zwittrig, androgyn, als diploide Weiterentwicklung eines urtümlichen Dualismus betrachten, den nur die noch urtümlicheren Ei- und Samenzellen nicht kennen. Und wenn diese letzteren, wie sie das häufig tun, zur Verfertigung eines lebenden Embryos zusammentreffen, kommt es zum weltlichen Pendant der Reinkarnation, zu einem neuen Bewußtsein, einem neuen „Ich". Ob Knabe oder Mädchen, das Kind entsteht als etwas Doppeltes; in faktisch seinem gesamten Körper setzt es jene von der Zellkernverschmelzung zweier Eltern her ererbte Doppelheit fort.

Zu dieser Vorstellung vom androgynen menschlichen Körper gibt es ein Gegenstück in der Psychologie. Schon nach Freuds Überzeugung sind die Menschen dem Wesen nach bisexuell. Der Freudschüler C.G. Jung, der die analytische Psychologie weiterentwickelte, löste sich dann vollends von dem Gedanken, die psychische Bisexualität stelle etwas irgend Schädliches oder Krankhaftes dar. Jung zufolge ist nämlich die Seele eines Mannes weiblich, eine Anima, die Seele einer Frau hingegen männlich, ein Animus; der weitgehend unbewußte mütterlich-weibliche Teil des Mannes kann gleichsam befruchtet werden vom Logos spermaticos der sublimierten männlichen Seele der Frau, ihrem Animus. Menschliche Gefühle, Emotionen stammen aus der weiblichen Anima des Mannes, während Meinungen oder Gewißheiten direkt dem unbewußten Animus der Frau entspringen. Die Jungsche Konstruktion ist wahrscheinlich allzu dichotomisch und simplifiziert, aber der Hauptgedanke einer Einheit von Körper und Geist, Soma und Psyche scheint uns durchaus brauchbar zu sein.

Lange vor aller Einsicht in Evolution und Mutation der Arten ist die sexuelle Doppelnatur bereits in hinreißend schönen Mythen thematisiert worden. Von den westafrikanischen Dogon-Stämmen bis zu Babyloniern und Maori haben Menschen sich die Schöpfung immer wieder als eine über Mann und Frau, über Erde und Himmel kommende androgyne Vereinigung, als chaotisches Miasma ausgemalt. Der heterosexuelle Geschlechtsverkehr wird so tendenziell zur Restitution der Urszene.

Eine der beredtesten Darstellungen des geschlechtlichen Dualismus stammt aus dem Munde des Aristophanes in Platons Symposion. Bei einem Gastmahl äußert jeder der Anwesenden, was er über den Sinn des Eros denkt. Als die Reihe an Aristophanes ist, beginnt er zunächst bei der ursprünglichen menschlichen Natur, die Mann und Frau im Androgyn zusammenschweißte. Die mannweiblichen, mannmännlichen und weibweiblichen Menschen waren dauerhaft und paarweise zu Kugeln zusammengeschlossen und besaßen alle Glieder doppelt. Sie hatten mehr Kraft als jetzige Männer und Frauen und bewegten sich vorwärts, indem sie rollten wie ein Rad oder ein Ball. Nach und nach machte Zeus sich wegen dieser mannweiblichen, mannmännlichen und weibweiblichen Menschen ebenso Sorgen wie zuvor wegen der Titanen und Giganten. Um die von ihnen ausgehende Gefahr zu bannen, zerschnitt er sie – als müsse er siamesische Zwillinge operieren – allesamt in zwei Hälften, wie wenn „sie Eier mit Haaren schneiden". Bei jedem Menschen „befahl er dem Apollon, ihm das Gesicht und den halben Hals herumzudrehen nach dem Schnitte hin, damit der Mensch, seine Zerschnittenheit vor Augen habend, sittsamer würde, und das übrige befahl er ihm auch zu heilen".[6]

Ursprünglich gab es die Kugeln also in drei perfekt zusammenpassenden Ausführungen: schwul, lesbisch und hetero. Der wütende Zeus aber – so Aristophanes – schnitt uns in zwei Hälften und band dann die Haut an der Vorderseite in einem Knoten zusammen. Das ist der Nabel. In einer zweiten Operation wurden die Genitalien von hinten nach vorn verlegt. „Da erbarmte sich Zeus und gab ihnen ein anderes Mittel an die Hand, indem er ihnen die Schamteile nach vorne verlegte, denn vorher trugen sie auch diese nach außen und erzeugten nicht eines in dem andern, sondern in die Erde wie die Zikaden. Nun aber verlegte er sie ihnen nach vorne und bewirkte vermittels ihrer das Erzeugen ineinander."[7] Heraus kamen natürlich Männer und Frauen. Die Menschen stellten nicht länger eine Bedrohung dar. Heute wandern unsere getrennten Hälften über die Erde und suchen rastlos, aber erfolglos nach der verlorenen Einheit. Schelmisch mahnt Aristophanes, wenn wir Menschen uns nicht ruhig verhielten, könnte Zeus uns womöglich noch einmal aufspalten: „geviertelt", mit halbem Gesicht, würden wir dann auf einem einzigen Bein umherhüpfen wie Kreisel.

Kannibalistische Protisten wie die von Cleveland beobachteten sind ein lebendiges Beispiel für die Androgyne des Aristophanes: für jene urtümlichen Kugeln mit ihrer Doppelnatur. Wahrscheinlich waren unsere Ahnen – in wie immer winzigem Maßstab – solche monströsen Doppelwesen, die einfach besser Stickstoff gewinnen und ohne Wasser oder Nahrung überleben konnten als ihre vereinzelt gebliebenen Artgenossen. Aufgespalten wurden sie allerdings nicht „mit Haaren", sondern im natürlichen Prozeß der meiotischen Zellteilung. Den damaligen Drang seiner Protisten-Ahnen hat der menschliche Körper noch immer. Wenn Mann und Frau sich in sexueller Ekstase vereinigen, gehen sie gleichsam aus sich heraus, restituieren – warm und feucht, wie sie sind – ihren Urzustand und werden den miteinander verschmelzenden Urzellen ähnlich. Daß in diesem Akt ein letzter Sinn steckt, ist allerdings eher fraglich. Er hat wenig von hoher Tragödie, viel dagegen von der zu ewiger Wiederholung verurteilten Komödie der Irrungen. Vielleicht ist das Universum nichts als ein Tanz des Organischen, ein Spiel von Erscheinungen, hinter denen sich nur weitere Erscheinungen verbergen, das kosmische Äquivalent eines Maskenballs; dann freilich wäre die Vereinigung der elterlichen Gene, in der diese das einheitliche Genom eines neuen Individuums hervorbringen, ebenso genial wie einfältig; sie wäre produktiv, weil sie neues Leben schafft, aber pathologisch, weil sie die Integrität der elterlichen Organisation, die Originalität der originalen Genome sabotiert. Die Sexualität rüttelt an uns: erst sanft, dann weniger sanft. Sie erschüttert unsere Identität – und zugleich die Grundlage all unserer Vorstellungen – mit der ganzen altertümlichen Gewalt eines zischenden und fauchenden Dampfzuges.

WARUM IMMER NOCH SEXUALITÄT?

In Shakespeares ‚Othello' verhöhnt Jago all jene, die im Sexus etwas Höheres sehen. Für ihn ist er eine Sache der „Ziegen und Affen", ein schierer animalischer Zwang, der die Verwandtschaft mit den niederen Tieren bezeugt. Aber noch jenseits der Ziegen und Affen, Vögel und Bienen liegt Clevelands Garten der Mikroorganismen, jener Lebewesen, bei denen die Sexualität (im Sinne der Befruchtung) ihren Anfang nahm. Und noch vor ihnen lebten die winzig kleinen Bakterien, von deren gentechnologischen Prozessen sich alles spätere Leben ableitet. Bei den außerhalb unserer Stammesreihe verbliebenen Protisten ist Sexualität nicht bloß keine Fortpflanzungsmethode, sie ist nicht einmal unbedingt ans Überleben gebunden. Zu den von der Norm abweichenden Protisten mit bizarrem, von unserem eigenen grundverschiedenem ererbtem Sexualverhalten gehört die Ciliatenart Stentor Coeruleus: Die Paarung zweier Stentor-Partner führt unvermeidlich zu ihrem Tod. Unnötig zu sagen, daß diese Ciliaten sich normalerweise ungeschlechtlich fortpflanzen und asexuell leben. Etwa einmal pro Jahr, wenn im Frühling die Tage länger werden, machen zwei Stentor-Zellen einen atavistischen Versuch sexueller Vereinigung. In einer 36 Stunden andauernden Umarmung schließen sie sich zusammen; die meiotischen Nuclei beginnen zwischen den geschlechtslosen Partnern hin und her zu fluten. Aber das Liebesabenteuer ist bei diesen Lebewesen immer ein tödlicher Irrtum. Jedesmal sterben beide Mikroorganismen etwa drei oder vier Tage nach der Trennung. Offensichtlich erhält jeder Stentor vom anderen einen Satz Nuclei, der die Fähigkeit nicht bloß zur Reproduktion, sondern sogar zum Überleben zerstört.

Angesichts der Stentor-Ciliaten drängt sich die Frage auf, warum eigentlich jene Organismen, die in ihrer Verzweiflung zur sexuellen Fortpflanzung übergegangen waren, auch später dabei blieben. Ist nicht die ganze Anstrengung, einen Partner zu finden, ihn auf chemischem Wege anzulocken und sich hinreichend lange bis zum Abschluß des sexuellen Austauschs mit ihm zu vereinigen, komplizierter als die einfache Fortpflanzung über einen Elternteil? In einem selten aufgeführten Drama des Euripides, dem ‚Hippolytos‘, zieht Hippolytos als Verehrer der Keuschheit über alles Weibliche her. Anlaß ist die Abwesenheit des Vaters und die Eröffnung seiner unbesonnenen Stiefmutter, sie habe sich in ihn, ihren Stiefsohn, hoffnungslos verliebt. In einem Monolog fragt Hippolytos Zeus, warum er die Frauen überhaupt erschaffen hat. Wenn du wolltest, klagt er, daß wir armen Sterblichen Nachkommen haben, warum hast du uns nicht einfach gestattet, sie zu kaufen?

Daß das zweite Geschlecht überflüssig sei, wird noch heute behauptet, mittlerweile allerdings häufiger mit Blick auf die Männer. An seriösen biologischen Büchern wie ‚The Redundant Male‘ (Der überflüssige Mann) und ‚Why Males Exist‘ (Warum es Männer gibt), an Zeitungsartikeln mit Überschriften à la „Warum Sexualität?" läßt sich ablesen, daß die universitäre Wissenschaft weniger über die Ursprünge der Sexualität, als vielmehr in erster Linie über das Festhalten an ihr nachdenkt.[8] Wenn sexuelle Organismen – zumindest die weiblichen – sich eigentlich bestens von selbst – ohne den Kraftaufwand der in jeder Generation geforderten Partnersuche, Paarung und Vereinigung – reproduzieren können, warum bleiben sie dann bei ihrer geschlechtlichen Konstitution? Ist es nicht so, daß Bakterien, Amöben, Wasserlinsen, Rennechsen und andere asexuelle Lebewesen sich weitaus effizienter und schneller fortpflanzen als sexuelle Organismen? Sollten nicht parthenogenetische

Tierarten, Mütter, die nur Töchter zur Welt bringen, letztlich an die Stelle der Arten mit Männchen und Vätern und mit geschlechtlicher Fortpflanzung treten? Sollten Männchen nicht gänzlich überflüssig werden? Abgelegt, weil außer Gebrauch gekommen?

In der Naturgeschichte ist unübersehbar, daß Arten mit sexueller Fortpflanzung weit verbreitet sind. Was aber erhält eigentlich – ungeachtet der Schnelligkeit und Bequemlichkeit, von denen die Arten mit asexueller Reproduktion profitieren können – so viele weit verbreitete sexuelle Arten am Leben? Die traditionelle, auf mathematische Analysen von Populationsbiologen (wie etwa Ronald A. Fisher oder später auch George C. Williams) gestützte Lehrbucherklärung lautete, daß bei Umweltveränderungen Arten oder Organismen mit sexueller Fortpflanzung in ihren Genkombinationen einen potentiellen Vorteil gegenüber den asexuellen aufzuweisen hatten. Williams behauptet, sexuelle Organismen besäßen mehr Variabilität, weist darauf hin, daß manche Pflanzen- oder Tierpopulationen wie etwa das Rädertierchen Euchlanis dilatata sich mit und ohne Sexualität fortpflanzen können, und vergleicht das Fortdauern der sexuellen Reproduktion mit einer Lotterie, in der sich die Gewinnzahlen ständig ändern. Wie wenn Glücksspieler Lose mit Zahlen kaufen, die zwar in der Vergangenheit gewonnen haben, aber nicht zwangsläufig wieder gewinnen werden, so kaufen die asexuellen Organismen zwar Lose in großen Mengen, gehen aber dennoch leer aus. In dieser Sicht hat die natürliche Auslese auf die Herausbildung einer Welt jungfräulicher, vom zeitraubenden Getue um Männer und Sexualität unbehelligter Mütter und Töchter nur deshalb verzichtet, weil der Sexus ein Mehr an genetischer Vielfalt garantiert. Die Weibchen bringen die Nachkommen hervor; theoretisch könnten sie sich ohne die Männchen reproduzieren, tun es aber nicht, weil in einer rapide sich wandelnden Umwelt und unter starkem Selektionsdruck manche von ihnen über Männchen mit abweichenden, irgendwann allerdings nützlichen Merkmalen an die von ihnen benötigten Gene herankommen.

Diese Auffassung hat ihre Tücken. Erstens würde die sexuelle Reproduktion nach Williams' eigenen Berechnungen nur unter Bedingungen starker Geschwisterkonkurrenz und Überbevölkerung beibehalten, mit denen langlebige, mobile und sexuelle Arten tatsächlich fertig werden. Die Lotterie-Erklärung greift also besser bei Organismen wie Austern, Blattläusen oder Ulmen als bei beweglichen, langsamer sich fortpflanzenden Lebewesen wie Elefanten.[9] Außerdem bedeutet die bloße Tatsache, daß einige Arten wie das Rädertierchen Euchlanis dilatata sich sowohl sexuell wie asexuell fortpflanzen können, in aller Regel keineswegs, daß die einmal eingeführte Sexualität leicht wieder aufgegeben wird. Hat sich die Elternpaar-Sexualität einmal festgesetzt, ist es schwer, wieder von ihr loszukommen. Nicht ein einziges Tier, nicht eine einzige Pflanze hat alle mit ihr verknüpften Vorgänge wieder aufgegeben. Den Zelltanz der Meiose (oder zumindest dessen Anfangsstadium mit der Chromosomenpaarung, die sogenannte „meiotische Prophase I") und die Zellverschmelzung gibt es ja nach wie vor auch bei parthenogenetischen Tieren.

Auf der Ebene der Zellen haben parthenogenetische Tiere die Sexualität nicht verloren, sie vollziehen sie eben nur mit sich selbst. Auch bei den ausschließlich Töchter zeugenden Fisch-, Eidechsen- und Rädertierchenarten ist die meiotische Prophase, in der die Chromosomen einer DNA-Reparatur und besonderen Protein- oder RNA-Synthesen unterzogen werden, offenbar lebensnotwendig. Die meiotische Sexualität der Tiere findet sich per definitionem in ihnen verankert. Bei Lebewesen mit komplexer Gewebedifferenzierung, und das heißt allen Pflanzen und Tieren, ist das Verfahren der Meiose mit ihren komplizierten synthetischen Manipulationen, zumal der DNA-Reparatur, ganz sichtlich niemals „aus dem Feld geschlagen" worden. Festgehalten hat die Natur deshalb nicht eigentlich die „sexuelle Fortpflanzung", sondern „Tiere und Pflanzen mit sexueller Fortpflanzung".

Der einzelne Elternorganismus bringt keineswegs, wie gemeinhin angenommen, nur identische, sondern im Gegenteil äußerst vielfältige Nachkommen hervor. Ein „Elter" ist kein einheitliches, festes Ganzes, ja nicht einmal ein einheitlicher Organismus. Tiere und Pflanzen enthalten an der Oberfläche und im Innern ihres Körpers Millionen von Mikroorganismen. Pflanzliche und tierische Zellen beherbergen Viren und Millionen anderer, frei beweglicher genetischer Teilchen. Die scheinbar „reinen" Pflanzen- und Tierzellen sind in Wirklichkeit „Heterogenoten", gekennzeichnet durch die uralte Vermischung artverschiedener Bakterien, deren Genome schon interagieren und teilweise verschmelzen mußten, bevor es überhaupt zu Pflanzen und Tieren, ja sogar Protisten kommen konnte. Alle Eltern, auch wenn sie sich ungeschlechtlich fortpflanzen, sind bereits ein genetischer Mischmasch.

Das Problem, auf das die traditionelle Erklärung für die Beständigkeit sexueller Organismen innerhalb der Populationen stößt, ist einfach dies, daß es entgegen einer verbreiteten Annahme der Sexualität nicht bedarf, um jene Variationsbreite der Erbanlagen hervorzubringen, auf die dann die natürliche Auslese sich beziehen kann. Mit der ausreichenden Variabilität verhält es sich wie mit der zur Zeugung ausreichender menschlicher Nachkommen erforderlichen Rate des Sexualverkehrs in einer Bevölkerung. Ein promiskes Tier kann nämlich durchaus weniger Nachkommen haben als ein sexuell nicht so aktives, weil jenseits eines bestimmten Minimums der Geschlechtsverkehr für die Zeugung von Nachkommen unerheblich, redundant wird; auch die genetische Variation ist jenseits eines bestimmten Quantums unerheblich für die Zwecke der natürlichen Auslese. Eng verwandte Arten, deren eine nur einen Elternteil, deren andere aber zwei Eltern hat, weisen eine gleichermaßen große Variabilität auf; viele Pilzarten, Hülsenfrüchte und geklonte Tomatenzellen etwa bringen es auch ohne Elternpaar-Sexualität zu beeindruckender Diversifikation bei den Nachkommen. Die jahrzehntelang von den Lehrbüchern verbreitete Auffassung, daß an der Sexualität festgehalten wird, weil sexuelle Organismen angeblich variationsreicher sind und sich damit schneller an Umweltveränderungen anpassen können, kann nicht auf Beobachtung beruhen. Zur Überraschung vieler Biologen können die vaterlosen Rädertierchen und Eidechsen ebenso variabel und stammesgeschichtlich erfolgreich sein wie ihre Gegenspieler mit zwei Eltern. Die Behauptung, asexuellen Organismen fehle es an hinreichender Variation, um sich den rapiden Umweltveränderungen anzupassen, geht fehl. Sexualität ist mitnichten in erster Linie eine Methode zur Hervorbringung entwicklungsgeschichtlicher Varianz; dafür gibt es viele andere Methoden.

Die Frage nach den Ursprüngen meiotischer Sexualität ist etwas anderes als die Frage nach dem aktiven Festhalten an meiotischer Sexualität. Die erstere führt zurück zu den üppig gedeihenden kannibalistischen Protisten. Was aber sorgt dafür, daß deren Sexualität auch beibehalten wird? Fisher stellte als erster die These auf, Sexualität sei zwar für die einzelnen Organismen schädlich gewesen (weil sie vom Geschäft der Fortpflanzung ablenkte), gleichwohl beibehalten worden, weil sie für die Arten nützlich war. Die sexuellen Spezies, so seine Behauptung, entwickelten großen Formenreichtum, während die asexuellen Spezies mit ihren nur an ein einziges Milieu angepaßten Mitgliedern in Zeiten rascher Umweltveränderungen scheiterten und ausstarben. Williams drehte diesen Gedanken einfach um und behauptete in paradoxer Zuspitzung, an den sexuellen Arten werde gerade deshalb festgehalten, weil sie nur unzureichend adaptiert seien: ihr beständiges Mischen von Genen bewahre sie vor der Anpassung an ein bestimmtes reduziertes Milieu, mit dessen Verschwinden sie sonst unweigerlich aussterben würden. Der Genetiker Hermann Joseph Müller, Erforscher der Taufliege Drosophila, vertrat die Ansicht, sexuelle Organismen machten eine raschere Evolution durch, weil sie doppelte Gensätze haben und vor schädlichen Mutationen durch komplementäre gute Gene bewahrt werden. Potentiell nützliche genetische Merkmale könnten in einer Population latent gehalten werden und würden nur dann verschwinden, wenn sich so viele Mutationen gleichzeitig einstellten, daß sie die von ihnen betroffenen Lebewesen töteten und so mit einem

Schlag aus dem Genpool hinausbefördert würden. Bei asexuellen Organismen hingegen könnten tödliche Mutationen niemals durch gute Gene verdeckt oder bis zum möglichen nützlichen Einsatz in anderen, zukünftigen Genkombinationen aufbewahrt werden.

Eine ganz andere Begründung für das Festhalten an der Sexualität hat Leigh Van Valen, Evolutionsbiologe von der Universität Chicago, in petto: Er nennt sie – nach der gleichnamigen Gestalt aus ‚Alice im Wunderland' – die These der „Roten Königin", weil diese zu Alice sagt: „Hier mußt du so schnell laufen, wie du überhaupt nur kannst, um wenigstens auf der Stelle zu bleiben." Die These der Roten Königin besagt, daß mit der Entwicklung der Sexualität die – selbst ja großenteils aus Organismen bestehende – Umwelt mit einem Schlag zu erheblich schnellerer Veränderung übergeht. Sub specie des Evolutionsvorsprungs kann also ein natürliches Milieu wie der Regenwald im Amazonasbecken mit seiner beeindruckenden Vielfalt interagierender Arten durchaus als Beispiel einer solchen rasanten sexuellen Evolution betrachtet werden. Asexuelle Organismen, die nur ungenügenden Zugang zu den Quellen genetischer Variation haben, geraten dabei ins Hintertreffen, weil sie nur an die weniger dynamische Umwelt der Vergangenheit angepaßt sind. Nach Ansicht von Robert Trivers leitet sich die Bedeutung der Sexualität zumal aus den biotischen Interaktionen ab, denn die Evolution der mit einer Spezies zusammenhängenden Räuber, Beutetiere und Parasiten schreit förmlich nach jener durch die sexuelle Rekombination begünstigten Gegenevolution; so meint Trivers, die Sexualität stelle, nicht anders als die räumliche Ausbreitung einer Art, auch ein Gegenmittel gegen rapide sich entwickelnde Parasiten dar. In etwas neutralerer Einschätzung des Adaptionsvorteils vertritt Richard E. Michod von der Universität Arizona die These, die Elternpaar-Sexualität sei zur Reparatur beschädigter Gene beibehalten worden. „Männchen", so meint er, „dienen der Bereitstellung von redundanter Information. Bei einer Schädigung der Weibchen können diese mit Hilfe der von den Männchen gelieferten Information ihre schadhaften Gene reparieren."

Alle Theorien über das Festhalten an der Sexualität gehen von derselben stillschweigenden Annahme aus, daß Sexualität irgendeinen Evolutionsvorteil verschafft. Aber stimmt das? Worin besteht denn der Vorteil der dem Blut aller Säugetiere eigenen roten Farbe? Gibt es einen – oder ist die rote Farbe nichts als eine neutrale Hinterlassenschaft aus der Fähigkeit des in ihm enthaltenen Hämoglobins, Sauerstoff zu transportieren? Die Frage „Was hält die Sexualität aufrecht?" bringt vielleicht rein gar nichts. Daß Protisten wie Stentor an ihrem skurrilen Paarungs- und Sterberitual festhalten, läßt vermuten, daß sie ihr sexuelles Stelldichein früher in der Regel überlebten. Da aber auf die Paarung unwiderruflich der Tod folgt, ist ihre Sexualität einfach ein Atavismus, die Fixierung an ein einstmals adaptives, inzwischen freilich tödliches Verhalten.

Die geschlechtliche Fortpflanzung der Säuger stellt eigentlich einen Nexus mehrerer Evolutionsimpulse, eine Verknotung oder Vernetzung von eng ineinandergreifenden, vorgeschichtlich verflochtenen Merkmalen dar. Bei den komplexen, perfekt koordinierten Zellkollektiven, wie Säuger sie sind, beginnt der Entwicklungsroman nun einmal immer mit dem unvermeidlichen sexuellen Faktum, daß ein vom Ei angezogenes Spermium in dieses eindringt. Die DNA-Reparatur während der Meiose, die Reduktion der Zellen und ihre Umbildung zu Ei- und Samenzellen, ist die Vorbedingung für die Entfaltung des Embryos. Wenn das stimmt, dann wäre jeder Verzicht auf die zelluläre Sexualität der Verzicht auf den Lebenszyklus überhaupt. Diese auf der Ebene der Zellen stattfindende Sexualität läßt sich bei weitem schwerer aus der Welt schaffen als die hautnahe Narretei der Liebenden, die sich schon heute dank der Befruchtungskünste im Reagenzglas nicht einmal mehr zu Gesicht bekommen müssen. Der molekulare Kern der Säuger-Sexualität ist viel älter und widerstandsfähiger. Sexualität ist nicht der tragische Irrtum menschlicher Heroen, sondern eher die endlos wiederholte Verirrung der Geschöpfe der Evolution, jenes warmen, feuchten Körpers, der der Wiederholung der Vergangenheit nicht einmal dann entrinnen kann, wenn er das Geheimnis des – von Grund auf unlogischen und repetitiven, einem stotternden Mineral vergleichbaren – Fleisches kennt. Die meiotische Sexualität ist ein Umweg, ein schöner Zufall, der uns weiterleben läßt.

Rein mathematisch ist die Befreiung der Organismen von ihrer meiotischen Sexualität so leicht wie das Ausklammern einer Variablen. In der Realität hingegen ist die Abtrennung des Lebenszyklus von dieser Sexualität so leicht wie das Überspringen der Kindheit, die Abschaffung des Blutes oder der Verzicht auf elektrischen Strom in Tokio oder New York.

DAS SEXUALLEBEN DER BAKTERIEN

Die Sexualität der Bakterien entstand vermutlich vor mehr als 3,5 Milliarden Jahren auf einer Erde, auf der es gestunken haben mag wie in einer Latrine, in deren Atmosphäre es weder Sauerstoff noch Ozon gab und die aus dem Weltraum pausenlos mit ultravioletter Strahlung bombardiert wurde. Hätten wir uns vom Geruch dieser Ur-Erde selbst einen Eindruck verschaffen können, so hätten wir angesichts der damals vorherrschenden atmosphärischen Gase wie Ammoniak, Sulfide und Kohlenwasserstoffe mit ihrem urtümlichen Gestank erheblich die Nase gerümpft. Diese frühe, faulig stinkende Erde aber, auf der es zur ersten Sexualität kam, konnte gar niemand riechen: Vor drei Milliarden Jahren war unser Planet anaerob, er hatte keine sauerstoffhaltige Atmosphäre. Sauerstoff sammelte sich in der Atmosphäre erst, nachdem mutierte Bakterien bei der Photosynthese das Wasser als Quelle des Wasserstoffs entdeckt hatten. Diese frühen mutierten Bakterien-Vorläufer der Pflanzen schieden im Laufe ihres Wachstums Sauerstoff aus. Schließlich entwickelte dieser Sauerstoff einen Ozonschild, der die ultravioletten Strahlen abhielt und die an der Erdoberfläche lebenden Bakterien vor dem schnellen Tod und vor DNA-Schäden bewahrte. Die Sexualität entstand noch vor der Ausbildung dieser Ozonschicht. Es gibt sogar die These, ihre Anfänge lägen weit vor allem Leben in instabilen Molekülen; nach unserer Auffassung aber begann sie bei durch Sonneneinstrahlung genetisch verstümmelten Bakterien. Als diese Bakterien es schafften, ihre beschädigten DNA durch importierte DNA von außerhalb zu ersetzen, schufen sie die erste Form der Sexualität. Die Sexualität der Bakterien entstand auf einem eher verwunschen und fremd wirkenden Planeten Erde. Die Erde kannte damals weder grüne Pflanzen noch Tiere oder frische Luft, dafür größere Hitze und dramatische Eruptionen, sie umkreiste einen Stern, der trüber war als unsere heutige Sonne, und drehte sich in kürzerer Zeit um sich selbst, so daß Tage und Nächte schneller abwechselten. Wir selbst sind Andenken an diese energiegeladene, vulkanische Welt, deren kohlen- und wasserstoffhaltige chemische Bausteine es in unserer Umgebung nirgendwo mehr gibt. Zusammengeballt zu Stücken einer wie durch Zauber bewahrten fremden Welt, lebt der faulig stinkende Stoff im Schutz unseres guten alten Körpers, ja im Körper sämtlicher heute existierender Organismen weiter. Und diese Organismen stammen von den chemisch vielfältigsten, genetisch promiskestesten und als Umweltfaktoren ältesten Lebewesen unseres Planeten, nämlich von den Bakterien, ab.

In der heutigen Natur sind die Bakterien rastlos damit beschäftigt, sich voneinander zu ernähren, miteinander zu verbinden und manchmal sogar wechselseitig zu durchdringen; sie leben in dichten Kolonien, unter unterschiedlichsten Bedingungen und tauschen wie eh und je ihre Gene aus. Die berühmte „genetische Rekombination" der Molekularbiologie belegt, daß sogar Bakterienteile weiter umherwandern, daß der Genaustausch nicht nur zwischen, sondern auch in den Organismen stattfindet. Embryonalentwicklung, Epigenese, Ontogenese: Dieses ganze Abenteuer der Entwicklung des Einzelwesens vom befruchteten Ei bis zum geschlechtsreifen Erwachsenen ist so etwas wie eine ökologische Selbstorganisierung sozial lebender Bakterien.

Ein Geschlechtswesen hat der Definition der Biologen zufolge mindestens zwei Eltern; „Geschlecht" bezieht sich dabei immer auf die Unterschiede zwischen beiden Eltern. Sollten Bakterien ein „Geschlecht" haben, so ist es praktisch unsichtbar. Vor ihrer Konjugation (dem Zellkontakt) haben Bakterien exakt dasselbe Aussehen und Verhalten. Während der Konjugation indessen erweist sich die rundere Form als der Bakterien- „Mann" mit einem sogenannten „F-Faktor" (fertility factor) unter „seinen" Genen, der einem „weiblichen" Empfänger ohne F-Faktoren DNA überträgt. In dieser Travestie einer Travestie wird das „weibliche" Bakterium durch die Aneignung des F-Faktors zu einem „männlichen". Das Gengeschenk kann endlos weitergereicht werden, wobei die Geschlechtszugehörigkeit ständig wechselt.

Als Konjugation der Bakterien entstand die Sexualität lange vor den ersten Tieren, Pflanzen, Pilzen oder Protisten. Obgleich in den Lehrbüchern die beiden Nachkommen eines sich teilenden Bakteriums immer als „Tochterzellen" figurieren, sind Bakterien bei der Teilung im Grunde weder männlich noch weiblich; abgesehen von den Gelegenheiten zur sexuellen Betätigung haben sie sonst bei keiner ihrer Aufgaben ein Geschlecht nötig. Für die Fortpflanzung brauchen Bakterien nicht wie Menschen mit einem Sexualpartner Gene auszutauschen. Nicht bloß reproduzieren sie sich routinemäßig ohne jede Sexualität durch direkte Teilung, beim Sexualverkehr tauschen sie auch ziemlich wahllos Gene hin und her. So gesehen ist die Sexualität der Bakterien moderner als die unsere. Die DNA-Stränge, die Gene, werden von einem Bakterium zum andern weitergegeben. Die nackten und hüllenlosen heißen Plasmiden; die protein-umhüllten DNA-Stücke hingegen, die „bekleideten" Gene, sind bekannt als Viren oder (Bakterio-)Phagen.

Die Bakterienzellen sind pausenlos damit beschäftigt, Gene in Form von Plasmiden und Viren auszutauschen. Anders als Pflanzen oder Tiere, bei denen Sexualität auf die Artgenossen beschränkt ist, kann ein Bakterium Gene auch an ein gänzlich artverschiedenes Bakterium weitergeben. Betsey Dexter Dyer, Biologiedozentin am Wheaton College, vergleicht die fließende

Promiskuität des Gen-Austauschs unter Bakterien mit der auf Paarung, Befruchtung und Meiose aufbauenden Sexualität der Tiere und kommt zu dem Schluß, die Bakterien praktizierten eine „modernere Sexualität". Zu solcher Sexualität kam es zum Beispiel irgendwann im menschlichen Mastdarm, der Bakterien in Hülle und Fülle ernährt, zwischen einem Gonokokkus und einem anderen, penizillinresistenten Bakterium. Ihr entsprang der für den Tripper verantwortliche neue Stamm kugelförmiger, nunmehr gegen das Antibiotikum Penizillin resistenter Gonokokken. Diese „moderne" Bakteriensexualität ist die Voraussetzung für die „genetische Rekombination" und die „Molekularbiologie".

Unter ultravioletter Strahlung brechen viele Bakterienarten auf und entlassen die Bakteriophagen, winzige Bakterienviren, von denen jedes einen die Gene des Wirtsbakteriums umfassenden Gensatz in sich trägt. Nach kurzer Zeit setzen diese Bakteriophagen sich an der Oberfläche anderer Bakterien fest. Den neuen Bakterien injizieren sie sowohl ihre eigenen, wie auch die aus der vorangegangenen Begegnung mit einem Bakterium bezogenen Gene. Dergestalt entsenden die Viren genetische Botschafter in die gesamte Welt der Mikroorganismen.

Mit ihrem promisken Genaustausch setzen sich die Bakterien über die traditionellen Artgrenzen hinweg. Wenn eine „Art" nichts anderes ist als eine Gruppe von Organismen, die miteinander Nachkommen zeugen, dann gibt es auf der ganzen Erde überhaupt nur eine einzige Bakterienart. Zum ersten Sexualakt der Bakterien kam es wahrscheinlich vor etwa vier Milliarden Jahren durch die Sonneneinstrahlung, deren noch ungefilterter ultravioletter Anteil erheblichen Schaden anrichtete. Zum Teil wurde dieser durch Enzyme behoben; die für die Herstellung und Reparatur der DNA zuständigen Enzyme machen nämlich die abgerissenen Enden der DNA ausfindig und befestigen sie wieder. Eine solche DNA-Reparatur aber erfordert den Einsatz frischer, ungeschädigter, unverstrahlter DNA. Diese gesunden DNA stammen nun von benachbarten Viren, Bakteriophagen oder Bakterien. Jenes Bakterium, das seine verletzten DNA zum ersten Mal mit frischen, unbeschädigten DNA aus anderer Quelle zupflasterte, markierte damit den Beginn der Sexualität.

Zu den beachtlichsten Entdeckungen der Molekularbiologie gehören die Transposonen, kleine frei bewegliche DNA-Enden. Die in einer Zelle vorhandenen Transposonen können kopiert und dann an andere Stellen der Zelle selbst oder auf andere Zellen, ja sogar auf andere Organismen übertragen werden. Mit der ganzen Gentechnologie, jener profitträchtigen Labortechnik, bei der DNA-Enden aus einem Organismus in den anderen transferiert und damit neue Erbanlagen eingeführt werden, tut der Mensch eigentlich nichts anderes, als die in der Natur vorgefundenen Kunstgriffe der Bakterien umzufunktionieren. Dieser weltweite Austausch genetischen Materials, diese durch und durch natürliche, Milliarden Jahre alte Biotechnologie, ist das Erbe der Bakteriensexualität. Sollten die Menschen jemals lernen, sich selbst gentechnologisch zu verändern und etwa mit Hörnern, Leopardenflecken oder anderen in der Tierwelt beliebten Attributen auszustatten, dann nur mit Hilfe der genetischen Rekombination, das heißt dank der „modernen" Bakteriensexualität.

NACKTHEIT

Der große russische Evolutionstheoretiker Theodosius Dobzhansky, der später bis zu seinem Tode in den Vereinigten Staaten lebte, schrieb einmal: „In der Biologie macht etwas nur Sinn im Lichte der Evolution."[10] Man braucht nicht zu den „genetischen Deterministen", Soziobiologen oder Neodarwinisten zu gehören, um die tiefe Wahrheit von Dobzhanskys Einsicht zu erkennen. Gewiß: unser aller Biologie wird durch den überwältigenden Einfluß von Gesellschaft und Kultur in vielfältiger Weise verformt, aufgeweicht, unterdrückt, gedehnt, umfriedet, verleugnet und geschädigt. Aber trotz unserer wohlgesetzten, umständlichen und „wohlbegründeten" Argumente für das Gegenteil können wir unsere lebendige Natur nicht eine Sekunde lang überwinden, überspringen, hinter uns lassen oder ignorieren. Aus komplizierten Interaktionen in den Supernovae und chemischen Reaktionen von Kohlenwasserstoffen mit der Sonnenenergie entstanden lebendige, von einer Membran geschützte Zellen. Zellen bilden die Grundeinheiten des Lebens, die sich mit Wasser, Nahrung und Energie versorgen und gar nicht anders können, als zu wachsen und sich zu reproduzieren. Expansion, chemische Transformation und Reproduktion, dies sind die Wege, die alles Leben geht.

Zahlreiche Mechanismen schaffen dann integrierte Zellverbände, die mehr sind als bloß Zellen. In solchen Zellkolonien wurden in der Frühzeit der Erde Gene zwischen den wild promisken Bakterien hin und her transportiert; so entwickelten sie sich erst zu schwimmenden Protisten, dann zu Gewebeorganismen wie etwa Kröten oder Papayas. Manche solcher Zellverbände wurden hart und damit zu festen Bäumen. Aus den integrierten Kolonien qualitativ verschiedener Bakterienzellen entstanden die Protisten-Ahnen der tierischen und pflanzlichen Zellen. Unter passenden Bedingungen und bei reichlich vorhandener Energie und Zeit verwandelten sie sich auch in Kalksteingebirge und Eisenerzvorkommen. Manche Protistenzellen wuchsen über Millionen Jahre hinweg zusammen und wurden zu Tieren; in jeder Generation aber mußten diese Tiere wieder als weibliche Ei- und männliche Samenzelle von vorn anfangen. Auch die Tiere wuchsen über Millionen Jahre hinweg zusammen und wurden zu Kolonien, Sozietäten, Rudeln und Herden. Der Kannibalismus verwandelte sich in die Befruchtung, und es kam zur Evolution der Meiose. Mit der Interaktion der Tiere entstanden ganz neuartige, gegenüber den Einzelwesen größere und vielleicht komplexere Lebensformen wie Korallenriffe, Brachiopoden-Kolonien und menschliche Stammesverbände, aus denen sich erst Dörfer und schließlich himmelwärts wachsende Städte entwickelten. Aus den sexuellen und parasexuellen Prozessen resultierten Zellbewegung und -erkennung. Zellverkoppelung und -fusion, DNA-Synthese mit Genfusionen waren die nächsten Stationen. Die Pilze griffen ihre Algennahrung an, konnten sie aber nicht zerstören, es kam zur Evolution der Flechten. Grasfressende Säugetiere nahmen mit der Erde unverdauliche Mikroorganismen, Ciliaten und Bakterien zu sich, die die im Gras steckende Zellulose für sie verdauten; es entwickelten sich die Rinder. Auf der Ebene der Biochemie ist die Sexualität – die Sexualität im weitesten Sinne der Bildung eines neuen Organismus aus den Genen von mindestens zwei Eltern – mit dem Leben seit seinen allerersten Anfängen auf der Erde und in all seinen Erscheinungsformen untrennbar verknüpft.

Fast vier Milliarden Jahre nach der Entstehung der Erde sind wir Menschen nun – wie alle etwa achttausend Säugerarten, aber anders als die übrigen wohl über dreißig Millionen heute auf der Erde lebenden Arten – milchsaugende behaarte Wesen mit vier Gliedmaßen und fünf Fingern an jedem sowie der Fähigkeit, unsere Körpertemperatur nahezu konstant zu halten. Anders als bei vielen anderen Organismen auf der Erde ist bei uns Säugern die sexuelle Zeugung unabdingbar für Leben und Vermehrung. Anders als fast alle übrigen Organismen auf der Erde setzen wir hilflose Säuglinge in die Welt, für die aufmerksame und beständige Zuwendung und Versorgung durch Erwachsene lebensnotwendig ist. Anders auch als fast alle übrigen Erdenwesen lieben wir das Geschichtenerzählen – schön mit Anfang, Mitte und Ende. Wir wünschen uns die Geschichte des Lebens. Allzugern möchten wir verstehen, was Sexualität ist, jene Sexualität, die mit ihrem unsterblichen Aroma unser Leben verschönert – und begrenzt. Wir wollen ganz sicher sein und sowohl mit den Sinnen wie mit dem Verstand erkennen. Sinnliches Erkennen aber muß ein Paradox, muß flüchtig und auf ewig unbefriedigend bleiben, denn es verspricht mehr, als es zu geben imstande ist, es hält das Begehren wach, indem es uns einen Schritt näher an das nur immer größere Rätsel des Todes heranbringt. Es ist, als drehe die Stripteasetänzerin der Evolution sich weiter, kehre der Menschheit ihren papierenen Rüken zu und gehe ungerührt über zum nächsten Teil der endlosen Tanzfigur.

Und endlos ist die Tanzfigur. Die Wahrheit des Evolutionsstriptease ist weder statisch noch unwandelbar. Hier und da ist sie in den Flirtbewegungen der Show flüchtig zu sehen, immer im richtigen Augenblick. Wahrheit ereignet sich, wie es bei Heidegger heißt, stets mitten in der Unwahrheit. Als der Stripper vor unseren Augen seine letzte Hülle abwirft, sehen wir, daß er sich gleichsam auflöst – daß sein Körper mit einer letzten Zellverschmelzung inzestuös in unserer Erde aufgeht. Im griechischen Wort „aletheia" (traditionell mit „Wahrheit" übersetzt) steckt das andere Wort „lethe", das verbergen oder verschließen bedeutet. Heidegger zufolge ist Wahrheit als aletheia das Hervorkommen in die „Unverborgenheit", die „Entbergung", die im Kern ans Verbergen gebunden bleibt. Wenn das ein Spiel mit Worten ist, dann beschreibt dieses Wortspiel nur, wie die – frei nach Nietzsche auf den Füßen des Zufalls tanzende – materielle Wirklichkeit selber uns zum Narren hält. Etymologisch hat das (in den modernen Wissenschaften theoretisch und praktisch so bedeutsame) Wort „Maß" (engl.: „measure") denselben sprachlichen Ursprung wie im Sanskrit das Wort „Maya", ein Schlüsselbegriff der hinduistischen Philosophie, der im weiteren Sinne „Illusion, Trugbild" bedeutet. ‚Webster's Seventh New Collegiate Dictionary' definiert „Maya" als „Sinnenwelt der Erscheinungsvielfalt, die den Vedanta zufolge die Einheit des absoluten Seins verbirgt; im weiteren Sinne: Illusion, Trugbild." Das Spiel, der Tanz der zensierenden Sinne in der Welt der „Maya" macht uns bewußt, wie bodenlos, wie abhängig von menschlichen Wertvorstellungen und Weltbildern die Wissenschaft letztlich ist. Nach der wahren Geschichte suchen wir, um ein Gegengewicht, einen festen Halt, ein ewiges Maß zu haben. Aber nichts dergleichen ist da, nur das Trugbild eines farbigen Grundes in einem schwarzen Abgrund.

Die Evolutionsstripperin ist leichtfüßig, beschwingt, sie tanzt wie auf Waagschalen. Ihr Gewand ist eine scheinhafte Hülle, eine zweite Haut, ihr Gesicht eine Fassade hinter der Maske einer Maske. Aus „Sie" wird „Er". Beide sind nur die eine und andere Seite eines geschlechtslosen Monsters, das entlang der

Kastrationslinie des Androgyns seine Wunde präsentiert. Eigentlich müßte man sagen: Die Stripperin *ist* nicht, sie *wird*.

Die Evolutionsstripperin demonstriert uns die Kontingenz unserer Erkenntnissymbole, -sprache und -metaphern. Erkenntnis wird häufig beschrieben als etwas, was im Licht, im Licht der Vernunft liegt, was enthüllt, ent-deckt, offen gezeigt wird. Die Evolutionstänzerin aber liefert ein einfaches Gegenbeispiel: Alles Zurschaustellen verdeckt und verbirgt. Diese Tänzerin gibt es nur in Gestalt der dünnen Hüllen, der Papierkleider, der Netzstrümpfe durchsichtiger Worte. Sie ist nichts anderes als Tintenflecke, maschinenschriftliche Signale, ein Buchstabenornament, so substanzlos wie der den Blick trübende Luftfilm, der an heißen Tagen über dem Sandstrand flimmert. Sie ist nicht realer als die zartgliedrige Sukkubus-Hexe, die im Nebeldunst eines uralten Traums ihren Kopf auf Reginald Scots Schulter bettet.

In den vorangegangenen Kapiteln haben wir den Mysterientanz entfaltet, seine Schritte nachgezeichnet und dabei eine detaillierte Geschichte der menschlichen Sexualität geschrieben. Unter Rückgriff auf zahlreiche wissenschaftliche und literarische Quellen wollten wir die Vergangenheit lebendig werden lassen. Zwischen diesen Buchdeckeln, auf diesen Blättern schrieben wir mit dem Ziel, den weiblichen Orgasmus, das Unbewußte und die Körperspiele der am Ursprung der Sexualität stehenden Urliebenden zu erforschen. Reptilienhologramme bestiegen einander wie dreidimensionale Schriftzeichen einer noch vor aller Sprache bestehenden Bilderschrift. Aus den Seiten wurden Zeiten: Aufmerksam betrachteten wir den Gang unserer Vorfahren von den Mikroorganismen zu den Amphibien, von dahinschwebenden Fischen zu Affen, die im Spiegel in ihre eigene Iris blicken. Aber jetzt, nachdem alles vorüber ist, müssen die von der Stripteasetänzerin der Evolution aufgeworfenen Probleme bedacht werden. Die Stripperin ist vom Striptease nicht zu trennen, die Tänzerin vom Tanz nicht abzulösen. Entkleiden und Körper sind dasselbe, nach dem Entfernen der Schminke bleibt nur noch der Kosmos. Sie/er ist bodenlos. Der Tanz hat kein Ende.

Anmerkungen

EINLEITUNG: STRIPTEASE DER EVOLUTION

S. 11 - 36

1. Reginald Scot (1538? - 1599), The Discoverie of Witchcraft, eingeleitet von Montague Summers, New York 1972
2. Dorothy Dinnerstein, The Mermaid and the Minotaur: Sexual Arrangements and Human Malaise, New York 1976. Im vielleicht entscheidenden Satz ihres Buches erklärt Dinnerstein (als Antwort auf Freuds berühmte Frage nach den Wünschen von Frauen): „Frauen wollen nicht länger Sündenböcke (weder untereinander noch in den Augen von Männern und Kindern) sein für menschliche Empörung gegen menschliche Lebensbedingungen."
3. Jacques Derrida, Dissemination, Chicago 1981
4. Friedrich Nietzsche, Götzendämmerung (Streifzüge eines Unzeitgemäßen 8), in: Kritische Gesamtausgabe, (Hg. Giorgio Colli und Mazzino Montinari) Bd. VI/3, Berlin 1969, S. 110.
5. Paul D. MacLean, Why Brain Research on Lizards?, in: N. Greenberg und P.D. MacLean (Hg.), Behavior and Neurology of Lizards, National Institute of Mental Health, Bethesda, Maryland 1978, S. 5.
6. Robert H. Kretsinger, in: Origins of Life 17, 1987, S. 209 (Buchbesprechung über L. Margulis/D. Sagan, Origins of Sex, New Haven 1986).
7. Jacques Derrida, Grammatologie, Frankfurt/M. 1974
8. S. M. Lamb, in: Semiotics in Education: A Dialogue, Claremont 1987, S.21.

1. SPERMIENWETTSTREIT

S. 37 - 70

1. Galal o'd-Din Rumi (1207-1273) war ein Sufi, ein muslimischer Liebesmystiker, der wild umhertanzte, während er seine musikalischen Verse von sich gab, die von seinen Gehilfen aufgeschrieben wurden. Er war der erste „Tanzende Derwisch", und angeblich war seine Poesie, im persischen Original vorgetragen, so musikalisch, daß die Zuhörer allein durch deren orale Qualitäten in Trance versetzt wurden.
2. A. H. Harcourt, Paul H. Harvey, Sperm Competition, Testes Size, and Breeding Systems in Primates, in: Robert Smith (Hg.), Sperm Competition and the Evolution of Animal Mating Systems, Orlando/Florida 1984, S. 599.
3. Die Hodentests, die Robin Baker und Mark Ellis an der Universität von Manchester durchführten, wurden in einem Vortrag erwähnt, den Robert L. Smith auf einer Veranstaltung über Spermienkonkurrenz beim Jahrestreffen 1990 der American Association for the Advancement of Science (AAAS) in New Orleans gehalten hat.
4. L. Shearer, Sex Sensation, in: Intelligence Report, Parade Magazine (10. September 1978). Vgl. auch R. Smith, Sperm Competition, S. 615-16.
5. Zit. nach: Linda Marie Fedigan, Primate Paradigms, Montreal 1982, S. 275.
6. Steven Austad, Individual Variation in Sperm Precedence, AAAS Annual Meeting Abstracts, Washington D.C. 1990, S. 23.
7. James L. Gould/Carol Grant Gould, Sexual Selection, New York 1989, S. 268.
8. D. Symons, The Evolution of Human Sexuality, New York 1979, zit. nach: Robert Smith (Hg.), Human Sperm Competition, in: Sperm Competition and the Evolution of Animal Mating Systems, Orlando/Florida 1984, S. 634.
9. Robert Smith, Human Sperm Competition, ebd. S. 634.
10. Robert Smith, Human Sperm Competition, ebd. S. 633-34.
11. Michael Patrick Ghileri, East of the Mountains of the Moon: Chimpanzee Society in the African Jungle, New York 1988.
12. G. A. Parker, Sperm Competition and the Evolution of Animal Mating Strategies, in: Robert Smith (Hg.), Sperm Competition and the Evolution of Animal Mating Systems, Orlando 1984, S. 19-21.

13. G. A. Parker, Sperm Competition Games, in: AAAS Annual Meeting Abstracts (zusammengestellt von Michelle D. Eames), AAAS Publications, Washington D.C. 1990, S. 23.
14. Charles Darwin, Die Abstammung des Menschen, Stuttgart 1932, S. 169-70.

2. ORGASMUS-EBENBÜRTIGKEIT
   S. 71 - 111

1. Margaret Mead, zit. nach: Donald Symons, The Evolution of the Human Sexuality, New York 1979, S. 90.
2. Donna Haraway, Primate Visions, New York 1989, S. 363.
3. Sigmund Freud, Drei Abhandlungen zur Sexualtheorie, in: Gesammelte Werke, Frankfurt/M. 1969, Bd. 5, S. 122-123.
4. Ebd., S. 123.
5. Alfred C. Kinsey, Das sexuelle Verhalten der Frau, Frankfurt/M. 1964, S. 437.
6. Anne Bolin, The Transition from Physical Sexuality to Gender: A Cultural Process, in: 1990 AAAS Annual Meeting Abstracts, Washington D.C. 1990, S. 121.
7. Eenid Rhodes Peschel/Richard E. Peschel, Medical Insights into the Castrati in Opera, in: American Scientist, Nov./Dez. 1987, S. 579.
8. Giacomo Casanova, Geschichte meines Lebens, hg. von Erich Loos, Frankfurt/M.-Berlin 1985, Bd. 7/8, S. 299.
9. Ein weiteres „Mysterium" der menschlichen Brustwarzen betrifft die Areolen, die rosafarbenen oder braunen kleinen Höfe, die die eigentlichen Warzen umgeben. Diese Höfe sind aus entwicklungsgeschichtlicher Perspektive nie zureichend erklärt worden. Andere Primaten – männlichen und weiblichen Geschlechts – haben diese Höfe um die Brustwarzen herum nicht. Menschen unterscheiden sich von anderen Primaten auch darin, daß wir, seit wir aufrecht stehen, natürlich unsere Bauchseite vorzeigen, die früher in der Evolution immer verborgen war. Inspiriert durch ein Magritte-Bild von einer Frau, deren Augen Brüste sind, fragte sich der Zoologe Desmond Morris, ob diese Warzenhöfe nicht auf ein Tier, das einen menschlichen Oberkörper von weitem sieht, wie die großen Augen eines nahenden anderen Tieres wirken könnten. Von Nachtfaltern weiß man, daß sie Raubtiere abschrecken, indem sie auf ihren ausgebreiteten Flügeln Augenflecken sehen lassen, die das Gesicht eines viel größeren Tieres

vortäuschen. Vielleicht hatten die großen Brustwarzen beim Menschen mitunter eine ähnliche Funktion. In Kapitel 3 werden wir sehen, wie der menschliche Körper ein semiotisches System bildet, ein Netz von Zeichen, vielen sexuellen Zeichen auch, durch die sich Angehörige beider Geschlechter leiten und in die Irre führen lassen.
10. zit. nach: Shere Hite, Hite-Report. Das sexuelle Erleben der Frau, Bindlach 1990, S. 240.
11. Kinsey, zit. nach: D. Symons, The Evolution of Human Sexuality, New York 1979, S. 82-83.
12. D. Haraway, Primate Visions, S. 356.
13. Ebd., S. 358.
14. Ebd., S. 356.
15. Ebd., S. 357.
16. Jacques Lacan, zit. nach: Bice Benvenuto und Roger Kennedy, The Works of Jacques Lacan. An Introduction, New York 1986, S. 189.
17. Thomas Laqueur, Making Sex: Body and Gender from the Greeks to Freud, Cambridge 1990. Laqueur meint, daß kulturell entwickelte Modelle die Basis bilden und daß sie unter der Hand resistent sind gegen die Anhäufung wissenschaftlicher Fakten. In der Tradition des französischen Historikers Michel Foucault ist für viele sogar die Biologie ein gesellschaftliches Konstrukt, so daß wir versucht sind, biologische Wahrheiten faktisch für das Produkt historischer Zufälligkeiten zu halten.
18. John Alcock, zit. nach: Gould, Freudian Slip, S. 17.
19. John Alcock, Arden Adaptionism, in: Natural History (April 1987), S. 4.
20. Glen Wilson, The Coolidge Effect: An Evolutionary Account of Human Sexuality, New York 1982, S. 171.
21. Gould, Freudian Slip, S. 18.
22. Sarah Blaffer Hrdy, zit. nach: Gould, Freudian Slip, S. 18.
23. C.A. Fox, H.S. Wolff und J.A. Baker, Measurement of Intravaginal and Intra-uterine Pressures During Human Coitus by Radio Telemetry, in: Journal of Reproductive Fertilization 22 (1970), S. 243-51. C.A. Fox und B. Fox, A Comparative Study of Coital Physiology, with Special Reference to the Sexual Climax, in: Journal of Reproductive Fertilization 24 (1971), S. 319-36.
24 Zit. nach: Smith, Human Sperm Competition, S. 643.
25. Ebd., S. 644.

26. Zit. nach: D. Symons, The Evolution of Human Sexuality, New York 1979, S. 93.
27. Ebd.
28. Leeuwenhoek's and Indo-European Remarks, zit. nach: The Importance of Feminist Critique for Modern Biology, Studiengruppe für Biologie und Geschlechterverhältnis, Swarthmore, Pennsylvania.
29. Ebd.

3. ELEKTRISCHER LEIB
    S. 113 - 146

1. Walt Whitman, Ich singe den Leib, den elektrischen, in: Grashalme, Zürich 1985.
2. Wallace Stevens, zit. nach: Evelyn L. Beilenson und Sharon Melnick, Words on Women, Quotes by Famous Americans, New York 1987.
3. Jacques Derrida, Grammatologie, Frankfurt/M. 1974.
4. Friedrich Nietzsche, Jenseits von Gut und Böse, in: Kritische Gesamtausgabe, Berlin 1968 (Hg. von Giorgio Colli und Mazzino Montinari) Bd. VI/2, S. 3. Wie wir sahen, gründen Gynophobie und Misogynie – Angst vor Frauen und Frauenfeindlichkeit – vielleicht in der nahezu globalen Praxis von Frauen, Kinder nicht nur zu gebären, sondern auch großzuziehen. In diesem Kontext ist bezeichnend, daß Nietzsche von seiner Mutter und seinen Schwestern aufgezogen wurde. Sein Vater war durch einen traumatischen Unfall gestorben, als Nietzsche ein Knabe war.
5. Sarah Blaffer Hrdy, The Langurs of Abu, Female and Male Strategies of Reproduction, Cambridge/Mass. 1977.
6. Michael D. Stoddard, The Scented Ape: The Biology and Culture of Human Odour, Cambridge 1990.
7. Helen E. Fisher, The Sex Contract, The Evolution of Human Behavior, New York 1983, S. 144. Obwohl weibliche Vorliebe für bestimmte männliche Eigenschaften nicht die beste Erklärung für die relativ großen menschlichen Penisse ist, sind andere, auch unliebsame männliche Charakteristika vielleicht wirklich das Resultat weiblicher Wahl. Der Primatologe Irven DeVore beschrieb Männer als ein „enormes von Frauen betriebenes Zuchtexperiment". Als eine Journalistin mit feministischen Tendenzen DeVore fragte, wann Männer sich wohl endlich von ihrem offensiven Macho-Gehabe verabschiede-

ten, antwortete DeVore: „Wenn Frauen wie Sie aufhören, erfolgreiche, großspurige Männer wie mich zu bevorzugen." Wenn man die Darwinsche Vorstellung der weiblichen Auswahl akzeptiert, wird deutlich, daß das Dilemma der weiblichen Einstellung zu Männern unter anderem darin besteht, daß auch so unerwünschte Eigenschaften wie männlicher Chauvinismus zum Teil das Ergebnis früherer Zuchtoptionen von Frauen sind. Weibliche Diskussionen darüber, welche Eigenschaften bei einem Mann attraktiv sind, stellen kein leeres Gerede dar, sondern ein ernsthaftes Nachdenken über die künftige Ausrichtung der männlichen Hälfte unserer Spezies.

8. Adrian Forsyth, Die Sexualität in der Natur, München 1991, S. 59f.

9. Desmond Morris, Der nackte Affe, München 1968, S. 68 f.

10. Ebd., S. 68.

11. Desmond Morris, Der Mensch, mit dem wir leben. Ein Handbuch unseres Verhaltens, München 1978, S. 353.

12. Robert Smith, Human Sperm Competition, in: Ders. (Hg.), Sperm Competition and the Evolution of Animal Mating Systems, Orland/Florida 1984, S. 641. (Zu anderen Theorien über „Östrusverlust" siehe etwa: Martin Daly und Margo Wilson, Sex, Evolution, and Behavior, 2. Aufl., Boston 1983.)

13. Ebd., S. 653.

14. Paul D. MacLean, The Imitative-Creative Interplay of Our Three Mentalities, in: Harold Harris (Hg.), Astride the Two Cultures. Arthur Koestler at 70, New York 1976; siehe auch: P.D. MacLean, The Brain's Generation Gap: Some Human Implications, in: Zygon Journal of Relig. Science 1973, Heft 8, S. 113-27.

15. Sarah Blaffer Hrdy, Empathy, Polyandry, and the Myth of the Coy Female, in: Ruth Bleyer (Hg.), Feminist Approaches to Science, New York 1986, S. 152.

16. Wilson, The Coolidge Effect, S. 149-50, 188-91.

17. Smith, Human Sperm Competition, S. 642.

18. Forsyth, Die Sexualität in der Natur, S. 133.

19. Smith, Human Sperm Competition, S. 608.

20. Edward Nobles, Transmigrations of the Innocent (Gedicht vom Herbst 1988), in: Yellow Silk: Journal of the Erotic Arts, Nr. 27, S. 7.

21 Linda. Marie Fedigan, Primate Paradigms, Montreal 1982, S. 277.

4. EIDECHSENTÄNZE
S. 149 - 185

1. Samuel Butler (1835-1902) hatte eine ganz eigene Vorstellung von den unbewußten Prozessen; ironischerweise ist es uns nicht gelungen, die zitierte Stelle zu finden (obgleich sie ganz nach einem Satz aus den Notizbüchern klingt). Als Zeitgenosse und selbsternannter geistiger Rivale von Charles Darwin entwickelte Butler eine umfassende Theorie des Unbewußten und veröffentlichte lange vor Freud mehrere Bücher über das Thema. Nach Butlers Überzeugung waren alle in einem Organismus ablaufenden unbewußten Vorgänge – etwa Peristaltik, Herzschlag oder embryonales Wachstum – früher einmal bewußt. Doch sind sie entwicklungsgeschichtlich so alt und wir haben sie so gut gelernt, daß sie automatisch bzw. bewußtlos geworden sind, – ganz ebenso wie im Laufe eines Einzellebens Sprechen, Skateboard- oder Autofahren auswendig gelernt, „im Schlaf" beherrscht und daher vergessen werden können. Butlers phylogenetisches Gedächtnis findet sich bei allen Lebewesen, die Zielvorstellungen entwickeln und dann die Techniken zu deren Erreichung bis zur bewußtlosen Perfektion wiederholen. Butler zufolge ist die Grenze zwischen Mensch und Tier trotz des angeblich von Darwin geleisteten Durchbruchs noch immer aufs strengste bewacht. Deshalb könnte er sich niemals einverstanden erklären mit der – heute unter Evolutionstheoretikern gängigen – Unterscheidung zwischen natürlicher Auslese (die für alle Organismen gilt) und kultureller Entwicklung (die nur den Menschen kennzeichnet).
2. David Crews, Courtship in Unisexual Lizards: A Model for Brain Evolution, in: Scientific American 255, Heft 12 (Dezember 1987), S. 116-22.
3. Ebd.
4. Ursula K. LeGuin, Winterplanet, München 1991.
5. Walker Percy, Lancelot, Frankfurt/M. 1987.
6. Tom Maddox, Snake-Eyes, in: Bruce Sterling (Hg.), Mirrorshades. The Cyberpunk Anthology, New York 1988, S. 33. (Dtsch.: Spiegelschatten. Die Cyberpunk-Anthologie, München 1988.)
7. Miriam Rothschild, Dear Lord Rothschild: Birds, Butterflies, and History, Philadelphia 1983, S. 68, 202-3, 315.
8. Neil Greenberg und Paul D. MacLean (Hg.), Behavior and Neurology of Lizards, Bethesda/Maryland 1978, S. 292.

9. Chris Catton und James Gray, Sex in Nature, New York/Oxford 1985.
10. June Singer, Nur Frau - Nur Mann? Wir sind auf beides angelegt, München 1981, S. 214.
11. Walter Kaufman, Discovering the Mind: Freud versus Adler and Jung, New York 1980, Bd. III, S. 467.
12. Harry J. Jerison, Issues in Brain Evolution, in: R. Dawkins und M. Ridley (Hg.), Oxford Surveys in Evolutionary Biology, Bethesda/Maryland 1985, Bd. II, S. 128.
13. Harry J. Jerison, Evolution of the Brain and Intelligence, New York 1973, S. 17.
14. François Jacob, The Possible and the Actual, New York 1982, S. 57. (Frz. Orig.: Le Jeu des possibles. Essai sur la diversité du vivant, Paris 1981; dtsch. Übers.: Das Spiel der Möglichkeiten: von der offenen Geschichte des Lebens, München/Zürich 1984.)
15. Jerison, The Evolution of the Brain and Intelligence, S. 19.
16. Ebd., S. 20.
17. Ebd., S. 23.
18. Ebd., S. 427.
19. Ebd., S. 23.
20. William Calvin, The Cerebral Symphony, New York 1990.
21. Agnes Arber, The Mind and the Eye, Cambridge 1964, S. 4 f. (Sehen und denken in der biologischen Forschung, Reinbek 1960.)
22. Ebd., S. 72.
23. Peter Brian Medawar, Pluto's Republic, New York 1984, S.254.
24. Ebd., S. 72.
25. Friedrich Nietzsche, Morgenröthe, in: Werke (Kritische Gesamtausgabe, Hg. Giorgio Colli und Mazzino Montinari), Berlin/New York 1971, 5. Abt., Bd. I, S. 110-112.
26. Jacques Derrida, Freud und der Schauplatz der Schrift, in: Die Schrift und die Differenz, Frankfurt/M. 1972, S. 319 (abweichend vom Original heißt es in der deutschen Übersetzung: „wie eine Sprache konstruiert" – Anm.d.Ü.).
27. Ebd.
28. Sigmund Freud, Die Traumdeutung, in: Gesammelte Werke, Frankfurt/M. 1969, Bd. II/III, S. 109.
29. Paul D. MacLean, Why Brain Research on Lizards?, in: Neil Greenberg und Paul D. MacLean (Hg.), Behavior and Neurology of Lizards, Bethesda/Maryland 1978, S. 6.

30. Ebd.
31. Antonin Artaud, Das Theater und sein Double, Frankfurt/M. 1969, S. 126.
32. Sigmund Freud, Metapsychologische Ergänzung zur Traumlehre, in: GW, Bd. X, S. 419; und: Die Traumdeutung, in: GW, Bd. II/III, S. 283. Die Poststrukturalisten haben Freud oft seine „Biologismen" vorgehalten; das Biologische ist aber unleugbar eine Säule, ohne die das Freudsche Gedankengebäude niemals an so hervorragender Stelle hätte errichtet werden können. Der folgende Passus aus ‚Das Ich und das Es' veranschaulicht, wie nahe Freud manchen der hier vertretenen Thesen kommt: „Das Denken in Bildern ist also ein nur sehr unvollkommenes Bewußtwerden. Es steht auch irgendwie den unbewußten Vorgängen näher als das Denken in Worten und ist unzweifelhaft onto- wie phylogenetisch älter als dieses." (GW, Bd. XIII, S. 248)
33. Ders., Das Interesse an der Psychoanalyse, in: GW, Bd. VIII, S. 404.

5. PHALLISCHE PSYCHE
S. 187 - 216

1. Patti Smith, Zitat aus dem Album Horses
2. Jacqueline Rose, Einleitung zu: Jacqueline Rose und Juliet Mitchell (Hg.), Feminine Sexuality: Jacques Lacan and the école freudienne, New York 1982, S. 47.
3. Jane Gallop, Reading Lacan, Ithaca/London 1985, S. 21.
4. Sigmund Freud, Eine Kindheitserinnerung des Leonardo da Vinci, in: GW, Bd. VIII, S. 166.
5. Jacques Lacan, Die Bedeutung des Phallus, in: Schriften II, Olten 1975, S. 121.
6. Der Feldzug gegen jede Form von Pseudowissenschaft, der das erklärte Ziel des „Committee for the Scientific Investigation of Claims of the Paranormal" (CSICP) und seines Organs ‚The Skeptical Inquirer' bildet, ist zum Scheitern verurteilt, weil seine Vertreter sich wie selbstgerechte Ritter aufführen, denen die Verteidigung der belagerten Wissenschaftsfestung obliegt. Gewiß leben wir in einer Zeit, die sich durch die Verbreitung überaus dubioser Glaubenssysteme – von New-Age-Therapien bis zu UFO-Religionen – auszeichnet. Aber am gefährlichsten war dubioses Denken immer in jenen Formen, die fast überall Glauben finden und institutionelle Protektion genießen. Dies

gilt auch für die „Wissenschaft", sofern man mit diesem Abstraktum die exakte Forschung oder unumstößlich feststehende Verfahren meint. Die gänzlich unphilosophische Behauptung, Wissenschaft sei etwas Bekanntes, Feststehendes, das am besten von wenigen Auserwählten geschützt werden sollte, ist für das gegenwärtige Klima verschwommenen Glaubens und unkritischen Denkens nicht nur potentielles Heilmittel, sondern mindestens ebensosehr Symptom.
7. Jacques Lacan, Die Bedeutung des Phallus, S. 121.
8. François Jacob, The Possible and the Actual, New York 1982, S. 42. (In einem Artikel für ‚Le Monde' nannte Foucault dieses schmale Bändchen von etwas mehr als 70 Seiten „die beachtlichste Geschichte der Biologie, die je geschrieben wurde".)
9. Jacques Lacan, Das Spiegelstadium als Bildner der Ichfunktion, in: Schriften I, Olten 1973, S. 66.
10. Jane Gallop, Reading Lacan, S. 80. Im Kapitel ‚Where to Begin?' berichtet Gallop, wie sie entdeckte, daß es witzigerweise von der Schrift über das Spiegelstadium kein Original gibt (S. 74-92).
11. Jacques Lacan, Das Seminar. Buch I (Freuds technische Schriften), hg. von Norbert Haas und Joachim Metzger, Weinheim/Berlin 1990, S. 97.
12. Barry McCarthy, Sexual Awareness. A Practical Approach, San Francisco 1975.
13. Geoff A. Parker, Sperm Competition and the Evolution of Animal Mating Strategies, in: Robert Smith (Hg.), Sperm Competition and the Evolution of Animal Mating Systems, Orlando/Florida 1984, S. 14.
14. Jacques Lacan, Das Seminar. Buch I, S. 99.
15. Thorkil Vanggaard, Phallos. Symbol und Kult in Europa, München 1971, S. 79-83.
16. Charles Darwin, Supplemental Note on Sexual Selection in Relation to Monkeys, in: Nature, 2. November 1876, S. 921-924.
17. Sie ist aber, wie Batailles 1927 erschienener Essay ‚L'Anus solaire' zeigt, zugleich erheblich mehr als das. Wenn der Mensch sich im Laufe der Evolution aufrichtet wie der Phallus, so ist das Objekt dieser irdischen Erektion nicht etwa ein vaginaler Himmel, sondern – viel perverser – ein Sonnen-Anus. „Der Sonnenanellus ist der unversehrte Anus ihres Körpers mit achtzehn: es gibt nichts vergleichbar Blendendes außer der Sonne, obgleich doch der Anus die Nacht ist." (Georges Bataille, L'Anus solaire, in: Oeuvres Complètes, Paris 1970, Bd. I, S. 86). Bataille assoziiert die Sonne – statt mit Kopf oder König – aus-

schließlich mit dem Anus und stellt damit die bewußt oder unbewußt vom Mittelalter her ererbte Hierarchie unerbittlich auf den Kopf. Mit seiner Sexualisierung des Universums („Pausenlos onaniert das Meer." Ebd., S. 84) und dem Versuch, über die Sprache der Ratio den logisch erklärenden Diskurs zu parodieren, liefert Bataille in diesem Essay ein erstes Beispiel für Dekonstruktion und Postmoderne.

6. MIKRO-ÜBERLEBENDE
S. 217 - 254

1. Percy Bysshe Shelley, Poems and Lyrics.
2. Simon Robson, Book Review (Rezension des Buches: Lynn Margulis und Dorion Sagan, The Origins of Sex: Three Billion Years of Genetic Recombination, New Haven 1987), in: Symbiosis, Nr. 3, Philadelphia/Rehovot 1987, S. 211.
3. Stephen Jay Gould, Evolution and the Triumph of Homology, or Why History Matters, in: American Scientist, Nr. 74, S. 60-69.
4. Lemuel R. Cleveland, The Origin and Evolution of Meiosis, in: Science, Bd. 105 (1949), S. 287-88.
5. Ausführlich dargestellt ist die geheimnisvolle Geschichte der Sexualität im Proterozoikum (vor 2500 bis 580 Millionen Jahren) sowie der Zusammenhang zwischen Sexualität und den Anfängen der Tierwelt in: Margulis und Sagan, Origins of Sex, New Haven 1986.
6. Platon, Symposion, 190 e.
7. Ebd., 191 b-c.
8. Jeremy Cherfas und John Gribbin, The Redundant Male: Is Sex Irrelevant in the Modern World? New York 1984; Fred Hapgood, Why Males Exist: An Inquiry into the Evolution of Sex, New York 1979; Gina Maranto und Shannon Brownlee, Why Sex?, in: Discover, Februar 1984, S. 24-28.
9. Einen guten Überblick über Arbeiten, die sich aus Darwinscher Sicht zum „Problem" des Festhaltens an der Sexualität äußern, bietet das Buch von Robert Trivers, Social Evolution, Menlo Park/Calif. 1985, S. 315-30; weitergehende Informationen über die theoretischen Beiträge der Hauptdiskussionsteilnehmer finden sich in der bereits zitierten populärwissenschaftlichen Literatur (vgl. Anm. 8).
10. Theodosius Dobzhansky, Nothing in biology makes sense except in the light of evolution, in: American Biology Teacher, 1973, Nr. 35, S. 125-29.

Personenregister

A

Alcock, John; 91f., 95, 159, 258
Allen, Woody; 106
Anderson, Malte; 121
Aquin, Thomas von; 105
Arber, Agnes; 176, 262
Aristophanes; 227, 236f.
Aristoteles; 9, 82f., 102, 105
Artaud, Antonin; 180f., 263
Artemidorus; 103
Augustinus; 14
Austad, Steve; 9, 48

B

Bataille, Georges; 214f., 264
Beckett, Samuel; 220
Bolin, Anne; 80, 257
Bosch, Hieronymus; 195
Botticelli, Sandro; 126
Bruce, Lenny; 53
Buffon, Georges; 219
Burley, Nancy; 147
Butler, Samuel; 9, 108, 149, 261

C

Calvin, William; 173ff., 262
Casanova; 81, 257
Chevalier-Skolinkoff, Suzanne; 87
Cleveland, Lemuel Roscoe; 227-233, 236f.
Coolidge, Calvin; 52f.
Crews, David; 152, 261
Curtis, Tony; 122

D

Darwin, Charles; 9, 41ff., 47f., 67, 88f., 94, 120f., 147, 198, 225, 257, 261, 264
Derrida, Jacques; 20, 34, 113, 178f., 181, 255, 259, 262
Dinnerstein, Dorothy; 15, 255
Dobzhansky, Theodosius; 250, 265
Duncan, Richard L.; 96f., 100
Dyer, Betsey Dexter; 248

E
Einstein, Albert; 173
Euripides; 239

F
Fedigan, Linda Marie; 148, 256
Fischer, J. von; 214
Fisher, Ronald A.; 240, 243
Forni, Elena; 81
Freud, Sigmund; 25, 75ff., 108, 138, 161, 168, 178f., 181, 188-193, 197f., 211ff., 235, 257, 262-263

G
Gallop, Jane; 196, 263-264
Ghileri, Michael; 59f.
Goodall, Jane; 58
Gould, James und Carol; 51
Gould, Stephen Jay; 91f., 95, 132, 200, 226
Grossi, Giovanni Francesco; 81

H
Haeckel, Ernst; 224
Haraway, Donna; 9, 71, 87f., 257
Harcourt, A. H.; 43, 256
Harvey, Paul H.; 43, 256
Hegel, G. W. F.; 175
Heidegger, Martin; 21f., 253
Hogg, John; 224
Hoover, Herbert Clark; 213
Hrdy, Sarah; 93ff., 100
Huxley, Aldous; 107

J
Jacob, François; 84, 195, 262, 264
James von England; 14
Jay, Gould, Stephen; 265
Jerison, Harry; 168-173, 175
Johnson; 84, 98
Jung, C. G.; 235

K
Kaufman, Walter; 167
Kennedy, John F.; 213
Kinsey, Alfred; 77, 102
Klein, Melanie; 137
Koestler, Arthur; 84, 260
Kretsinger, Robert; 30
Kundera, Milan; 40

L
Lacan, Jacques; 25, 135, 191-198, 211f., 258, 263f.
Laqueur, Thomas; 90f., 258
Leeuwenhoek, Antonie van; 105
LeGuin, Ursula; 153
Lemmon, Jack; 122
Lorenz, Konrad; 139ff.

M
MacLean, Paul D.; 133, 160, 255, 260ff.
Magritte, René; 192
Marshall, D. S.; 74
Masters; 84, 98
McCarthy, Barry; 201, 264
Mead, Margaret; 71, 77, 257
Medawar, Peter B.; 177
Michod, Richard E.; 244
Monroe, Marilyn; 122
Morris, Desmond; 124f., 257, 260
Müller, Hermann Joseph; 243

N
Nietzsche, Friedrich; 21, 115f., 178, 255, 259, 262
Nobles, Edward; 146, 260

P
Parker, Geoff A.; 9, 42, 63, 206, 264
Peraldi, François; 189
Percy, Walker; 157f., 261
Picasso, Pablo; 175
Platon; 9, 236, 265

R
Rank, Otto; 108
Robson, Simon; 10, 225, 265
Rose, Jacqueline; 187, 263
Rothschild, Lord Walter; 163
Rousseau, Jean-Jacques; 34
Rubens, Peter Paul; 126
Rumi, Galal o'd-Din; 256

S
Sade, Marquis de; 40, 90
Schopenhauer, Arthur; 50
Scot, Reginald; 14, 254, 255
Shakespeare, William; 54, 288
Shelley, Percy B.; 217

Shulman, Alix Kates; 84
Smith, Patti; 187, 263
Smith, Robert L.; 9, 54, 58, 61, 100, 127-130, 256
Sonea, Sorin; 32
Stein, Gertrude; 34
Stevens, Wallace; 113, 259
Sunley, Madeline; 10, 19
Symons, Donald; 54, 91, 102, 194, 257

T
Trivers, Robert; 51, 244, 265

V
Valen, Leigh Van; 244
Van Vogt, A. E.; 184

W
Whitman, Walt; 113, 259
Wilde, Oscar; 17
Williams, George C.; 240-243
Wilson, E. O.; 51
Wilson, Glen; 92f., 138, 258

Z
Zinder, Norton; 219